La Quête
du
Graal

La Quête du Graal

Édition présentée
et établie
par Albert Béguin
et Yves Bonnefoy

Éditions du Seuil

EN COUVERTURE
Livre de Messire Lancelot du Lac,
Saint Graal, début du XVe siècle.
Bibliothèque de l'Arsenal.
Archives Giraudon.

ISBN 2-02-006217-8
(ISBN 2-02-000525-5 1re publication)

Les romans arthuriens
et la légende du Graal

Le maître mot manquera peut-être toujours. En dépit de l'interprétation chrétienne, commencée au seuil du XIIIᵉ siècle par Robert de Boron, en dépit de toutes celles, déraisonnables ou trop raisonnables, qu'on a proposées de nos jours, le mythe du Graal, l'admirable légende du château perdu, du vase nourricier et de la lance qui saigne, ne révélera peut-être jamais son économie profonde, altérée ou voilée dans nos romans médiévaux. Qui sait? Il se peut qu'il n'y ait jamais eu, aussi loin que l'on remonte dans quelque tradition que ce soit, un mythe ou un rituel du Graal; et que le sens qui nous fuit dans ces romans dévots ou sceptiques ne soit jamais qu'un mirage, interférence des anciens thèmes celtiques, de l'érotique courtoise, et de l'adoration chrétienne du Précieux Sang. Des civilisations naissent parfois de ces convergences impossibles, de ces mélanges dans le creuset desquels on espère découvrir une forme plus haute de vérité.

Qu'on n'attende donc pas de cette brève notice l'examen des hypothèses que l'on a faites sur l'origine ou la signification du Graal. Elles sont trop nombreuses et discordantes. Albert Béguin d'autre part, dans son Introduction à la *Quête*, a analysé l'une d'elles, historiquement la plus importante, puisqu'elle est à l'œuvre déjà dans quelques-uns des romans. Je me contenterai de replacer cette interprétation particulière, chrétienne, monastique, cistercienne, dans l'histoire du mythe et le cadre plus général des romans bretons des xiie et xiiie siècles.

On sait bien peu des circonstances dans lesquelles s'est développée, au milieu du xiie siècle, ce que les conteurs ont nommé *la matière de Bretagne*.

Ils désignaient par ces mots, pour les opposer aux récits renouvelés de l'antique, ou à d'autres romans dont les personnages étaient français, de longues histoires merveilleuses, par convention associées à une Cornouaille, un Pays de Galles, une Angleterre mythiques. Un monde de forêts, de vallons et de rivières, jalonné de châteaux aux fantastiques prestiges, où des chevaliers errants cherchaient à longueur d'année aventure, rencontrant de temps à autre aussi bien des ermites avertis du sens des songes que de hardies et savantes demoiselles, bizarrement solitaires. Certains des romans bretons, ceux de Tristan et d'Yseut, échappent par bien des traits à ce décor et à cette structure. Mais tous les autres s'y plient, et forment un vaste cycle, celui du Roi Arthur et de ses chevaliers de la Table Ronde.

Arthur est le souverain de la Bretagne. C'est certes le meilleur roi qui fut jamais. Sa femme est Guenièvre, son neveu le vaillant Gauvain, sa cour un certain nombre de chevaliers qui prennent avec lui leurs repas autour d'une table ronde. Alentour (aux portes mêmes du palais, dirait-on parfois) rôdent des chevaliers inconnus, des nains, des pucelles aux durs caprices et aux redoutables champions, des enchanteurs. La cour arthurienne n'est pas à l'abri de leurs maléfices, puisque (dans le *Conte de la Charrette*) la reine est audacieusement enlevée, puisque (dans le *Conte du Graal*) elle a été bafouée par un chevalier à l'armure rouge, venu du monde des morts. Mais souvent aussi se présentent devant le roi de jeunes garçons, des

" valets " qui brûlent de faire preuve de leur valeur. Ils fournissent alors le sujet des contes, par les épreuves dont ils triomphent avant d'épouser quelque demoiselle et de prendre rang auprès du roi.

D'où vient ce mythe d'Arthur, et ces légendes si primitives, si nettement magiques, si barbares souvent en dépit du vernis courtois ? Peut-on penser, avec les adversaires de " l'origine celtique ", qu'elles ont été imaginées au XIIᵉ siècle, et par des conteurs français ? Il est certain que les anciens chroniqueurs de l'histoire bretonne ne font que de rares allusions à un Arthur, plutôt d'ailleurs général (*dux bellorum*) que roi, adversaire des Saxons au début du VIᵉ siècle : si bien que lorsque Geoffroy de Monmouth publie vers 1135 son *Historia regum Britanniæ* où Arthur, ses conquêtes qui le conduisent jusqu'aux portes de Rome, et son désastre final sous les coups de la trahison, occupent de très loin la première place, il est permis de penser d'abord qu'il ne fut, comme l'affirmait M. Faral, qu'un Mac Pherson. Mais la légende n'est pas l'histoire. Et l'on a le droit de supposer qu'en marge des chroniqueurs qui essayaient de fixer l'incertaine histoire bretonne s'était développée, sous le signe du fantastique, et sous l'obscure action du paganisme celtique en cours de métamorphose, une légende arthurienne. Beaucoup de signes le montrent. Quand, vingt ans après l'*Historia regum Britanniæ*, son adaptateur en vers français, Wace, fait allusion pour la première fois à la Table Ronde, c'est pour ajouter aussitôt que les Bretons ont à son sujet " maintes fables ". Et n'a-t-on pas démontré qu'un roman arthurien gallois, *Kulhwch et Olwen*, est plus ancien que Geoffroy ? D'ailleurs les spécialistes de la littérature celtique ont établi que la tradition des récits était orale. Et l'on peut légitimement affirmer aujourd'hui qu'un grand nombre des mythes qui affleurent dans les romans arthuriens ont été apportés par des harpistes gallois et des conteurs. De l'ancienne Irlande peut-être au Pays de Galles (s'il est vrai que beaucoup de ces mythes sont en fin de compte irlandais), du Pays de Galles en France dans le cadre historique du royaume anglo-normand, telles furent les voies d'expansion de la légende celtique.

Il reste — et ceci est essentiel — que bien d'autres éléments ont eu part à la création des romans bretons. D'un côté des emprunts à l'antiquité, à une mythologie classique déformée, même à des légendes orientales. D'autre part, et surtout, l'esprit courtois. On sait quelle éthique nouvelle, quelle civilisation approfondie s'étaient ébauchées au début du siècle chez les troubadours de Provence; et à quel point le XIIe siècle fut dans la France du nord une quasi-Renaissance, où l'influence des femmes put se donner libre cours. Les premiers romans bretons ne cessent pas d'offrir le plus saisissant contraste entre leur matière souvent brutale et leur esprit de galanterie, de soumission absolue au bon vouloir de la dame, de légère ironie rectifiant d'un trait sceptique le rude contour du récit ancien. Tout se passe en vérité — et cette première spiritualisation n'est pas sans évoquer celle que tentera plus tard dans un tout autre sens, cette fois chrétien, la *Quête du Saint-Graal* — comme si l'humanisme cherchait dans ces aventures magiques et nocturnes à affronter les instincts mauvais et aberrants, les forces les plus troubles de l'inconscient. Une sorte de catharsis, c'est par ce trait que les meilleurs des romans bretons furent des œuvres originales. Je pense avant tout à Chrétien de Troyes.

Il écrivait entre 1160 et 1180. Ses premiers ouvrages, perdus, imitaient Ovide. *Cligès*, ensuite, semble hésiter entre l'inspiration bretonne et les procédés du roman antique. Mais *Erec, Lancelot, Yvain, Perceval* sont purement des romans bretons. N'est-ce pas Chrétien de Troyes qui créa le genre, au moins qui lui donna sa véritable grandeur ? Il y a tout lieu de le penser. Cet homme de culture et d'ironie, mais amateur de merveilles, a bouleversé de bien des façons l'avenir de la poésie médiévale.

Qu'il me suffise de rappeler qu'une de ses idées, la plus belle et la plus obscure, a permis la naissance du vaste cycle du Graal.

Il y a dans le *Perceval* (ou plutôt le *Conte du Graal*) un épisode mystérieux.

Le jeune Perceval est arrivé près d'une rivière. Aucun pont n'en permet la traversée. Mais un vieil homme qui pêche dans une barque lui propose de l'héberger. Qu'il monte simplement sur la colline, et il verra sa maison ! Perceval accepte. Il suit le chemin qui lui est indiqué pour, une fois au sommet, ne découvrir qu'un horizon vide. Déjà il maudit le vieux pêcheur, mais soudain, dans le vallon, surgit une tour, et Perceval, sans trop s'étonner, se dirige aussitôt vers elle. Un vieil homme, tenu couché par une blessure ancienne, le reçoit auprès d'un grand feu et lui fait don d'une épée. Mais bientôt un étrange spectacle va le surprendre. Un " valet " entre dans la salle, tenant par le milieu une lance blanche dont le fer saigne. Deux autres le suivent, avec de précieux chandeliers, puis vient une jeune fille, porteuse d'un " graal " d'or, tout lumineux, orné de gemmes splendides, et une autre enfin, qui porte un " tailloir ", un plat d'argent. Le cortège traverse la salle et disparaît. Perceval l'a regardé sans mot dire : il croit que la discrétion l'exige. Plusieurs fois pendant le repas que l'on a servi le cortège passe et repasse. Et Perceval remet toujours de demander qui l'on sert ainsi, avec ce graal... Le lendemain, à son réveil, le château est vide. Il apprendra en s'éloignant dans les bois, d'une jeune fille qui tient dans ses bras son ami qui vient d'être tué, que s'il avait demandé ce qu'étaient la lance et le graal, il eût de ce fait rendu la santé au vieux roi pêcheur et la fécondité à son royaume infertile.

Qu'était-ce donc que ce Graal, et cette initiation à laquelle s'est dérobé Perceval ? Mais aujourd'hui encore nous ne le savons pas. Chrétien de Troyes, en effet, est mort sans achever son récit. Et s'il est sûr qu'il n'avait pas inventé cette suprême aventure, d'une part nous ne savons plus à quelle source il puisait, d'autre part il n'a laissé nul indice de la solution qu'il ménageait. Un graal est un vase, ou plutôt un grand plat creux. Le mot est attesté sous une forme ou une autre dans plusieurs dialectes français. Mais un graal n'est pas *le* Graal. Au-delà de l'énigme d'un mot qui semble, chose curieuse, avoir intrigué dans cet emploi les contemporains de Chrétien eux-mêmes, puisque certains essaieront de le justifier par des étymologies fantaisistes, il y a l'énigme de cet objet, aperçu un instant dans un château inconnu. Désormais, plutôt qu'un mythe du Graal va exister un mystère, une question du Graal.

Mais il faut préciser la nature de celle-ci. Je ne crois pas que des contemporains de Chrétien de Troyes aient pu ignorer une légende que Chrétien lui-même eût connue. S'il y a eu un livre (comme il le dit explicitement) dont il a repris la matière, ce livre, c'est-à-dire une tradition, n'a pas disparu avec lui. D'ailleurs tous les éléments du mythe sont rassemblés à coup sûr dans la scène du cortège, comme est préfigurée dans les propos de la jeune fille la conclusion du récit. Si l'erreur de Perceval, en effet, a été de ne pas poser les questions, il n'a plus qu'à recommencer, entreprendre la quête du château, guérir la terre et le souverain.

La seule chose qui manque, en vérité, mais décisive, c'est le sens que l'on peut donner à tout cela. Et sur ce point sans doute les sources de Chrétien, vieux récits déformés et expatriés, restaient muettes. Qu'étaient-ce que ces récits ? On a pensé à des thèmes venus d'Orient, à des descriptions de la messe byzantine, où figurent et le *diskos* et la Lance. Je ne crois pas cependant que rien puisse prévaloir contre quelques rapprochements que permet, encore une fois, la mythologie celtique. N'a-t-on pas retrouvé, dans le dieu irlandais Nuadu, au Pays de Galles Nodens, une figure de Roi Pêcheur ? Il n'est pas sûr, je l'ai déjà rappelé, que le monde celtique ait rassemblé dans un même mythe, ou une même cérémonie, les éléments dont Chrétien de Troyes a su faire une indissoluble unité. Mais il est probable que chacun d'eux (le Graal, la Lance qui saigne, le Roi Pêcheur), peut-être mêlés déjà, par accident, à des légendes chrétiennes, subsistaient dans certains récits. Leur différence essentielle avec les nombreux thèmes accueillis dans les autres romans bretons étant une couleur plus nettement religieuse, l'aura de cultes perdus.

Et c'est probablement cette couleur, cette aura qui de ces éléments épars ont assuré la survie. Car une évolution s'ébauchait dont le *Conte du Graal* fut peut-être un des premiers signes. Pour la première fois chez Chrétien on distingue dans le *Conte* un souci d'ordre religieux. Perceval n'est pas Erec ni Yvain. Il s'oppose à Gauvain, on l'a souvent remarqué, comme la démesure à la mesure, et cette ardeur associée à l'innocence, cette simplicité absolue l'emportent loin au-delà des aventures profanes. Encore Chrétien de Troyes, en commençant l'analyse de la disposition religieuse, restait-il dans l'esprit de psychologie et d'observation de la littérature courtoise. Mais en

marge de celle-ci, qui ne s'adressait qu'à une avant-
garde (et d'ailleurs sans lendemain) — en marge de
celle-ci et ne demandant qu'à prendre sa place, veillait
une autre pensée. Qu'on se souvienne simplement
de ce que fut le XIII⁰ siècle. Le vieux souci du péché
et du salut, de la sainteté et des mystères de Dieu,
souci toujours dominant dans tout autre milieu que
la société courtoise, redevenait l'essentiel. Et le cortège du Graal, ce signe venu de loin, ce signe laissé
par Chrétien de Troyes sans signification explicite,
va se prêter à un sens nouveau, de plus en plus nettement et religieux et chrétien.

Dans un premier stade de la christianisation du
Graal, les éléments chrétiens et profanes furent simplement juxtaposés.

Il en est ainsi, en un sens, dès Chrétien de Troyes;
puisque Perceval apprend un jour d'un ermite que
le Graal, " tant sainte chose ", portait à un roi très
vieux, très ascète, le père même du Roi Pêcheur, sa
nourriture : une hostie. Mais, s'il est vrai que cette
hostie suffit à prouver que le dernier mot de l'initiation de Perceval était, ce qui est bien naturel, la
croyance religieuse de l'époque, rien ne permet de
penser que Chrétien de Troyes ait eu l'idée d'y agréger
le Graal ou même la Lance. Plus audacieux — ou
inconséquent ? — fut l'auteur d'un récit, la " Ré-
daction courte ", qu'on utilisa pour donner une
première suite au *Conte du Graal*, mais qui est en fait
un roman de Gauvain, indépendant de Chrétien de
Troyes. Dans ce récit le Graal n'est plus porté par la
jeune fille. Il apparaît dans les airs, servant à tous des
mets délicieux, ce qui est sûrement son caractère
archaïque, un peu voilé chez Chrétien de Troyes.
Près de ce Graal magique, pourtant, la lance qui
saigne est donnée pour la Sainte Lance, celle de

Longin, celle qui perça le flanc du Christ. Avec le
même mépris de l'orthodoxie Wolfram d'Eschenbach, adaptateur allemand du *Conte du Graal*, rassembla
dans son *Parzival* un Graal qui est une pierre aux vertus
magiques, une lance qui saigne empoisonnée et la
colombe du Saint-Esprit.

La vraie christianisation, cependant, n'allait plus
se faire attendre. Elle fut l'œuvre au début du
XIIIe siècle d'un certain Robert de Boron qui entreprit,
pour rendre compte du Graal, une étonnante synthèse.
Robert de Boron, on l'a souvent dit et il faut l'admettre,
est un fort méchant écrivain. Mais s'il fut l'inventeur
de la conception qu'il expose, il eut une sorte de génie.
Cet homme sans talent ni esprit critique, et que nous
supposons isolé (il vivait, vers 1200, à la cour bien
provinciale de Gautier de Montbéliard, mais aussi,
à vrai dire, dans le voisinage du monastère de Luxeuil,
fondé par saint Colomban et où se conservèrent peut-
être certains récits irlandais) n'a imaginé rien moins
que de réunir dans un même ensemble, une même
perspective romanesque, le domaine breton et la
tradition évangélique. Celle-ci lui était donnée, avec
l'imprécision et la fantaisie nécessaires, par les nombreux apocryphes, le *Pseudo-Évangile de Nicodème*, les
Gesta Pilati, etc., qui fleurissaient au XIIe siècle. Pour
la légende bretonne, il disposait des romans de Chré-
tien de Troyes et sûrement de récits perdus. Le trait
d'union entre les deux mondes fut assuré par le
Graal. Dans l'*Estoire du Graal* (le seul poème authentique qui nous soit resté de lui), il présente celui-ci
comme le plat qui servit à Jésus lors de la dernière
Cène; puis qu'employa Joseph d'Arimathie, lors
de la Descente de Croix, pour recueillir le sang des
blessures du Sauveur. Emporté " en terres lointaines "
par Joseph et quelques autres chrétiens, il devint
l'objet d'un mystère auquel participèrent certains élus

autour d'une table que Joseph institua en souvenir
de la Cène.

Mais déjà nous voici dans le domaine breton.
Car Robert invente maintenant un beau-frère de
Joseph, Bron, qui d'avoir pêché un jour un poisson
pour le placer sur la table, gardera le nom de Riche-
Pêcheur. Joseph lui confie le Graal (on le nomme
ainsi, enseigne Robert, parce qu'il " agrée " à ceux
qui le voient) et il l'emporte vers l'Occident. Le Graal
signifie l'œuvre rédemptrice de Jésus-Christ. Il
aboutira en Avalon (c'est-à-dire en Grande-Bretagne)
où sa présence plus tard, mais invisible, au sein de la
Terre Gaste, sera le témoignage de la Rédemption
commencée et le rappel qu'il faut l'achever dans la
société humaine par un effort moral assigné avant
tout aux chevaliers. Aux chevaliers d'accomplir
l' " aventure " du Saint-Graal. Lorsque celui qui sera
l'émanation et la perfection de leur ordre redécouvrira
le divin calice et sera admis à en partager le secret,
l'histoire prendra fin, les " enchantements " seront
terminés. Mais quand viendra cet élu, où l'on reconnaît Perceval ? Par un nouvel effort de synthèse,
Robert de Boron a pourvu aux années d'attente,
elles verront les exploits des chevaliers de la Table
Ronde. Celle-ci est désormais l'imitation de la table
de la Cène et de la table du Graal. Et pour celui qui
achèvera la Rédemption, pour celui qui verra le Graal,
un siège redoutable y demeure vide, celui qui corres-
pond à la place de Judas. Uterpendragon puis Arthur
règnent. Ils sont conseillés et avertis des choses futures
par le prophète Merlin que Robert de Boron a requis
dans la légende celtique pour le service de Dieu.

Telles sont les grandes lignes de la conception
syncrétique de Robert. Seule la lance qui saigne en
paraît exclue. Mais une quête de Perceval (le *Didot-
Perceval*) qui a survécu dans quelques manuscrits

à la suite d'une version en prose du *Merlin*, et qui reproduit peut-être un canevas de Robert, l'assimile à la Sainte Lance et lui rend sa place au château du Graal.

Avec Robert de Boron le pas décisif a été franchi. Désormais, dans le grand *Lancelot* en prose ou les romans plus tardifs, le mythe du Graal, christianisé, sera le carrefour des deux mondes arthurien et évangélique, ou plus exactement la résolution du premier, fiction romanesque, dans la réalité du second. Le Graal chrétien regroupe et brûle à la fois toutes ces légendes impies. S'il fait tant de concessions à leur esprit, au point de paraître faire un roman de la religion (on a souvent remarqué quel irréalisme frappait cette tradition de Joseph, oublieuse des apôtres et des papes), c'est pour mieux les réduire *de l'intérieur*, et faire enfin oublier leur dangereux charme propre. La Quête, dernière des aventures, est la condamnation de l'esprit aventureux. On le voit avec une netteté admirable, une netteté d'épure, dans la *Queste del Saint-Graal* : où les épisodes fantastiques des anciens romans bretons, les aventures " terriennes ", devenues des symboles de la lutte de Dieu et de l'Ennemi, sont réservées aux seuls sergents du Seigneur qui rendent une à une au néant ou à l'Éternel ces embûches du diable ou ces figures de Jésus-Christ.

Cette *Queste del Saint-Graal* fut écrite aux environs de 1220. Elle prend place dans les manuscrits qui nous l'ont conservée entre deux romans tout profanes, le *Lancelot* et la *Mort Artu*, mais elle n'en garde pas moins son esprit propre, celui des moines cisterciens qui la conçurent, comme en fait foi sa rigueur théologique, sa conception d'un Graal qui est la Grâce, et aussi son discret éloge des bons moines et de leurs blanches maisons. Dernier venu des grands romans du Graal, et l'un des plus beaux, elle porte à ses dernières conséquences la conception boronienne. En particulier, se fondant audacieusement sur l'histoire de Lancelot, l'amant de la reine Guenièvre, le parfait chevalier courtois, elle fait de celui-ci à la fois le père de Galaad, le nouveau héros du Graal, et un des demi-vaincus de la Quête. Ainsi la morale courtoise est-elle jugée et condamnée. Mais je renvoie pour l'analyse et l'appréciation de la *Quête* aux pages excellentes d'Albert Béguin.

En ajoutant simplement qu'avec elle s'achève l'histoire propre du mythe. Aux XIVe et XVe siècles les contes du Graal sont lus, l'aventure du Graal reste le centre des vastes compilations de la matière arthurienne — le *Tristan* en prose, *Perceforest* ou en Angleterre l'admirable *Morte d'Arthur* — mais leur structure ni leur sens ne subissent plus de changement. A la Renaissance ils sont oubliés. Faut-il croire que l'énigme qui avait suscité de si diverses réponses a fini par perdre son pouvoir ? Mais non puisque au-delà des siècles rationalistes un nouvel intérêt s'attache aujourd'hui à la légende et reprend l'examen anxieux de la question qu'elle pose. On sait quelle vie Wagner a rendue au récit de Wolfram d'Eschenbach. T. S. Eliot dans *The Waste Land* ou Julien Gracq dans le *Roi-Pêcheur* ont prouvé que le Graal peut avoir valeur de symbole pour l'homme de notre temps.

Quelques mots, enfin, sur le texte. Publiée pour la première fois en 1864 par F. J. Furnivall à Londres; puis par H. O. Sommer à Washington en 1913 dans le cadre de sa grande édition du *Lancelot*, la *Quête du Saint-Graal* a été publiée à nouveau par Albert Pauphilet qui le premier effectua d'une façon rigoureuse la comparaison des manuscrits. C'est sur l'édition

Pauphilet qu'est fondée la traduction de Béguin.

Cette dernière a paru pour la première fois en 1946 dans la Collection *Cri de la France* des éditions L. U. F. à Lausanne. Mais quelques passages avaient dû au dernier moment, pour des raisons matérielles, être retirés du livre. Nous les avons rétablis.

Il restait un certain nombre de pages qu'Albert Béguin n'avait pas traduites parce que leur intérêt lui paraissait secondaire. Il nous a paru que rien ne prévalait contre l'avantage d'une traduction *intégrale*. Quand on pense aux " adaptations " ou " translations " de Boulenger ou de Pauphilet, on ne peut que désirer assurer aux romans médiévaux leur véritable visage.

J'ai traduit ces passages en m'efforçant de respecter l'irréprochable esprit du travail d'Albert Béguin. On les trouvera pages 76-100, 135-145, 189-197 et 207-210.

Yves Bonnefoy.

Préface

La légende du Graal ne survit guère aujourd'hui que dans la version tardive et bâtarde qu'en a donnée Richard Wagner. On a quelque peu oublié qu'au moyen âge elle avait revêtu des formes très diverses, en lesquelles se reflète l'un des plus grands conflits spirituels qu'ait traversés la civilisation européenne. Son origine se perd dans la nuit où naissent les mythes et d'où ils sortent, à la fois féconds et confus, profonds et ambivalents, images de soi que l'humanité tire des ténèbres ancestrales, qu'ensuite elle contemple, commente et remanie selon les progrès ou les égarements de sa marche à travers les siècles. Il n'importe guère de décider si ces lointaines racines furent provençales, celtiques, ou orientales, nourries d'éléments albigeois ou manichéens.

La première fois que la légende du Graal nous apparaît sous une forme littéraire, c'est chez Chrétien de Troyes, qui fut l'un des esprits les plus profanes du moyen âge. Il aimait les contes pour ce qu'ils offraient à son imagination de divertissantes féeries, d'aventures romanesques et de matière à narration. S'il se posait quelques questions plus graves, elles concernaient la société humaine, ses lois, son équilibre, sa morale. Il manie les images les plus redoutables du patrimoine mythique sans avoir l'air de se douter qu'elles sont lourdes de terreurs ataviques et de périls. Images de sang qui en lui n'éveillent ni le souvenir des peurs et des crimes, ni l'espérance chré-

tienne de la Croix, mais le seul plaisir de la couleur
vermeille, éclatante sur l'armure d'un chevalier au
fort du tournoi, ou l'amusement des analogies qu'un
symbolisme subtil découvre entre le sang et la rose.

Chrétien de Troyes est le poète de ce moment,
unique dans l'histoire médiévale, où la morale l'emporta sur la spiritualité, et où la société courtoise se
préoccupa d'établir l'harmonie d'une civilisation toute
terrestre, plutôt que d'orienter la vie des hommes
selon les exigences du salut et les espérances intempo-
relles. Les influences provençales, très fortes dans l'en-
tourage de la reine Éléonore et de ses filles, civili-
saient rapidement le Nord de la France; mais Chrétien et ses auditeurs ne retiennent, du message des
Troubadours, que les valeurs profanes. Tout leur
échappe des arrière-pensées mystiques et des secrets
hérétiques que dissimule la poésie ambiguë des Languedociens. Le paradoxe de " l'amour pur " et du
culte de la femme s'amenuise jusqu'à devenir le jeu
désinvolte de la courtoisie.

Dans quelle mesure Chrétien a-t-il entendu prêcher
l'amour courtois, le mettre au-dessus de la chevalerie
féodale ? C'est difficile à dire. Pourtant, son œuvre
marque une évolution; partie, dans *Erec* ou *Cligès*,
de cette question tout éthique de la supériorité de la
morale chevaleresque ou de la morale courtoise, elle
tourne court lorsque le poète abandonne le roman de
Lancelot humilié par les caprices de sa Dame. Déci-
dément, la subordination du chevalier à la loi d'amour,
le service unique de la femme est un beau rêve poé-
tique, qui dans la vie réelle mène à la misérable aventure du chevalier à la charrette. Lorsqu'il compose
son *Perceval*, Chrétien y introduit tout le mythe du
Graal, mais dépouillé des tendances hérétiques qu'il
dut envelopper, s'il est vrai qu'il soit d'origine cathare.
Sans doute la quête du Graal, chez Chrétien, va-t-elle

au-delà de l'action héroïque et prend-elle un caractère, sinon spirituel, du moins merveilleux. Mais le roman est demeuré inachevé, interrompu au moment même où il fallait révéler son sens caché; ce qui est de la main de Chrétien dans le *Perceval* français demeure un agréable jeu de poète épris d'aventure et de psychologie. Toute l'attention porte sur l'homme et sa conduite.

Cependant l'Église, renouvelée sous l'impulsion puissante de saint Bernard, s'alarmait de voir les cours de Paris et de Champagne élaborer ainsi une civilisation purement humaniste. Après l'écrasement brutal des hérétiques languedociens, il fallait lutter, avec d'autres armes, contre leurs disciples plus frivoles du Nord. Chevalerie et courtoisie, féodalisme et culte de l'amour romanesque, s'étaient exprimés et confrontés dans les romans de la Table Ronde. Afin de rechristianiser une société qui s'éloignait de la foi, les clercs tentèrent, à plusieurs reprises, de redonner aux légendes en vogue une signification religieuse. Pour rétablir la juste hiérarchie des valeurs spirituelles et morales, ils s'emparèrent des héros qui séduisaient l'imagination du temps. Deux de ces tentatives méritent une attention particulière : l'une — celle de Robert de Boron, dans son *Roman de l'Estoire dou Graal* — parce que, dans un grand effort de pensée, elle cherche à déceler les liens qui rattachent l'histoire humaine à l'Incarnation et à la Rédemption; l'autre — celle de notre *Queste del Saint-Graal* — parce qu'elle vise à spiritualiser les deux éthiques humanistes de l'héroïsme et de l'amour, et à les mettre à leur rang en démontrant qu'une éthique du salut et de la contemplation les transcende. Robert de Boron considère l'humanité dans son histoire séculaire; par un symbolisme savant, il en révèle les analogies avec l'histoire

de la chute et du rachat. L'autre roman envisage
l'homme dans sa vie personnelle; selon la jeune tradition cistercienne, il montre que les vertus chevaleresques et les lois de courtoisie retiennent les âmes
sur la voie mystique; seuls l'amour de Dieu et les sacrements assurent l'acheminement de la créature vers
sa fin véritable, qui est la " vue de Dieu ". Mais l'une
et l'autre tentative prennent la forme d'un récit des
aventures que courent les chevaliers de la Table Ronde,
engagés dans la quête du Graal. Les thèmes primitivement religieux du mythe sont réinterprétés selon
le symbolisme chrétien, et la même histoire qui avait
servi à la pensée humaniste se charge à nouveau de
mystère — d'un mystère qui n'est plus fait de craintes
païennes, mais éclairé par la conscience spirituelle
des mystiques, orienté vers l'avènement d'une chrétienté, et soulevé par l'espérance d'aborder aux rives
de la Jérusalem céleste.

Le poème de Robert de Boron, dont nous ne possédons que des fragments et une adaptation en prose,
a été analysé récemment par M. Paul Zumthor dans
son très remarquable *Merlin le Prophète*. N'en retenons
que ce qui, par contraste ou par ressemblance, nous
aidera à mieux comprendre notre *Quête*. Le principal
effort de Robert de Boron porte sur les multiples
significations analogiques que prend le Graal, selon
qu'on le considère sur des plans de réalité différents
mais reliés entre eux par d'étroites concordances. Le
Graal représente à la fois, et substantiellement, le Christ
mort pour les hommes, le vase de la sainte Cène
(c'est-à-dire la grâce divine accordée par le Christ
à ses disciples), et enfin le calice de la messe contenant
le sang réel du Sauveur. La *Table* sur laquelle repose
le vase est donc, selon ces trois plans, la pierre du Saint-
Sépulcre, la table des Douze Apôtres, et enfin l'autel
où se célèbre le sacrifice quotidien. Ces trois réalités,

la *Crucifixion*, la *Cène* et l'*Eucharistie*, sont inséparables, et la cérémonie du Graal est leur révélation, donnant dans la communion la connaissance de la personne du Christ et la participation à son sacrifice salvateur.

Mais ce n'est pas tout. Nous n'avons là qu'une première ligne de continuité, manifestant par la messe et l'eucharistie la présence durable du Christ à travers les siècles. Le Graal parcourt d'une autre façon encore le déroulement du temps qu'il mènera à son achèvement final. Le vase contenant le sang du Christ a été transmis par Joseph d'Arimathie à ses descendants, qui l'ont d'abord transporté à Rome, où ils ont fondé la *seconde Table* : après celle de la Cène et du Sépulcre, ou du Sacrifice (qui, de ce nouveau point de vue, n'en fait qu'une : la table divine), voici maintenant la Table de la Liturgie, de la célébration de la messe.

Cependant, la pérégrination du Saint-Vase se poursuivra dans les siècles jusqu'au jour où Perceval viendra s'asseoir à la Table du Graal. Mais auparavant, il faudra que la chevalerie fonde la *troisième Table*, la Table Ronde du Roi Arthur. Par rapport aux deux tables de la Cène et de la Messe, celle-ci représente le plan profane, l'histoire humaine, mais les liens d'analogie entre les trois tables manifestent que cette histoire terrestre est comme portée par l'Incarnation et va vers une fin qui accomplira du même coup les mystères encore incomplètement révélés des trois tables.

La plus précise de ces ressemblances est celle de la *place vide* laissée à la table de la Cène par Judas, place que représentent les sièges vacants à la table du Graal et à la Table Ronde; nul n'a jamais pu les occuper qu'il ne lui arrivât malheur. Pour que s'achèvent les aventures terrestres de l'humanité et qu'elle soit soulevée dans la lumière de la Fin des temps, il faudra que Perceval se montre digne d'occuper les deux sièges vides. Et pour en être digne, il devra parcourir diverses étapes vers la perfection, qui sont les étapes mêmes de l'histoire humaine.

Ses vertus chevaleresques l'autorisent d'abord à prendre place à la Table Ronde, et à cette condition seulement il pourra prétendre ensuite à l'autre table. Cela signifie, pour un esprit médiéval, que la civilisation féodale est le sommet du progrès humain, la fleur suprême de l'histoire. La *chevalerie*, atteignant sa figure idéale, accédera à une figure éternelle, et ainsi mettra fin à l'histoire du monde.

Mais la chevalerie ne suffit pas, et Perceval aura encore une ascension à faire pour passer à la Table du Graal. Une première fois, il est mis en présence du Saint-Vase, déjà armé de ses vertus de chevalier et de toutes vertus terrestres. Il a toutefois le tort de ne poser aucune question sur le mystère auquel il est admis à assister, c'est-à-dire de ne désirer ni la participation effective au sacrement d'eucharistie ni la connaissance qu'il recevrait ainsi des ultimes secrets de la Révélation. Et il s'abstient d'interroger parce que ses derniers exploits l'ont engourdi : la chevalerie, qui était une condition nécessaire, est aussi un obstacle, elle est la vie active qui empêche la contemplation et tourne ailleurs le désir. La grâce, qui est le Graal lui-même, ne peut être accordée sans qu'un effort libre de la créature aille au-devant d'elle.

Ce péché d'inertie est puni de sept ans de démence, jusqu'au réveil du Vendredi saint où, par le sacrement de pénitence, Perceval recouvre la raison et le désir de la suprême contemplation. C'est alors qu'il trouve le chemin du château du Graal et, admis au siège vacant, guérit les plaies du " Roi Méhaignié " (du Roi mutilé), c'est-à-dire met fin aux souffrances du Crucifié en mettant fin à l'histoire. On sort du temps et les portes du monde s'ouvrent sur la Jéru-

salem céleste. Elles n'ont pu s'ouvrir qu'une fois
l'évolution même du temps élevée à sa perfection
dernière.

Du symbolisme de Robert de Boron, l'auteur de
la *Quête* (en admettant qu'il ait connu l'œuvre de
Robert, ce qui est probable) ne retient que certains
aspects. Tout l'édifice qui, chez Robert, sert à expliquer
la concordance et comme la simultanéité mystérieuse
entre le drame du salut et le drame des siècles humains
sera négligé; on ne trouve plus cet enchevêtrement de
symboles qu'à l'état d'allusions rapides, comme si le
lecteur était supposé connaître ces explications.

Les exigences imposées à Perceval, au contraire,
et la nature des révélations du Graal vont être pré-
cisées avec une attention toute nouvelle et un sens
beaucoup plus affiné des choses spirituelles. Perceval
n'est plus le maître de la quête; il demeure dans le
sillage d'un nouveau Chevalier Parfait, qui lui est
infiniment supérieur.

Car ce n'est plus la chevalerie qui, par son propre
accomplissement, amène la fin des aventures d'ici-
bas. On est sorti de la perspective de l'histoire, pour
entrer dans celle de la vie personnelle, des degrés
d'ascèse nécessaires à chaque âme particulière en
marche vers la contemplation la plus haute. Dès lors,
les trois plans sur lesquels se déroulaient les histoires
des trois tables cessent d'être constamment distincts;
ils s'entremêlent selon que la conscience d'un homme
vivant prend note de leur signification. L'histoire
humaine n'est pas absente, mais elle est vue à l'intérieur des âmes, jugée non point dans l'ensemble de
sa marche séculaire, mais d'après son état de civilisation actuel et par rapport au progrès qu'il permet
à chacun.

Les chevaliers partent tous ensemble pour la quête

sacrée, mais font bientôt serment de la poursuivre
isolément, chacun selon ses voies. Le roman suit
tantôt l'un, tantôt l'autre des quêteurs sur les sentiers
que sa nature et sa vertu lui font prendre. Chacun
de ces itinéraires est celui qui peut conduire une âme,
dans la mesure où elle s'offre plus ou moins trans-
parente à la grâce, vers le château du Graal, où seuls
les meilleurs parviennent.

La cour du Roi Arthur est endeuillée par leur
départ : le monde chevaleresque n'entend rien à leur
entreprise spirituelle et ne sait que pleurer leur absence,
souhaiter leur retour, craindre leur mort. Mais la plupart des quêteurs eux-mêmes sont loin de comprendre
les exigences de leur nouvelle vie. Ils partent,
croyant accomplir des exploits tels que l'héroïsme
et l'esprit d'aventure les leur ont toujours commandés.
Ni la charité ni la soif de la vérité ne les mènent.
Ils s'en vont en combattants terrestres pour une quête
" célestielle ". Yvain, Hestor, Lyonnel, les plus illustres
héros des romans courtois, apparaissent ici comme des
violents, égarés par une fausse idée de l'honneur.
Gauvain lui-même, qui a tant de prestige et qu'on
n'appelle jamais que " Messire ", peut bien être irréprochable selon la loi profane; il n'en est pas moins
condamné parce que, appelé le premier à la quête,
il a voulu s'y conduire par des préceptes tout humains.

Mais, si l'idéal de l'honneur perd l'homme en le
trompant, le culte de la Dame n'est pas plus profitable à son âme. C'est toute l'histoire de Lancelot,
du sympathique Lancelot, auquel ne manque aucune
vertu de chevalerie, qui est pétri de bonne volonté
et qui désire l'amour de Dieu, mais qui sacrifie à la
morale courtoise. Vouant un culte à la reine Guenièvre, il sera retenu loin du Graal. Son aventure est
admirablement contée dans la *Quête*, avec un sens
profond de l'humaine faiblesse, une compassion

vraie pour le pécheur, pour ses tristesses, ses fatalités internes, ses retours à l'espérance et ses appels à la miséricorde. C'est un long dialogue, ou un difficile combat de l'âme pécheresse avec la grâce. Pauvre Lancelot, qui a donné à la Reine ce qu'il devait réserver à Dieu, il le paiera d'abord de toute sa gloire passée, puis sera arrêté sur le seuil du sanctuaire. Lui, le meilleur chevalier du monde, il n'aura, même après sa pénitence, qu'une révélation partielle — non pas l'extase, mais un simple songe — et l'unique consolation de vivre quelque temps avec son fils Galaad, le Chevalier Parfait. Mais qu'il n'aille pas se figurer que, pour avoir engendré un être pur, il puisse compter sur les mérites de ce fils : l'ermite l'avertit que chaque âme a pour elle-même son salut à faire. Lancelot rentrera donc à la cour, vaincu dans la quête sainte, retenu par le poids de sa faute, mais certain de la miséricorde divine et conscient de la justice de son sort.

Trois chevaliers se détachent des autres; selon les prophéties, deux d'entre eux sont vierges, le troisième chaste, et ce sont eux qui, réunis après les longues errances, atteindront à l'initiation suprême. Chacun d'eux représente l'un des degrés de la perfection de l'âme. Si tous trois parviennent ensemble aux liturgies finales, les voies qui les y mènent sont inégalement difficiles, et inégalement parfaite aussi l'extase qui leur est dispensée.

M. Étienne Gilson a montré qu'une théologie de la grâce, très précise, et conforme à la doctrine de saint Bernard, supporte comme une solide armature les épisodes de la *Quête*. Sans entrer dans le détail de cette doctrine, disons que la hiérarchie établie entre les trois chevaliers, ou entre les trois degrés de sainteté qu'ils figurent, repose sur cette notion de la grâce et du mérite, de la volonté divine et de la liberté humaine.

Bohort, le rude et robuste Bohort, est le moins haut des trois héros, non seulement parce qu'il est chaste sans être vierge, mais parce que, favorisé de grâces moins généreuses, il ne peut s'élever à la perfection et à la vision heureuse que par une longue lutte. Il repousse de vives tentations, connaît de dures souffrances, doit un jour choisir entre son amour fraternel et un devoir de charité plus haute, se trouve pris ensuite entre l'honneur et l'amour fraternel lorsque son frère veut tirer vengeance de lui et, dans l'épisode le plus pathétique du roman, le provoque en duel. Dieu seul arrêtera ce combat monstrueux. Bohort doit vaincre, à force d'abstinences et d'actes délibérés, une nature rebelle. Son désir de voir le Graal est très grand, mais il ne peut vouloir le bien que dans la juste mesure où sa volonté est animée par la grâce. Plus lente en lui que chez ses deux compagnons, elle le laisse suivre un chemin où tout pas en avant coûte un effort.

Perceval, plus favorisé, est aussi plus léger dans sa course. La grâce l'a assez transformé, assez vivifié, pour que son combat intérieur soit moins ardu et qu'il n'ait pas à s'imposer les règles d'une méthode ascétique ou les actes par lesquels la volonté s'amende elle-même. Il connaît encore la tentation, il y échappe de justesse, non pas en s'efforçant contre elle, mais parce qu'il y est soustrait à temps par la main divine. Il est plus avancé sur la voie de perfection que l'actif Bohort, l'amour de Dieu en lui est déjà un don presque spontané, son cœur a été purifié suffisamment pour qu'il vive déjà au seuil de la contemplation.

Mais le troisième prédestiné, Galaad, fils de Lancelot, est seul parfait. Seul aussi, il ira jusqu'à la révélation des " privetez ", des mystères intimes de Dieu, alors que ses compagnons en resteront à la vision moins complète que leur donnera la liturgie du Graal.

Lui ne se voit exposé à aucune tentation, sa virginité est une force qui ne saurait courir de péril. La grâce l'a élu dès l'abord et élevé si haut qu'il est désigné d'avance, voué à la possession du parfait amour. Il est entièrement transparent, et rien en lui ne fait obstacle à la volonté divine qui guide et porte sa propre volonté. Au-dessus même de cette souplesse avec laquelle Perceval se prêtait à l'action de la grâce et vivait selon qu'elle le conduisait, il y a le total abandon de Galaad. Une fois de plus, la prédestination est manifeste dans l'accord entre l'intention de Dieu et la liberté de la créature. Au suprême degré de l'amour, qui en Galaad est tout " donné ", cet accord est un mariage. C'est la plus haute sainteté.

Cependant, si Galaad n'a pas de progrès à accomplir dans le don de soi, pas de faiblesses à surmonter comme Perceval, ni d'ascèse à s'imposer comme Bohort, pourquoi faut-il qu'il parcoure tout de même un long chemin errant avant d'être admis à *voir* et à mourir, ayant vu ? C'est que, d'abord, il est une créature humaine, une âme en route, qui a à vivre sa vie temporelle. C'est, ensuite et bien davantage, que sa sainteté est nécessaire aux autres et qu'il doit rester dans la communion des âmes, avec ses frères pécheurs et ses frères purifiés par la grâce. Tous désirent sa présence, pleurent son éloignement, Lancelot ne connaît pas de plus grande joie que de naviguer quelques semaines avec ce fils élu, Bohort et Perceval l'appellent dans la forêt des aventures et tentent de le suivre. Ce saint est si pénétré de lumière qu'il est lumière à autrui ; la grâce lui est si bien dispensée qu'il la dispense à son tour.

C'est ici que Galaad, tout homme qu'il est, et fils charnel de Lancelot, apparaît comme la vivante image de Jésus-Christ. Il est attendu depuis des siècles, comme le Messie : il survient à la Pentecôte dans le palais du Roi Arthur, en armure de feu, comme Jésus vint aux apôtres réunis, comme le Saint-Esprit descendit parmi eux; il met fin aux aventures du pays et délivre le monde pécheur; et il est couronné Roi au moment de son extase. Mais il n'est pas divin; il est " la semblance de Jésus-Christ ", séparé de son modèle par une " différence de hautesse ". Il en est la plus parfaite *imitation*, image exemplaire de ce que serait une créature absolument repétrie par l'Amour divin et identifiée au Sauveur. Tandis que les autres chevaliers représentent les degrés mystiques qui, selon saint Bernard, sont accessibles sur terre, Galaad, lui, est parvenu à ce stade le plus haut que nous ne pouvons qu'imaginer. Aussi meurt-il tôt après l'extase qui l'introduit aux secrets ultimes.

Dès l'ouverture de la quête, — c'est encore M. Gilson qui l'a relevé, — l'objet de la nouvelle chevalerie est désigné clairement : il s'agit d'arriver à *voir* les " spirituelles choses ", les secrets de Notre Seigneur, les merveilles " que cœur mortel ne pourrait imaginer ni langue d'homme terrien prononcer ". La quête sera achevée lorsqu'un chevalier aura obtenu, par son propre désir, par sa volonté et par le secours de la grâce, la vision qui reste ineffable, la connaissance qui est donnée à l'amour et non à la seule intelligence. Tout ce propos est littéralement inspiré de la théologie mystique de saint Bernard, et c'est elle aussi qui détermine le sens précis conféré au symbole du Graal.

Il se montre à la Pentecôte, comme le Saint-Esprit; il renferme une hostie, et celui qui la contemple avec amour y voit la Sainte-Trinité; il nourrit ceux qui ont accès à la table, comme le fait l'eucharistie. Il est donc à la fois les langues de feu et le pain de communion; il est la grâce divine dans ses deux communications à l'homme. On reconnaît en lui Dieu dans son mystère, mais plus précisément dans son incarnation en la Seconde Personne, et dans cette présence de la Troisième Personne que Jésus-Christ a envoyée à sa place après son retour au sein du Père.

" Roman de la grâce et roman de l'extase ", dit M. Gilson, la *Quête du Graal* est une œuvre cistercienne. Elle ne cherche plus, comme Robert de Boron, à hausser la chevalerie jusqu'à en faire l'instrument privilégié de l'accomplissement final. Le conseil qu'elle donne est de se détourner du siècle, de renoncer à la chevalerie, qui reste grossière et alourdit l'âme ou l'égare, aussi bien qu'à la courtoisie qui empêche l'amour humain de se spiritualiser en amour de Dieu. Œuvre ascétique et monacale, certes, mais il faut prendre garde que son austérité la rend étrangère ou hostile aux erreurs d'un humanisme profane, non point à la vie humaine, à l'existence temporelle. Elle est trop de l'esprit de saint Bernard pour se retrancher totalement du siècle où vivent les hommes. Comme chez l'homme d'action que fut le fondateur de Clairvaux et l'apôtre de la Croisade, la contemplation a ici son prolongement dans le souci de réaliser la vérité du Christ parmi les créatures terriennes. Ce n'est pas un être idéalisé et désincarné qu'il faut mener sur les voies du salut, ce n'est pas à une âme sans corps que la grâce de Dieu tend la main et offre l'amour qui vivifie. C'est à un homme de chair, qui porte le poids de la chair, qui vit dans la communauté des êtres créés, avec tous leurs risques. Aussi l'amour mystique rayonne-t-il sur ces créatures, et si Gauvain, et Lyonnel, et Hestor sont laissés en arrière, ils ne sont ni méprisés ni privés de la miséricorde divine. Il suffit de voir avec quel amour l'auteur de la *Quête* s'attache à peindre Lancelot le pécheur. Mais surtout il faut apercevoir que Galaad, justement parce qu'il est le plus pur mystique, le plus transformé par l'amour, le plus étranger aux barbares égarements de l'honneur pour l'honneur, se trouve tout naturellement devenir le meilleur chevalier du monde. La fin des temps n'est pas préparée, comme dans l'autre roman, par la chevalerie laïque. La Grâce elle-même crée le Chevalier Parfait, et dès lors Lancelot cesse d'être le premier sur le plan même de la chevalerie; il cède cette place à son fils, parce que ses exploits, de source trop charnelle, ne peuvent rivaliser avec ceux de Galaad, qui triomphe miraculeusement des plus vaillants adversaires. Et ceci encore est dans l'esprit de saint Bernard, prédicateur de l'expédition en Terre sainte, et doctrinaire de la " nouvelle milice " des chevaliers du Temple.

La Quête du Saint-Graal est donc une œuvre de littérature spirituelle, dont tous les détails " signifient " et servent à la transmission d'un certain message. Mais ce roman est en même temps un authentique chef-d'œuvre littéraire, l'un des plus beaux de tout le moyen âge. Il n'a rien d'une prédication ou d'un récit seulement édifiant; les sermons mêmes des ermites qui périodiquement instruisent les héros et leur expliquent leurs songes ou leurs aventures, ne rompent pas la trame de l'invention romanesque. Ce développement des symboles est nécessaire à une œuvre dont toute l'imagination est orientée vers une intelligence des signes cachés dans les événements, les rencontres et les rêves.

L'auteur anonyme (l'attribution des dernières lignes est plus que douteuse) possède un sens extraordinaire de l'humain et une remarquable justesse de goût. Il compose avec une rare sûreté les histoires enchevêtrées de ses personnages et leur donne l'armature de rappels épiques et de répétitions savamment ménagées. Rien n'y figure, a-t-on observé, pour le simple plaisir de conter; et pourtant l'œuvre se lit comme un

beau conte. Sa vie est surtout intérieure, faite non
des costumes, des lieux et des gestes, mais de ce qui
est ici la vraie réalité : l'histoire des âmes, leur essence
particulière, le désir que chacune d'elles, plus ou moins
obscurément, a de la vérité contemplée sans voiles.
Cette " matière " toute spirituelle, faite de l'intimité
des créatures et de l'intimité de Dieu même, commande
un style de narration qui paraît austère pour le temps,
bien qu'il conserve cette fraîcheur de vie et d'étonne-
ment qui est si médiévale. La vigueur de la langue,
sa structure nette et simple, son exactitude dépourvue
de poésie allusive ne sont pas sans un très grand charme
qui provient de ce que cette langue est faite pour
découvrir le vrai plutôt que pour l'orner ou le suggérer.
Ce charme tient encore à la lenteur d'un calme récit;
le narrateur a tout son temps, l'auditeur aussi. On ne
court pas d'aventure en surprise; on contemple, on
médite, on comprend le sens profond de l'histoire à
mesure qu'elle déroule son rythme égal. Et ainsi, il
semble que l'on vive à l'intérieur même des personnages, au *tempo* de leur acheminement, de degré en
degré, vers la possession de l'Amour.

Mais cette œuvre n'a-t-elle à nous apporter, aujour-
d'hui, que le plaisir de l'art et un document sur la
spiritualité d'un âge révolu ? Autant prétendre que
Pascal ne nous éclaire que sur l'esprit du siècle de
Louis XIV ! *La Quête du Saint-Graal* est un de ces
livres qui contiennent, sur l'homme et son destin,
sur la vie intérieure et sur la vérité immuable, des
vues acquises à jamais et appuyées d'une expérience
qui, étant toute spirituelle, demeure valable à travers
le temps. On n'en sait pas beaucoup plus long, de
nos jours, sur les états de l'âme tournée vers Dieu,
que n'en savaient ces contemplatifs dont c'était toute
la science. Le progrès de la description psychologique

n'a pas sensiblement accru cette connaissance. Peut-
être même l'homme moderne, en découvrant le fonc-
tionnement de l'esprit et la vie secrète des passions,
a-t-il perdu une bonne part de ce savoir des choses
de Dieu. Il a inventé des méthodes plus sûres pour
maîtriser la vie temporelle et acquérir les biens terrestres, mais il s'est désaccoutumé de l'exercice intérieur et des voies de la spiritualisation. On peut mesurer aisément toute la distance qui sépare notre intelligence de l'âme de celle que possédait le moyen âge ;
il suffit pour cela de mesurer l'étrange ignorance
où nous sommes du mal inhérent à notre nature.
Lorsque nous découvrons soudain sa puissance,
lorsque nous nous trouvons affrontés à la présence
indiscutable du crime, du meurtre, de la folie san-
guinaire, nous demeurons stupéfaits. Nous ne pensions pas que tout cela fût caché dans l'homme. Les
médiévaux le savaient exactement. Ils vivaient comme
dans la compagnie familière de la faiblesse ou de la
méchanceté de nature ; mais aussi ils osaient lui faire
face, la combattre, et la confesser. Il y avait une communion des pécheurs, et une communion des pécheurs
et des saints. Il y avait une merveilleuse compréhension
des saints pour les pécheurs, et c'est cet amour qui
est tellement émouvant dans les épisodes de la *Quête*
où l'auteur se penche sur Lancelot et sur sa misère.

Et puis, la mystique cistercienne est l'un des éléments les plus durables de cette œuvre civilisatrice
qui fut celle de la France en ses grands siècles dou-
zième et treizième. Elle nous propose, dans la *Quête*
comme dans les écrits de saint Bernard, l'exemple
d'un effort qui, portant d'abord sur la vie intérieure,
s'applique ensuite, par un rayonnement nécessaire,
en quelque sorte spontané, à la vie terrestre de la
communauté humaine. On est à cette époque où la
contemplation et l'action, la grâce et la nature, l'amour

divin et l'amour humain n'avaient pas encore été séparés; où on en reconnaissait sans autre la continuité et l'interaction; où subsistait, chez les plus sévères des ascètes retirés du monde, la grande espérance de christianiser le siècle.

Rien ne révèle mieux cette espérance, cette volonté, que la comparaison des versions françaises du Graal avec le *Parzival* de Wolfram von Eschenbach. Lui aussi est un esprit profondément religieux, un chrétien, dont l'intention et le désir sont de spiritualiser un certain monde profane. Mais on le sent en lutte avec une réalité, une civilisation qui ne sont pas de la même sorte que la civilisation humaniste, laïque, des chevaliers et des héros courtois. Ce qu'il reprend, lui, c'est une légende qui lui parvient de source provençale ou française, mais qui, chez ses compatriotes ou dans sa propre imagination, a retrouvé toute la puissance mystérieuse et redoutable des mythes ancestraux. La magie règne partout, avec ses menaces; on est environné de ténèbres, les prêtres et les églises appellent le chevalier au secours contre un peuple hostile et contre des reîtres qui les cernent de près. Le péché de Perceval, qui manque à la charité, le plonge dans une véritable crise religieuse, évoquée avec un admirable réalisme psychologique; il vit loin de Dieu, révolté et désespéré, torturé par la nostalgie de l'amour divin dont il s'est privé et contre lequel il se rebelle. Tout est plus dramatique, plus obscur, plus vaste aussi. C'est la forêt païenne, non plus l'aimable forêt des romans français, qui sert de théâtre à l'aventure. C'est le monde des dieux germaniques et des fées, qu'il s'agit d'évangéliser. Quelle différence avec l'œuvre que les poètes et les moines d'Occident avaient eu à accomplir ! Leur prédication s'adressait à une humanité qui avait atteint un certain équilibre de civilisation, de sagesse profane et séculière, non point à un peuple encore prisonnier des hantises du paganisme primitif. Les histoires dont ils héritaient et qu'ils reprenaient pour les christianiser étaient des histoires morales et de beaux contes poétiques, non pas les terribles combats des hommes violents et des dieux cruels.

Pourtant les uns et les autres, Wolfram et les auteurs français, travaillaient, sur deux mondes divers, à une commune entreprise de christianisation. Sommes-nous si loin de ces siècles, que nous n'ayons pas à notre tour, et selon l'état intérieur de chacun de nos peuples, à respiritualiser une morale laïcisée ou une morale demeurée païenne, une vie d'équilibre humaniste — d'équilibre trop humain, par là pauvre et décevant, — ou bien une vie de violence naturelle, de sauvagerie primitive, livrée aux puissances maléfiques des mythes ? Etre chrétien, aujourd'hui comme alors, est-ce vivre séparé, retiré du destin des peuples égarés ? N'est-ce pas plutôt, comme l'ont cru les romanciers du Graal, pénétrer dans le monde tel qu'il est, et tenter de le sauver ?

Dès ses premières expressions littéraires, la France, héritière déjà de plusieurs siècles de christianisme profond et silencieux, s'est mise à cette œuvre nécessaire. Plus tard, en ses crises de rationalisme, elle a méprisé ce passé, et cru que les romans ou les poèmes de son moyen âge étaient des essais candides, puérils, des balbutiements. Le temps est peut-être venu où elle saura s'y reconnaître et découvrir que ces œuvres si belles portent un témoignage plus que jamais nécessaire, dans un esprit lucide et créateur, dépourvu de toute gaucherie naïve mais animé du merveilleux esprit d'enfance.

Cependant, y aura-t-il jamais une chrétienté, une humanité, si le sentiment d'une communion et d'une même entreprise sous des visages divers ne rapproche pas entre eux ceux qui, au cœur de chaque nation, et en tenant compte de la pente particulière où chacune d'elles est toujours tentée de descendre, se proposent la seule grande tâche éternelle : celle-là même que poursuivaient les romanciers du Graal et qui était de faire naître le Christ, à chaque minute du temps, dans les âmes et dans le monde de l'histoire ?

Octobre 1943-février 1945.

Albert Béguin.

Notre texte

J'ai suivi l'excellente édition de la Queste del Saint Graal donnée par M. Albert Pauphilet. Je me suis interdit d'abréger le texte, auquel j'ai voulu garder toute sa lenteur, qui est la marque même de son style. C'est ce rythme lent, avec ses insistances et ses redites, qui fait du récit une œuvre d'art et permet à l'auteur de préciser minutieusement les contenus spirituels des faits. Je me suis donc gardé de suivre l'exemple des deux adaptations dues à M. Jacques Boulenger et à M. Pauphilet qui ne conservent guère du roman, ramené à moins du quart de son ampleur, que les événements extérieurs. C'est faire un conte amusant de cette œuvre grave, ou la réduire à une sécheresse absolument contraire à son style.

La langue de la Quête étant très claire, d'une simplicité presque classique, j'ai cru qu'il fallait y toucher le moins possible. Sans céder à la tentation d'un archaïsme systématique, j'ai conservé la forme de la phrase médiévale, car j'ai craint, en modernisant trop, de fausser le ton du livre, qui est une grande part de sa qualité d'art. Pour les mots, je ne les ai remplacés par des équivalents actuels que lorsqu'ils n'étaient plus intelligibles. Mais j'ai évité cette saveur ancienne, si facilement trompeuse, que l'on obtient en accumulant les termes d'armement, de costume et de vie concrète qui accentuent la couleur pittoresque. J'ai pensé pourtant qu'il était permis de conserver les termes de chevalerie ou de spiritualité qu'une transcription eût dépouillés de leur valeur exacte, ou parfois de leur utile ambivalence. On entendra bien qu'un prud'homme peut être un vieillard, un chevalier, un prêtre,

un ermite ; que le caſtel eſt un bourg fortifié ou un château ;
le sergent *un serviteur* ; qu'un chétif eſt un infortuné. Le
mot aventure, *qui revient sans cesse,* eſt l'un des plus riches
en sens divers : *prouesse, exploit, rencontre heureuse ou
malheureuse, occasion de prouver sa chevalerie, événement,* il
déſigne tout cela, et parfois le cours de l'hiſtoire humaine.
Ces sens multiples exiſtent ensemble dans l'aſpiration confuse
et profonde des quêteurs engagés sur une voie de chevalerie à
la fois " terrienne " et " céleſtielle ". Le leſteur comprendra
par le contexte ce que déſignent des termes irremplaçables
comme " les spirituelles choses " *ou la* semblance, *qui eſt
à la fois image, symbole, signe et* " imitation ".

Une transcription moderne eſt toujours insatisfaisante.
Celle-ci ne prétend nullement à être une recréation. Aussi
proche que possible de l'original, elle ne vise qu'à rendre aisée
la leſture d'un chef-d'œuvre qui devrait être aussi connu que les
grands livres classiques.

A. B.

La Quête du Graal

Commencement
de la Quête

A la veille de la Pentecôte, vers l'heure de none, les compagnons de la Table Ronde qui venaient d'arriver à Camaalot se mettaient à table, après avoir assisté à l'office, quand une très belle Demoiselle entra à cheval dans la salle. Et on voyait qu'elle était venue à grande allure, car son cheval était encore tout couvert de sueur.

Elle met pied à terre et s'en vient au Roi, qui la salue et prie Dieu qu'il la bénisse. " Sire, fait-elle, pour Dieu dites-moi si Lancelot est céans. — Oui, répond le Roi, le voici. " Elle va à lui et lui dit : " Lancelot, de la part du Roi Pellés, je vous prie de me suivre jusqu'à la forêt. " Il lui demande à qui elle appartient. " Je suis, dit-elle, à celui dont je vous parle. — Et quel besoin avez-vous de moi ? — Vous le verrez bien, reprend-elle. — De par Dieu, je vous suivrai de bon cœur. "

Il commande à un écuyer de seller son cheval et de lui apporter ses armes, ce qui est fait aussitôt. Quand le Roi et tous ceux qui étaient au palais voient cela, ils en sont tout affligés, mais, comprenant que Lancelot ne demeurera pas, ils le laissent partir. La Reine lui dit : " Qu'est-ce donc, Lancelot ? nous quitterez-vous en ce jour solennel ? — Dame, répond la Demoiselle, sachez qu'il vous reviendra demain avant l'heure de dîner. — Qu'il parte donc ! fait la Reine, mais s'il avait dû s'en aller pour plus longtemps, je ne l'aurais pas laissé s'éloigner de bon cœur. "

Lancelot monta à cheval, et la Demoiselle aussi. Ils s'en allèrent donc, sans autres adieux, accompagnés du seul écuyer qui était arrivé avec la Demoiselle. Une fois sortis de Camaalot, ils chevauchèrent jusqu'à la forêt, puis, prenant la grand'route, ils arrivèrent, au bout d'une bonne demi-heure, dans une vallée où ils aperçurent en travers du chemin une abbaye de nonnes. Dès qu'ils y furent, la Demoiselle se dirigea vers la porte, l'écuyer appela, on ouvrit, et, mettant pied à terre, ils entrèrent. Quand les cloîtrées surent que Lancelot était là, elles allèrent toutes au-devant de lui pour lui faire bon accueil. On le mena dans une chambre pour le désarmer, et il y vit, couchés en deux lits, ses cousins Bohort et Lyonnel. Joyeux, il les éveilla, et tous trois s'embrassèrent. Ce fut, entre les cousins, un heureux revoir. " Beau sire, fit Bohort, quelle aventure vous conduit ici ? Nous pensions vous trouver à Camaalot. " Lancelot leur conta comment une Demoiselle l'avait amené jusqu'au monastère, sans qu'il sût pourquoi.

Tandis qu'ils s'entretenaient ainsi, trois nonnes entrèrent, qui amenaient Galaad, si bel enfant, si bien fait qu'on n'eût pas trouvé son pareil au monde. Et celle qui était la plus dame le menait par la main, pleurant très tendrement. Quand elle fut devant Lancelot, elle lui dit : " Sire, je vous amène cet enfant que nous avons élevé, qui est notre joie, notre réconfort, et notre espérance, pour que vous le fassiez chevalier. Car nous pensons qu'il ne peut recevoir l'ordre de chevalerie de personne qui soit plus parfait prud'homme. " Il regarda l'enfant. Vraiment il n'en avait jamais vu de cet âge qui eût si merveilleuse stature virile. Et il fut tout heureux à l'idée de faire chevalier un jeune homme dont l'innocence permettait tant d'espoirs. Il répondit donc aux dames qu'il accéderait à leur requête avec grand plaisir. " Sire, dit celle qui conduisait l'enfant, nous désirons que ce soit cette nuit ou demain. — De par Dieu, fit Lancelot, il en sera comme vous voudrez. "

Lancelot demeura donc au monastère et fit veiller l'adolescent à la chapelle. Le lendemain, à l'heure de prime, il le fit chevalier. Lancelot lui chaussa l'un de ses éperons et Bohort l'autre. Puis Lancelot lui ceignit l'épée, lui donna l'accolade et lui dit que Dieu le faisait prud'homme parce qu'il n'avait jamais failli à la beauté. Quand il eut ainsi fait tout ce qui convient à un nouveau chevalier, il lui dit : " Beau sire, viendrez-vous avec moi à la cour de mon seigneur, le Roi Arthur ? — Non, Sire, répondit Galaad, je ne vous suivrai pas. " Lancelot dit alors à l'abbesse : " Dame, souffrez que notre nouveau chevalier nous accompagne à la cour de notre sire le Roi. Car il acquerra plus de perfection qu'à demeurer ici avec vous. — Sire, répondit-elle, il n'ira pas maintenant; mais dès que nous penserons qu'il en aura besoin, nous vous l'enverrons. "

Lancelot s'en alla donc avec ses compagnons; ils chevauchèrent ensemble et parvinrent à Camaalot à l'heure de tierce tandis que le Roi était allé à l'église pour ouïr la messe avec grande compagnie de nobles seigneurs. Les trois cousins descendirent de cheval dans la cour et montèrent à la salle du haut. Ils se mirent à parler de l'enfant que Lancelot avait fait chevalier, et Bohort dit qu'il n'avait jamais vu personne qui ressemblât autant à Lancelot. " Et certes, fit-il, je suis bien certain que c'est Galaad, qui naquit de la belle fille du Roi Pêcheur, car il porte merveilleusement la ressemblance de ce lignage et du nôtre. — Par ma foi, dit Lyonnel, je le pense aussi, car il a le visage de mon seigneur. " Ils parlèrent longtemps ainsi pour voir s'ils n'obtiendraient pas que Lancelot en dît sa pensée, mais il ne répondit pas un mot à tous leurs discours.

Lorsqu'ils eurent renoncé à en parler, ils allèrent regarder les sièges de la Table Ronde et trouvèrent écrit sur chacun d'eux : CI DOIT S'ASSEOIR UN TEL.

Mais au grand siège, que l'on appelait le Siège Périlleux, ils virent des lettres qui leur parurent écrites tout nouvellement et qui disaient : Quatre cent et cinquante-quatre ans sont accomplis depuis la Passion de Jésus-Christ; et au jour de la Pentecôte ce siège doit trouver son maître. Voyant cette inscription, ils se disaient l'un à l'autre : " Par ma foi, voici merveilleuse aventure ! — Au nom de Dieu, fit Lancelot, celui qui compterait le temps écoulé depuis la Résurrection de Notre Seigneur jusqu'à maintenant, trouverait que ce siège doit être occupé aujourd'hui même; car c'est la Pentecôte, et quatre cent cinquante-quatre ans ont passé. Je voudrais que nul ne vît ces lettres avant que n'arrive celui à qui doit échoir l'aventure. " Les autres répondirent qu'ils empêcheraient bien qu'on ne les vît; ils firent apporter un drap de soie et en recouvrirent le siège.

Quand le Roi revint de l'église, il vit que Lancelot était revenu et avait amené Bohort et Lyonnel. Il leur fit grand accueil, et la fête commença, grande et merveilleuse. Les compagnons de la Table Ronde étaient tout joyeux de la venue des deux frères, tant il y avait longtemps qu'on ne les avait vus.

Le Roi commanda qu'on mît les nappes car il était temps de manger. " Sire, dit Kex le Sénéchal, si vous vous mettez à table, m'est avis que vous enfreindrez la coutume de céans. Aux grandes fêtes, vous ne vous assîtes jamais avant qu'une aventure fût survenue en votre cour, devant tous vos barons assemblés. — Vous dites vrai, Kex, répondit le Roi. J'ai toujours observé cet usage et le maintiendrai tant que je le pourrai. Mais j'avais si grande joie de voir revenir sains et saufs Lancelot et ses cousins, que j'en ai oublié la coutume. — Qu'il vous en souvienne donc ! fit Kex. "

Tandis qu'ils parlaient ainsi, un valet entra, qui dit au Roi : " Sire, je vous apporte nouvelles très mer-

veilleuses. — Quelles ? fit le Roi. Dis-les-moi. — Sire,
là-bas, devant votre palais, j'ai vu flotter sur l'eau un
grand perron. Venez le voir, car je sais bien que c'est
une chose étrange. " Le Roi descendit, suivi de tous
les autres. Arrivés au rivage, ils y virent un perron de
marbre vermeil, qui était sorti de l'eau; sur ce perron,
une épée, belle et riche, était fichée, dont la garde était
de pierres précieuses, très habilement ouvragée de
lettres d'or. Les barons regardèrent ces lettres, qui
disaient : Nul jamais ne m'ôtera d'ici, sinon celui
au côté duquel je dois pendre. Et celui-là sera
le meilleur chevalier du monde. Le Roi dit à Lancelot : " Beau sire, cette épée est à vous, par bon droit,
car je sais bien que vous êtes le meilleur chevalier du
monde. " Lancelot répondit, tout courroucé : " Certes,
Sire, elle n'est pas mienne, et je n'aurai pas la hardiesse
d'y mettre la main. Je n'en suis pas digne, et ce serait
folie que d'y prétendre. — Pourtant, dit le Roi, essayez,
nous verrons si vous pouvez la retirer. — Sire, reprit
Lancelot, je ne le ferai point. Car je sais bien que nul ne
le tentera, s'il n'y réussit, qu'il n'en subisse grave
dommage. — Comment le savez-vous ? dit le Roi. —
Sire, je le sais bien. Et je vous dis autre chose encore; je
veux que vous sachiez qu'en ce jour commenceront
les grandes aventures et les grandes merveilles du
Saint-Graal. "

Voyant que Lancelot n'en ferait rien, le Roi dit à
messire Gauvain : " Beau neveu, essayez ! — Sire,
répondit-il, permettez que je ne le fasse point, puisque
Lancelot ne veut pas le tenter. C'est en vain que j'y
mettrais la main, car il est bien meilleur chevalier que
moi. — Essayez toutefois, fit le Roi, non pas pour avoir
l'épée, mais parce que je le veux. " Gauvain y met la
main, prend l'épée par le haut et tire, mais ne peut
l'arracher, et le Roi lui dit : " Beau neveu, laissez; vous
avez obéi à mon commandement. — Messire Gauvain,

fait Lancelot, sachez que cette épée vous touchera
encore de si près que vous ne voudriez l'avoir pour un
château. — Sire, fit Gauvain, je n'y puis mais; si même
j'en devais mourir, je l'eusse fait pour accomplir la
volonté de mon seigneur. " Quand le Roi entendit ces
paroles, il se repentit de ce que Gauvain avait fait.

Il dit alors à Perceval d'essayer à son tour. Perceval
répondit qu'il le ferait volontiers, pour tenir compagnie
à messire Gauvain. Il mit la main à l'épée, tira, mais ne
put l'avoir. Tous pensèrent alors que Lancelot avait
raison et que l'inscription disait vrai; et personne ne
fut si hardi que d'y mettre encore la main. Messire Kex
dit au Roi : " Sire, Sire, vous pouvez maintenant vous
asseoir pour dîner quand il vous plaira, car il me semble
que l'aventure ne vous a pas failli. — Allons, dit le Roi,
aussi bien est-il grand temps ! "

Les chevaliers s'en allèrent donc, laissant le perron
à la rive. Le Roi fit sonner le cor; il s'assit sous son
dais, et les compagnons de la Table Ronde chacun à sa
place. Ce jour-là quatre rois couronnés servaient, et
avec eux tant de nobles seigneurs que c'était merveille.
Et quand chacun se fut assis, il se trouva que tous les
compagnons de la Table Ronde étaient venus, et les
sièges occupés, sauf celui que l'on appelait le Siège
Périlleux.

Après le premier mets, il leur advint une merveilleuse aventure : les portes et les fenêtres se fermèrent
d'elles-mêmes, sans que nul n'y mît la main, et sans que
la salle s'obscurcît; tous en furent ébahis, les fols et les
sages. Le Roi Arthur parla le premier : " Par Dieu,
beaux seigneurs, nous avons vu choses étranges aujourd'hui, ici comme au rivage. Mais je crois que ce
soir nous en verrons de plus étranges encore. "

Cependant on vit survenir un prud'homme, très
âgé et vêtu d'une robe blanche; mais personne ne sut
par où il était entré. Il arrivait à pied, menant par la

main un chevalier en armure vermeille, sans épée et
sans écu. Et il dit à tous, quand il fut au milieu de la
salle : " La paix soit avec vous. " Puis, apercevant le
Roi : " Roi Arthur, je t'amène le Chevalier Désiré,
celui qui est né du haut lignage du Roi David et de
Joseph d'Arimathie, celui par qui doivent finir les
merveilles de ce pays et des terres étrangères. Le voici. "
Le Roi, tout heureux de cette nouvelle, répondit au
prud'homme : " Sire, soyez le bienvenu, si vos paroles
sont vraies. Et que le chevalier soit le bienvenu ! Car
si c'est celui que nous attendions pour achever les
aventures du Saint-Graal, nous lui ferons fête comme
jamais on ne le fit à personne. Quel qu'il soit, celui que
vous dites ou un autre, je lui souhaite grand bien, puisqu'il est d'une si haute extraction .— Par ma foi, fit le
prud'homme, vous verrez en temps voulu le commencement des belles aventures. " Il fit alors désarmer le
chevalier, qui resta en sa cotte de soie vermeille; puis
il lui tendit un manteau vermeil qu'il portait sur son
épaule, tout de soie, et fourré en dedans de blanche
hermine.

Quand il l'eut ainsi vêtu, il lui dit : " Suivez-moi,
sire chevalier. " Il le mena tout droit au Siège Périlleux,
auprès duquel était assis Lancelot et souleva le drap de
soie que les trois cousins y avaient mis. On vit l'inscription, qui disait maintenant : C'EST ICI LE SIÈGE DE
GALAAD. Le prud'homme reconnut le nom de Galaad
et l'appela si haut que tous purent l'entendre : " Sire
chevalier, asseyez-vous ici, car c'est votre place. " Le
Chevalier s'assit tranquillement et dit au prud'homme :
" Vous pouvez vous en retourner, maintenant que vous
avez fait ce qui vous fut ordonné. Saluez pour moi
tous ceux de la sainte demeure, et mon oncle le Roi
Pellés, et mon aïeul le Riche Roi Pêcheur. Dites-leur
que j'irai les voir dès que j'en aurai loisir. " Le pru-
d'homme, au moment de s'en aller, recommanda à

Dieu le Roi Arthur et tous les barons. Quand ils voulurent savoir qui il était, il ne satisfit pas leur curiosité,
mais répondit franchement qu'il ne le dirait point,
puisqu'ils l'apprendraient le jour venu s'ils osaient le
demander alors. Il alla à la maîtresse porte, qui était
close, l'ouvrit et descendit en la cour; quinze chevaliers
et écuyers, qui étaient venus avec lui, l'y attendaient.
Il monta en selle et s'éloigna, en sorte que pour cette
fois on n'en sut pas davantage sur lui.

Lorsque ceux de la salle virent le chevalier assis au
siège que tant de prud'hommes avaient redouté et où
étaient arrivées déjà tant d'aventures, ils s'en émerveillèrent fort. Le nouveau venu était si jeune qu'une telle
faveur ne pouvait lui être accordée que par la volonté
de Notre Seigneur. La joie fut grande; on fit honneur
au chevalier, pensant que c'était celui qui devait accomplir les mystères du Saint-Graal, ainsi qu'on pouvait le
connaître par l'épreuve du Siège où jamais homme ne
s'était assis, avant lui, qu'il ne lui arrivât quelque
malheur. Ils le suivirent et l'honorèrent de leur mieux,
le tenant pour maître et seigneur sur tous ceux de la
Table Ronde. Et Lancelot, qui le regardait avec grande
joie et admiration, reconnut celui qu'il avait fait chevalier; il le traita avec beaucoup de respect, et le mit sur
maint sujet, lui demandant de dire quelque chose de
lui-même. Le jeune chevalier, qui l'avait reconnu et
n'osait refuser, répondit à plusieurs questions. Mais
Bohort, plus joyeux que tout autre et sachant bien que
c'était Galaad, fils de Lancelot, dit à son frère Lyonnel :
" Beau frère, savez-vous qui est ce chevalier assis au
Siège Périlleux ? — Je ne le sais pas très bien, fit Lyonnel, sinon que c'est celui que Lancelot adouba de sa
main aujourd'hui. Et c'est celui dont nous avons tant
parlé, vous et moi, l'enfant que messire Lancelot eut de
la fille du Roi Pêcheur. — Vous dites vrai, reprit
Bohort, c'est lui, notre proche cousin. Réjouissons-nous

car il est certain qu'il fera choses plus grandes que ne fit jamais chevalier, et il a déjà commencé. "

Ainsi parlaient les deux frères, et ainsi tous les autres barons. La nouvelle courut si bien en amont et en aval, que la Reine, qui mangeait en ses appartements, en ouït parler par un valet qui lui dit : " Dame, merveilles sont advenues céans. — Comment ? répondit-elle, dis-le-moi. — Dame, un chevalier est venu à la cour, qui a accompli l'aventure du Siège Périlleux, si jeune homme que tous se demandent d'où put lui venir telle faveur. — C'est une grande grâce, dit la Reine; car personne ne tenta encore cet exploit qu'il ne fût mort ou estropié avant d'y réussir. — Ah ! Dieu ! s'écrièrent les dames, ce chevalier est né pour une haute fortune ! C'est, à n'en pas douter, celui qui mettra fin aux aventures de la Grande-Bretagne et par qui sera guéri le Roi Méhaigné. — Bel ami, dit la Reine au valet, dis-moi comment il est fait ? — Dame, c'est un des beaux chevaliers du monde. Mais il est jeune à merveille et ressemble tant à Lancelot et à la parenté du Roi Ban que tous disent qu'il en est issu. " La Reine alors eut désir de le voir plus encore qu'auparavant. Car, par ce qu'on lui a dit de la ressemblance, elle pense bien que c'est Galaad, fils de Lancelot et de la fille du Roi Pêcheur, dont on lui avait fait maint conte; et c'était la chose qui l'avait le plus courroucée contre Lancelot, si la faute en était bien à lui.

Quand le Roi et les compagnons de la Table Ronde eurent mangé, ils se levèrent; le Roi vint au Siège Périlleux, et, soulevant le drap de soie, vit le nom de Galaad, qu'il désirait savoir. Il le montra à messire Gauvain et lui dit : " Beau neveu, nous avons ici Galaad, le bon chevalier parfait que nous et ceux de la Table Ronde nous avons tant souhaité voir. Soyons attentifs à l'honorer et à le servir tant qu'il sera parmi nous; car, je le sais bien, il ne demeurera pas longtemps, à cause de la grande Quête du Graal qui commencera bientôt, je pense. Lancelot ne nous l'aurait pas donné à entendre aujourd'hui, s'il n'en savait quelque chose. — Sire, dit Gauvain, nous devons le servir, vous et nous, comme celui que Dieu nous a envoyé pour délivrer notre pays des grandes merveilles et des étranges aventures qui si souvent et depuis si longtemps y sont advenues. "

Le Roi vint alors à Galaad et lui dit : " Sire, soyez le bienvenu ; nous avons fort désiré vous voir. Vous êtes ici maintenant, grâce à Dieu et à vous-même, qui avez daigné venir. — Sire, répondit-il, j'y suis venu parce que je devais bien le faire ; car c'est d'ici que partiront tous les compagnons de la Quête du Saint-Graal, qui va commencer. — Sire, dit le Roi, nous avions grande nécessité de votre venue, pour bien des choses, et pour mener à leur fin les merveilles de cette terre, et pour accomplir un exploit auquel ont failli aujourd'hui ceux de céans. Je sais bien que vous n'y sauriez faillir, vous qui devez achever les aventures auxquelles les autres échouent. Car Dieu vous a envoyé pour le faire. — Sire, dit Galaad, où est l'aventure dont vous me parlez ? Je la verrais volontiers. — Je vous la montrerai, dit le Roi. " Il le prend par la main et l'emmène, suivi de tous les barons qui voulaient voir comment l'aventure du perron allait s'achever ; et il ne resta chevalier en la salle.

La nouvelle parvint à la Reine. Aussitôt elle fit ôter les tables et dit à quatre des plus hautes dames : " Belles dames, venez avec moi jusqu'à la rive, car je ne veux point manquer de voir achever cette aventure, si j'y puis arriver à temps. " Et la Reine descendit, suivie d'une grande compagnie de dames et demoiselles.

Quand elles furent au bord de l'eau, les chevaliers s'écrièrent : " Regardez ! voici la Reine. " Et les plus illustres lui firent cortège. Le Roi cependant dit à Galaad : " Sire, voici ce dont je vous parlais. Les plus

fameux chevaliers de ma maison ont échoué aujour-
d'hui à tirer cette épée du perron. — Sire, fit Galaad,
ce n'est point merveille, car l'aventure, étant à moi, ne
pouvait être à eux. Si je n'ai pas apporté d'épée, comme
vous avez pu le voir, c'est que je comptais sur celle-ci. "
Il y porta la main et retira l'épée du perron aussi aisément que si elle n'y eût pas été plantée, puis la mit au
fourreau, la ceignit et dit au Roi : " Sire, je vaux mieux
que devant. Il ne me manque plus qu'un écu. — Beau
Sire, répondit le Roi, Dieu vous en enverra un comme
il le fit de l'épée. "

Regardant vers l'aval, ils virent une demoiselle,
montée sur un palefroi blanc, qui venait à grande allure.
Quand elle arriva, elle salua le Roi et toute la compagnie,
puis demanda si Lancelot était présent. Et lui, qui était
devant elle, répondit : " Demoiselle, me voici. " Elle le
regarda, le reconnut, et lui dit tout en pleurant : " Ha !
Lancelot, que votre sort est changé depuis hier matin ! "
Et il répondit : " Demoiselle, comment ? dites-le-moi.
— Par ma foi, fit-elle, je vous le dirai en présence de
tous. Vous étiez hier matin le meilleur chevalier du
monde, et qui vous eût appelé ainsi, eût dit vrai; car
alors vous l'étiez. Mais qui le dirait maintenant, on le
tiendrait pour menteur, car il y a meilleur chevalier
que vous. Preuve en soit cette épée à laquelle vous
n'osâtes toucher. Tel est le changement de votre renom,
dont je vous ai fait souvenance afin que désormais vous
ne prétendiez plus être le meilleur chevalier du monde. "
Il dit qu'il n'y prétendrait jamais, puisque cette aventure lui en avait ôté la pensée. Et, se tournant vers le
Roi, la Demoiselle lui dit : " Roi Arthur, Nascien l'ermite te mande par moi qu'aujourd'hui t'adviendra le
plus grand honneur qui soit jamais advenu à chevalier
de Bretagne. Et ce ne sera pas pour toi, mais pour un
autre. Sais-tu de quoi je parle ? Du Saint-Graal, qui
apparaîtra aujourd'hui en ton palais et repaîtra les

compagnons de la Table Ronde. " Dès qu'elle eut dit
ces mots, elle reprit le chemin par où elle était venue.
Il ne manqua pas de barons et chevaliers qui eussent
voulu la retenir pour savoir qui elle était et d'où elle
venait; mais elle ne voulut pas rester malgré toutes
leurs prières.

Le Roi dit alors à ses barons : " Beaux Seigneurs,
nous avons eu un signe évident que vous entrerez
prochainement dans la Quête du Saint-Graal. Comme
je sais bien que je ne vous reverrai jamais tous ensemble, ainsi que vous êtes maintenant, je veux que
l'on commence en la prairie de Camaalot un tournoi
si animé qu'après notre mort nos héritiers en fassent
remembrance. " Tous approuvèrent ces paroles. Ils
rentrèrent à la cité pour prendre leurs armes. Le Roi
n'avait ainsi mis tout en branle que pour voir à l'œuvre
la chevalerie de Galaad. Car il pensait que de longtemps il ne reviendrait à la cour, quand il en serait
parti.

Lorsque tous furent assemblés aux prairies de Camaalot, grands et petits, Galaad, à la prière du Roi et de la
Reine, mit son haubert sur son dos et son heaume sur
sa tête; mais quoi qu'on lui en dît, il ne voulut prendre
d'écu. Messire Gauvain, tout joyeux, déclara qu'il lui
porterait lances, et pareillement Yvain et Bohort de
Gaunes. La Reine était montée sur les murs avec grande
compagnie de dames et demoiselles. Et Galaad, venu
dans la prairie avec les autres, commença à briser les
lances si rudement qu'au bout d'un peu de temps il
n'y avait plus personne, homme ou femme, qui ne le
tînt pour le meilleur de tous. Ceux qui ne l'avaient
jamais vu proclamaient qu'il commençait hautement
sa chevalerie et qu'à voir ce qu'il venait de faire, il
surmonterait aisément en prouesse tous les autres
chevaliers. Quand le tournoi fut achevé, de tous ceux
de la Table Ronde qui portaient les armes il n'en restait

que deux qu'il n'eût pas abattus : c'étaient Lancelot et Perceval.

Le tournoi dura ainsi jusqu'après none. Mais le Roi, qui avait crainte qu'il ne finît en courroux, donna le signal du départ. Il fit délacer le heaume de Galaad et le bailla à porter à Bohort de Gaunes, puis mena Galaad, le visage découvert, par la maîtresse rue de la cité de Camaalot, afin que tous le vissent. Quand la Reine l'eut bien regardé, elle dit que vraiment il était fils de Lancelot, car jamais deux hommes n'avaient eu telle ressemblance. Aussi n'était-ce pas merveille qu'il fût paré de telle chevalerie; autrement il eût menti à son lignage. Une dame qui entendit partie de ces paroles, répondit aussitôt : " Dame, pour Dieu, doit-il être par droit aussi bon chevalier que vous dites ? — Certes, fit la Reine. Car de toutes parts il est issu des meilleurs chevaliers du monde, et du plus haut lignage que l'on sache. "

Les dames descendirent pour ouïr vêpres. A son retour de l'église, le Roi commanda de mettre les tables, et les chevaliers reprirent leurs places. Quand ils furent tous assis, ils entendirent approcher un bruit de tonnerre si prodigieux qu'ils crurent que le palais allait s'écrouler. Et voici qu'entra un rayon de soleil qui fit la salle sept fois plus claire qu'elle n'était auparavant. Ceux qui étaient là furent comme s'ils étaient illuminés par la grâce du Saint-Esprit, et commencèrent à se regarder les uns les autres : tous, grands et petits, étaient silencieux. Lorsqu'ils furent demeurés longtemps, sans que nul d'entre eux eût pouvoir de parler, à s'entre-regarder comme bêtes muettes, le Saint-Graal parut, couvert d'une pièce de soie blanche; mais personne ne put voir qui le portait. Il entra par la grand'porte et, dès qu'il y eut pénétré, la salle se remplit de bonnes odeurs comme si toutes les épices de la terre s'y fussent épandues. Il s'en alla tout autour des dais, de part et d'autre; et

à mesure qu'il passait auprès des tables, elles se trouvaient garnies, devant chaque convive, des mets qu'il
désirait. Quand tous furent servis, le Saint-Graal s'en
alla sans qu'on sût ce qu'il était devenu ni par où il avait
passé. Le pouvoir de parler fut rendu à ceux qui n'a-
vaient pu dire un mot jusque-là. Ils remercièrent Notre
Seigneur de leur avoir fait si grand honneur que de les
nourrir de la grâce du Saint-Graal. Mais entre tous le
plus joyeux fut le Roi Arthur, à qui Notre Sire venait
de témoigner plus grande bonté qu'à aucun roi qui fut
jamais.

Ceux de sa maison et les hôtes étaient tous ravis,
jugeant que Notre Sire ne les avait pas oubliés puisqu'il leur donnait tel signe de sa débonnaireté. Ils en
parlèrent tant que dura le repas. Et le Roi, s'adressant
à ses voisins, leur dit : " Certes, Seigneurs, nous devons
être en joie de ce signe de grand amour que Notre Sire
nous a accordé, nous repaissant de sa grâce en un jour
aussi haut que le jour de la Pentecôte. — Sire, fit
messire Gauvain, il y a autre chose que vous ne savez
point : c'est qu'il n'est personne ici qui n'ait été servi
de tout ce qu'il demandait et pensait. Cela n'advint
jamais en aucune cour, sinon chez le Roi Méhaigné.
Mais ils sont si infortunés qu'ils ne purent le voir ouvertement et que la vraie semblance leur fut cachée. Aussi
fais-je pour moi le vœu d'entrer au matin dans la Quête
et de la maintenir un an et un jour, et davantage s'il est
nécessaire ; je ne reviendrai pas à la cour, quoi qu'il en
puisse advenir, avant d'avoir vu plus manifestement ce
qui nous a été montré ici, s'il se peut que je doive et
puisse le voir. Et si c'est impossible, je m'en retournerai. "

Quand ceux de la Table Ronde ouïrent ces paroles,
ils se levèrent tous de leur siège et firent le même vœu
que Gauvain, disant qu'ils ne cesseraient pas d'errer
avant d'être assis à la haute table où serait apprêtée tous

les jours une aussi douce nourriture que celle qu'ils avaient reçue en ce jour. Mais le Roi, voyant qu'ils avaient fait ce vœu, en fut tout marri, car il savait bien qu'il ne pourrait les détourner de l'entreprise. Il dit à messire Gauvain : " Ah ! Gauvain, vous voulez ma mort en faisant ce vœu, car vous m'avez ôté la plus belle et la plus loyale compagnie que j'eusse jamais trouvée, et c'est la compagnie de la Table Ronde. Quand ils s'éloigneront de moi, quelle qu'en soit l'heure, je sais bien qu'ils ne reviendront jamais tous ensemble, mais que plusieurs resteront en cette Quête, qui ne finira pas aussi tôt que vous le pensez. Cela me pèse lourdement. Car je les ai instruits et élevés de tout mon pouvoir, je les ai toujours aimés et je les aime comme s'ils étaient mes fils ou mes frères, et leur départ me sera grande peine. Je m'étais accoutumé à avoir leur compagnie, et je ne sais trop comment je le supporterai. " Le Roi, après ces paroles, se mit à penser tristement, les larmes lui vinrent aux yeux et tous s'en aperçurent. Quand il parla, ce fut pour dire, si haut que tout le monde l'entendit : " Gauvain, Gauvain, vous m'avez mis grande détresse au cœur, et jamais je ne pourrai me réjouir jusqu'à ce que je sache vraiment quelle sera la fin de cette Quête. Car j'ai trop de crainte que mes amis charnels n'en reviennent jamais. — Ha ! Sire, fit Lancelot, que dites-vous, pour Dieu ? Un homme tel que vous ne doit pas concevoir la crainte en son cœur, mais la justice et la hardiesse, et avoir bonne espérance. Reprenez courage; si nous mourions tous en cette Quête, ce nous serait plus grand honneur que de mourir en autre lieu. — Lancelot, dit le Roi, l'amour que j'ai pour eux m'a fait prononcer ces paroles, et ce n'est point merveille que je sois affligé de leur départ. Jamais roi chrétien n'eut à sa table autant de bons chevaliers et de prud'hommes que j'en eus aujourd'hui, et quand ils seront partis, je ne reverrai pas telle assemblée; c'est la chose qui me peine tant. " Gauvain ne sut que répondre. Il savait bien que le Roi disait vrai. S'il l'eût osé, il eût retiré ses paroles, mais il ne le pouvait plus, car elles étaient dites.

On annonça par tout le palais que la Quête du Saint-Graal était commencée et que ceux qui en devaient être compagnons quitteraient la cour le lendemain. Plusieurs en furent plus tristes que joyeux, car par la prouesse des chevaliers de la Table Ronde la maison du Roi Arthur était plus redoutée que toute autre. Quand les dames et les demoiselles, attablées avec la Reine dans ses appartements, ouïrent la nouvelle, il y en eut beaucoup de dolentes et d'affligées, et surtout celles qui étaient épouses ou amies des compagnons de la Table Ronde. Pourquoi s'en étonner ? Elles étaient honorées et chéries de ces chevaliers dont elles craignaient maintenant la mort en cette Quête. Elles commencèrent à mener grand deuil. Et la Reine demanda au valet qui était devant elle : " Dis-moi, valet, étais-tu là quand la Quête fut jurée ? — Dame, oui. — Messire Gauvain et Lancelot du Lac en sont-ils compagnons ? — Dame, certes, fit-il; messire Gauvain le jura premier, puis Lancelot, puis tous les autres, et il n'est demeuré personne à la Table qui n'en fût compagnon. " Quand elle l'entendit, la Reine en fut si dolente pour Lancelot qu'elle pensa mourir de deuil; elle ne put empêcher les larmes de lui venir aux yeux, et répondit dans sa douleur : " Certes, c'est grand dommage. Car cette Quête ne finira pas sans la mort de maint prud'homme. Je me demande comment messire le Roi, qui est si sage, l'a permis. La meilleure part de ses chevaliers s'en ira, et le demeurant sera de peu de secours. " Elle se mit à pleurer très tendrement, et les dames qui étaient avec elle firent de même.

Ainsi toute la cour fut troublée par la nouvelle du départ. Quand les tables furent ôtées en la salle et dans

les appartements, et que les dames eurent rejoint les
chevaliers, la douleur recommença de plus belle. Chaque
dame ou demoiselle, qu'elle fût épouse ou amie, disait
à son chevalier qu'elle irait avec lui en la Quête. Il en
était qui l'eussent accordé à la légère, si un vieux prud'homme, vêtu de robe de religion, ne fût entré dans la
salle et n'eût dit au Roi, assez haut pour être entendu
de tous : " Écoutez, Seigneurs chevaliers de la Table
Ronde, qui avez juré la Quête du Saint-Graal ! Nascien
l'ermite vous mande par moi que nul n'y emmènera
dame ni demoiselle qu'il ne tombe en péché mortel ;
et que nul n'y doit entrer qui ne soit absous ou n'aille
à confesse, car nul ne peut entreprendre si haut service
qu'il ne soit nettoyé de toutes vilenies et de tous péchés
mortels. Cette Quête n'est point quête de choses terrestres, mais doit être la recherche des grands secrets
de Notre Seigneur et des mystères que le Haut Maître
montrera ouvertement au bienheureux chevalier qu'il
a élu pour son sergent entre les autres chevaliers terriens ; il lui découvrira les merveilles du Saint-Graal
et lui fera voir ce que cœur mortel ne pourrait penser,
ni langue d'homme terrestre prononcer. " Après ces
paroles, nul ne voulut plus emmener sa femme ni son
amie. Le Roi fit héberger richement le prud'homme et
l'interrogea sur sa personne, mais lui, qui pensait à
autre chose qu'au Roi, répondit à peine.

La Reine s'approcha de Galaad et s'assit à ses côtés,
puis elle commença à lui demander d'où il venait,
de quel pays et de quel lignage il était. Il lui répondit
selon qu'il le put, mais de ce que Lancelot fût son père
il ne souffla mot. Pourtant, à ce qu'il disait, la Reine
connut qu'il était bien le fils de Lancelot et de la fille
du roi Pellés, dont elle avait mainte fois ouï parler.
Comme elle voulait l'entendre de sa propre bouche,
elle lui demanda la vérité sur son père. Il répondit
qu'il ne savait pas bien de qui il était fils. " Ah ! sire,

fit-elle, vous me le cachez. Pourquoi le faites-vous ?
Dieu me pardonne, je n'aurais pas honte de nommer
votre père. Car il est le plus beau chevalier du monde,
issu de toutes parts de rois et de reines et du plus haut
lignage que l'on sache; il a eu jusqu'ici le renom d'être
le meilleur de tous les chevaliers : aussi devez-vous
surpasser tous ceux de la terre. Et vous lui ressemblez
tant que personne ici n'est assez naïf pour s'y tromper,
s'il y veut prendre garde. " A ces paroles, Galaad se
sentit tout honteux, et répondit : " Dame, puisque
vous en êtes si assurée, vous pouvez me le dire. Si
c'est celui que je tiens pour mon père, je vous l'accor-
derai, et si ce n'est lui, vous aurez beau dire, je ne
pourrai vous croire. — Par Dieu, fit-elle, puisque vous
ne voulez le dire, je le dirai. Votre père a nom messire
Lancelot du Lac, le plus beau chevalier, le meilleur
et le plus gracieux, le plus recherché de toutes gens
et le plus aimé qui jamais naquît en notre temps. Il
me semble que vous ne devez le celer ni à moi ni à
quiconque, puisque vous ne pourriez être né de plus
noble chevalier. — Dame, dit-il, puisque vous le savez
si bien, pourquoi vous le dirais-je ? On le saura quand
il sera temps. "

Galaad et la Reine parlèrent ainsi jusqu'à la nuit.
Quand il fut l'heure de dormir, le Roi emmena Galaad
en sa chambre et le fit coucher dans le lit où il avait
coutume de dormir lui-même, pour lui faire honneur
et pour sa hautesse; puis le Roi et Lancelot et les autres
barons allèrent se coucher. Mais cette nuit-là, le Roi
est mal à son aise et tout pensif pour l'amour des pru-
d'hommes qu'il a tant aimés et qui vont le quitter le
lendemain pour aller en un lieu où, pense-t-il, ils
demeureront longtemps. Et de ce qu'ils demeureront
il ne s'affligerait pas trop. Mais ce qui lui met le deuil
au cœur, c'est de songer qu'il en mourra beaucoup
en cette Quête.

En semblable tourment furent toute la nuit les
hauts barons de céans et ceux du Royaume de Logres.
Quand il plut à Notre Seigneur que les ténèbres nocturnes fussent abaissées parce que la clarté du jour
était apparue, les chevaliers, qui étaient en souci
et en pensée de ces choses, se levèrent et se vêtirent.
Lorsque le matin fut bien clair, le Roi quitta son lit,
s'apprêta et vint en la chambre où messire Gauvain
et Lancelot avaient couché. Il les trouva prêts à aller
ouïr la messe. Le Roi, qui les aimait comme s'ils fussent
nés de sa chair, les salua, en se penchant sur eux;
et ils se levèrent pour lui souhaiter la bienvenue. Il les
fit rasseoir et s'assit avec eux. Puis, regardant monseigneur Gauvain, il lui dit : " Gauvain, Gauvain,
vous m'avez trahi ! Jamais ma cour ne reçut de vous
autant de bien qu'elle en reçoit de mal aujourd'hui.
Car jamais elle ne sera honorée d'aussi haute et vaillante compagnie que celle que vous lui ôtez en faisant
tout ce mouvement. Encore ne suis-je pas affligé
pour eux autant que pour vous deux. Je vous ai aimés
de tout l'amour qu'un homme peut avoir pour un
autre, non seulement maintenant, mais dès l'instant
où je connus les grandes vertus qui sont en vous. "
Le Roi se tut et demeura tout pensif, tandis que les
larmes lui coulaient sur la face. En le voyant, ils furent
si dolents qu'ils n'osèrent répondre. Le Roi resta
longtemps ainsi, puis il dit tristement : " Ah ! Dieu !
je croyais ne jamais me séparer de cette compagnie
que la fortune m'avait envoyée ! " Puis il dit à Lancelot :
" Lancelot, par la foi et le serment qui est entre moi
et vous, je vous prie de m'aider à décider de ceci.
— Sire, dites-moi comment ? — Je ferais différer
cette Quête si c'était possible. — Sire, dit Lancelot,
je l'ai vu jurer à tant de prud'hommes que je ne pense
pas qu'ils y renoncent. Ils seraient tous parjures, et
ce serait grande déloyauté de le leur demander. — Je

sais bien, fit le Roi, que vous dites vrai. Mais le grand
amour que j'ai pour vous et les autres me force à parler
ainsi. Si c'était chose séante et convenable, je le sou-
haiterais, tant me pèse votre départ. "

Ils avaient tant parlé que le jour était haut, que le
soleil avait déjà abattu la rosée, et que la salle commençait à s'emplir des barons du royaume. La Reine
vint trouver le Roi et lui dit : " Sire, les chevaliers
vous attendent pour aller à la messe. " Il se leva et
essuya ses yeux pour que ceux qui le verraient ne con-
nussent pas sa douleur. Messire Gauvain commanda
qu'on lui apportât des armes, et Lancelot de même.
Armés, sauf de leurs écus, ils allèrent à la salle où ils
trouvèrent leurs compagnons prêts à partir. Ils se
rendirent à l'église, entendirent l'office, armés comme
ils étaient, et revinrent dans la salle. Tous les compagnons de la Quête s'assirent côte à côte. " Sire, dit le
Roi Baudémagus, puisque cette entreprise est si belle-
ment commencée qu'elle ne peut plus être laissée,
je crois qu'il conviendrait d'apporter les reliques. Les
compagnons prêteraient alors le serment de ceux qui
vont entrer en quête. — Je le veux bien, dit le Roi
Arthur, puisqu'il vous plaît ainsi et qu'il ne peut en
être autrement. " Les clercs firent donc apporter les
reliques sur lesquelles on faisait les serments de la
cour. Le Roi appela messire Gauvain : " Vous avez
donné le premier signal de cette Quête : approchez
et faites avant tout autre le serment que doivent prêter
ceux qui entrent en cette Quête. — Sire, dit le Roi
Baudémagus, avec votre permission, ce n'est pas lui
qui prêtera serment le premier, mais celui que nous
devons tenir pour seigneur et maître de la Table Ronde;
et c'est messire Galaad. Quand il aura juré, nous ferons
tous le même serment que lui, car il doit en être ainsi. "
On appela donc Galaad; il s'avança, s'agenouilla
devant les reliques, et jura, en loyal chevalier, qu'il

maintiendrait la Quête un an et un jour et plus encore s'il le fallait, et que jamais il ne reviendrait à la cour qu'il n'eût appris la vérité du Saint-Graal, s'il pouvait l'apprendre. Puis Lancelot fit semblable serment. Puis jurèrent messire Gauvain, et Perceval, et Bohort, et Lyonnel, et Hélain le Blanc, puis tous les compagnons de la Table Ronde les uns après les autres. Quand ils eurent prêté serment, ceux qui les avaient mis en écrit trouvèrent qu'ils étaient en tout cent cinquante, si vaillants que l'on n'en connaissait pas un qui fût couard. Ensuite ils déjeunèrent pour plaire au Roi qui les en requit. Et ils mirent leurs heaumes en leurs têtes, de sorte qu'il apparut bien qu'ils ne demeureraient pas davantage. En pleurant ils recommandèrent la Reine à Dieu.

Quand elle les vit sur le point de partir, elle se prit à mener aussi grand deuil que si elle eût vu morts tous ses amis. Mais pour ne pas trop montrer sa tristesse, elle entra en sa chambre où elle se laissa choir sur son lit, en une telle affliction que nul n'aurait pu la voir sans pitié. Lorsqu'il fut prêt à monter en selle, Lancelot, qui était plus qu'aucun autre ému de la douleur de sa dame et reine, alla jusqu'à la chambre où il l'avait vue se retirer. En le voyant tout armé, elle se prit à crier : " Ha ! Lancelot, vous m'avez trahie et réduite à la mort, vous qui me laissez en la maison de mon seigneur le Roi pour aller en terre étrangère, d'où vous ne reviendrez pas si Notre Sire ne vous en ramène. — Dame, fit-il, si Dieu le veut, je reviendrai plus tôt que vous ne pensez. — Ah ! Dieu ! reprit-elle, mon cœur ne me le dit pas; il me jette à tous les tourments du monde et à toutes les craintes que femme ait jamais conçues pour un homme. — Dame, répondit Lancelot, je m'en irai quand vous m'en donnerez congé. — Vous ne partiriez jamais, dit la Reine, si ce devait être avec mon agrément. Mais puisqu'il convient que vous vous

en alliez, soyez en la garde de Celui qui se laissa tor-
turer sur la très sainte vraie Croix pour délivrer l'humain lignage de la mort éternelle. Qu'il vous sauve
et vous protège en tous lieux où vous irez. — Dame,
dit-il, que Dieu le fasse par sa haute miséricorde ! "

Lancelot quitta la Reine et descendit dans la cour.
Il y trouva ses compagnons déjà à cheval, qui n'attendaient que lui pour partir. A son tour, il monta. Et
le Roi, voyant Galaad sans écu pour aller à la Quête,
lui dit : " Sire, il me semble que vous avez tort de ne
pas emporter un écu comme tous vos compagnons.
— Sire, répondit Galaad, je commettrais une faute
si je voulais en prendre un ici. Je n'en porterai pas
tant qu'aventure ne me l'aura donné. — Dieu vous
protège, fit le Roi. Je n'en dirai pas davantage, puisqu'il
ne peut en être autrement. "

Barons et chevaliers montèrent et sortirent de la
cour, et de la ville. Jamais on ne vit douleur aussi
grande et pleurs aussi pitoyables que ceux des gens
de la cité quand ils virent les compagnons partir
pour la Quête du Saint-Graal. De tous ceux qui demeuraient, il n'y eut personne, ni baron, ni riche, ni
pauvre, qui ne pleurât à chaudes larmes. Quant à ceux
qui partaient, ils ne montraient aucun semblant de
tristesse, et si vous les aviez vus vous auriez jugé
qu'ils étaient tout joyeux. Aussi bien l'étaient-ils.

Lorsqu'ils arrivèrent à la forêt non loin du castel
de Vagan, ils s'arrêtèrent au pied d'une croix. Messire
Gauvain dit au Roi : " Sire, vous nous avez accompagnés assez loin; il vous convient de vous en retourner,
car vous ne sauriez être des nôtres. — Le retour, fit
le Roi, me sera plus dur que l'aller, et c'est à vif regret
que je vous quitte. Mais je vois bien qu'il le faut. "
Messire Gauvain ôta son heaume, les autres firent de
même, et le Roi courut baiser ses barons. Quand ils
eurent relacé leurs heaumes, ils se recommandèrent

mutuellement à Dieu, en versant de tendres larmes.
Puis ils se séparèrent, le Roi s'en alla vers Camaalot,
et les compagnons entrèrent dans la forêt. Et ils chevauchèrent tant qu'ils parvinrent au castel de Vagan.

Ce Vagan était un prud'homme de bonne vie, qui
avait été un des bons chevaliers du monde tant que
dura sa jeunesse. Lorsqu'il vit les compagnons passer
dans les rues de son castel, il fit fermer toutes les portes
et dit que, puisque Dieu lui avait fait l'honneur de
les mettre en son pouvoir, ils ne s'en iraient pas avant
qu'il les eût comblés de tout ce qu'il avait. Il les retint
ainsi de force, les fit désarmer et les dota de tant d'honneurs et de richesses qu'ils se demandaient d'où il
pouvait tenir tout cela.

Cette nuit-là, ils se consultèrent sur ce qu'il leur
convenait de faire. Ils résolurent de se séparer et de
suivre chacun son chemin, parce qu'on leur ferait
honte s'ils allaient tous ensemble. Au matin, sitôt
que le jour parut, les compagnons se levèrent, prirent
leurs armes, et allèrent ouïr la messe dans une chapelle.
Puis ils montèrent à cheval, recommandèrent à Dieu
le seigneur de céans, et le remercièrent de l'honneur
qu'il leur avait fait. Ils quittèrent alors le castel et se
séparèrent comme ils l'avaient décidé, puis se disper-
sèrent dans la forêt, pénétrant là où elle était la plus
épaisse, sans chemin ni sentier. Au moment de cette
séparation, on vit pleurer ceux qui croyaient avoir le
cœur dur et orgueilleux.

Mais ici le conte se tait d'eux et parle de Galaad,
parce que c'est lui qui avait fait le commencement
de la Quête.

Aventures de Galaad

Le conte dit que, lorsque Galaad se fut séparé de ses compagnons, il chevaucha trois ou quatre jours sans rencontrer aventure. Mais le cinquième jour, passé l'heure de vêpres, il arriva à une blanche abbaye. Il heurta à la porte, les frères sortirent, et, voyant bien qu'il était chevalier errant, ils l'aidèrent à descendre. L'un d'eux prit son cheval, et un autre, afin de le désarmer, le mena dans une salle. Là, quand il fut débarrassé de ses armes, il vit deux des compagnons de la Table Ronde. C'était le Roi Baudémagus et Yvain l'Avoltre. A peine l'eurent-ils aperçu qu'ils accoururent les bras tendus pour lui faire fête, tant ils étaient heureux de le retrouver. Ils se firent reconnaître, et il leur témoigna toute sa joie, honorant en eux ses frères et compagnons.

Le soir, quand ils eurent dîné, ils allèrent se reposer dans un très beau verger qui était céans. Ils s'assirent sous un arbre et Galaad leur demanda quelle aventure les avait conduits en ce lieu. " Par Dieu, lui dirent-ils, nous sommes venus pour une aventure qui est vraiment merveilleuse, nous a-t-on dit. Il y a dans cette abbaye un écu que nul ne peut pendre à son cou et emporter sans qu'il ne lui arrive malheur. Dès le premier ou le second jour, il est tué ou blessé ou mutilé. Nous venons voir si cela est vrai. — Car, ajouta le Roi Baudémagus, j'ai l'intention demain matin de le prendre, et je saurai alors si l'aventure est bien telle qu'on le dit. — Par Dieu, dit Galaad, s'il en est ainsi, c'est merveille. Et si vous ne pouvez emporter l'écu, c'est moi qui le ferai car je n'en ai point. — Messire, dirent-ils, nous vous le laissons, car nous savons bien que vous ne faillirez pas. — Je veux, dit Galaad, que vous essayiez d'abord, pour vérifier si ce qu'on vous a dit est vrai." Telles furent les bases de leur accord. Ce soir-là leurs hôtes mirent à leur disposition tout ce dont ils disposaient. Et ils honorèrent grandement Galaad, quand ils virent quel respect les deux chevaliers lui témoignaient. Ils lui donnèrent une très belle couche, digne de lui. Et tout auprès s'étendirent le Roi Baudémagus et son compagnon.

Après la messe le lendemain, le Roi Baudémagus demanda à l'un des frères où était cet écu dont on parlait tant. " Sire, dit le prud'homme, pourquoi le demandez-vous ? — Parce que, dit-il, je vais le prendre avec moi pour voir s'il a cette vertu que l'on dit. — Je ne vous conseille pas de l'emporter, dit le prud'homme. Vous n'y gagneriez que de la honte. — Malgré tout, dit-il, je veux savoir où il est, et comment il est." On le conduisit alors derrière le maître-autel, et il y avait là un écu blanc à croix rouge. " Messire, dit le prud'homme, voici l'écu que vous demandez." Ils le regardèrent et dirent que c'était le plus beau qu'ils eussent jamais vu, et le plus riche. Il sentait aussi bon que si toutes les épices du monde eussent été répandues sur lui. Quand Yvain l'Avoltre le vit : " Par Dieu, dit-il, voici donc l'écu que nul ne doit suspendre à son cou s'il n'est pas le meilleur des chevaliers. Et certes il ne pendra jamais au mien, car je ne suis pas assez valeureux ni assez prud'homme. — Au nom de Dieu, dit le Roi Baudémagus, quoi qu'il m'advienne je l'emporte ." Il le suspendit à son cou et l'emporta hors de l'église. Ayant rejoint son cheval : " Sire, dit-il à Galaad, je voudrais bien que vous restiez

ici à m'attendre jusqu'à ce que je puisse vous dire
le dénouement de cette aventure. S'il m'en coûtait,
en effet, j'aimerais beaucoup que vous le sachiez, car
je sais bien que vous, vous réussiriez aisément. — Je
vous attendrai volontiers, répondit Galaad. " L'autre
monta à cheval, et les frères le pourvurent d'un écuyer,
pour rapporter l'écu si besoin était.

Ainsi demeura Galaad avec Yvain, dans l'attente
du fin mot de l'aventure. Et le Roi Baudémagus
qui s'était mis en route avec l'écuyer, chevaucha plus
de deux lieues, pour arriver enfin dans une vallée,
devant un ermitage qui était là. Il regarda l'ermitage
et en vit venir, aussi vite que son cheval lui permettait
de le faire, un chevalier à l'armure blanche qui, la
lance pointée, fonçait droit sur lui. Aussitôt il fit face.
Et il brisa sur le chevalier blanc sa propre lance, qui
vola en éclats, tandis que son adversaire, qui l'avait
pris à découvert, le frappait si durement qu'il lui rom-
pit les mailles du haubert, et perça de son fer son épaule
gauche. Le coup témoignait de beaucoup de force
et de vaillance. Baudémagus en fut renversé. Le chevalier lui ôta l'écu du col et lui dit, d'une voix si forte
qu'il l'entendit très bien et que l'écuyer lui-même
l'entendit : " Sire chevalier, vous fûtes bien sot et
bien fou de suspendre à votre cou cet écu, car il n'est
permis à aucun homme de le porter, s'il n'est pas le
meilleur chevalier qui soit au monde. Et c'est Notre
Seigneur qui m'a envoyé ici pour punir votre péché
comme il méritait qu'il le fût. " Ayant dit cela, il se
tourna vers l'écuyer et ajouta : " Prends cet écu et
porte-le au sergent de Jésus-Christ, au bon chevalier
que l'on nomme Galaad, et qui est resté à l'abbaye.
Dis-lui que le Haut Maître lui commande de le porter,
car il le trouvera toujours aussi neuf et aussi bon
qu'il est maintenant, et c'est pourquoi il le doit beaucoup aimer. Et salue-le de ma part aussitôt que tu le

verras. — Sire, quel est votre nom, que je puisse le dire au chevalier ? demanda le page. — De mon nom, répondit-il, tu ne dois rien savoir. Ni à toi ni à aucun homme il ne peut être dit. Contente-toi de cela et fais ce que je t'ai ordonné. — Sire, dit le page, puisque vous me taisez votre nom, je vous conjure par ce que vous aimez le plus au monde de me dire la vérité de cet écu, et comment il fut apporté sur cette terre, et pourquoi il en est advenu tant de choses merveilleuses. Car aucun homme de notre temps ne l'a pu prendre à son col sans avoir eu à en pâtir. — Si bien m'as-tu conjuré, dit le chevalier, que je te ferai réponse. Mais ce ne sera pas à toi seul. Je veux que tu m'amènes le chevalier. " L'écuyer promit de le faire. " Mais où pourrons-nous vous trouver quand nous viendrons ? — Ici même ", dit-il. Alors le page s'approcha du Roi Baudémagus, et lui demanda s'il était gravement blessé. " Certes, dit le roi, si durement que je n'en réchapperai pas. — Pourrez-vous monter à cheval ? " Le roi dit qu'il essaierait. Il se redressa, tout blessé qu'il était, et le page le soutint jusqu'auprès du cheval dont il avait chu. Le roi monta devant, et l'écuyer, derrière lui, le tint embrassé par la ceinture, sachant bien qu'autrement il tomberait.

Ainsi quittèrent-ils le lieu où le roi avait été blessé. Ils revinrent à l'abbaye. Quand ceux de céans les virent arriver, ils se portèrent à leur rencontre, aidèrent le Roi Baudémagus à descendre, le conduisirent dans une chambre et examinèrent sa plaie qui était très grande et étonnante. Galaad demanda à l'un des frères qui s'occupaient du roi : " Sire, croyez-vous qu'il puisse guérir ? Ce serait grand dommage qu'il trouve la mort dans cette aventure. — Sire, dit le frère, il en réchappera s'il plaît à Dieu. Il est très gravement blessé, mais il ne faut pas trop le plaindre, car nous lui avions bien dit qu'il lui arriverait malheur s'il emportait l'écu avec lui. Il passa outre, et ce fut grande folie. "

Quand les frères lui eurent donné tous les soins qu'ils purent imaginer, le page devant tous dit à Galaad : " Sire, le bon chevalier à la blanche armure, celui qui a blessé le Roi Baudémagus, vous salue et vous envoie cet écu. Au nom du Haut Maître, il vous prie de le porter désormais, car personne d'autre que vous, dit-il, ne le doit porter, et c'est pour cela qu'il m'a chargé de vous le remettre. Et si vous désirez savoir la raison de ces grandes et si nombreuses merveilles, allons à lui, vous et moi, et il nous l'expliquera, il me l'a promis. "

Les frères s'inclinèrent très humblement devant Galaad quand ils entendirent cela, et ils bénirent la fortune qui l'avait conduit en ce lieu, car ils savaient bien, dirent-ils, que les grandes aventures périlleuses allaient être conduites à bonne fin maintenant. Et Yvain l'Avoltre dit : " Messire Galaad, mettez à votre cou cet écu, qui n'a été fait que pour vous, et mon désir sera accompli, car je n'ai jamais rien tant désiré que de connaître le Bon Chevalier qui de cet écu porterait la seigneurie. " Galaad répond qu'il le pendra à son cou puisqu'il lui est envoyé, mais il veut d'abord que ses armes lui soient données. On les lui porte. Et, quand il est armé et à cheval, il met l'écu à son col, recommande à Dieu les frères et s'en va. Yvain l'Avoltre lui aussi s'était armé et mis en selle. Il proposa à Galaad de l'accompagner, mais celui-ci répondit que ce n'était pas possible : il irait tout seul avec le page.

Chacun s'en fut donc de son côté, Yvain s'enfonçant dans une forêt, et Galaad et le page allant retrouver le chevalier à la blanche armure. Quand celui-ci vit venir à lui Galaad, il se porta à sa rencontre et lui fit un salut que Galaad lui rendit aussi courtoisement qu'il le put. Ils s'abordèrent, et Galaad dit au chevalier : " Sire, par cet écu que je porte sont arrivées dans ce pays maintes aventures, m'a-t-on dit. S'il vous plaît, pouvez-vous m'en dire la raison, et comment et pourquoi tout cela est advenu ? Car je ne doute pas que vous le sachiez. — Certes, messire, répondit le chevalier, je vous la dirai volontiers. Écoutez-moi, Galaad.

" Quarante-deux ans après la passion de Jésus-Christ, il advint que Joseph d'Arimathie, le gentil chevalier qui détacha Notre Seigneur de la Sainte Croix, quitta Jérusalem avec nombre de ses parents. Ils marchèrent, jusqu'au moment où Notre Seigneur leur commanda d'aller en la cité de Sarraz, que tenait le roi Ewalach, un Sarrazin. A l'époque où Joseph arriva à Sarraz, Ewalach faisait la guerre à un roi riche et puissant, son voisin, qui avait nom Tholomer. Et il s'apprêtait à marcher sur Tholomer, qui lui voulait prendre son royaume, mais Josèphe, le fils de Joseph d'Arimathie, lui dit qu'il serait honteusement déconfit s'il allait au combat aussi mal préparé qu'il l'était. " Que me conseillez-vous ? demanda Ewalach. — Je vais vous le dire ", répondit Josèphe et il se mit à lui exposer la Nouvelle Loi, et la vérité de l'Évangile, du crucifiement de Notre Seigneur et de sa résurrection. Il fit apporter un écu, et y plaça une croix faite de soie rouge. " Roi Ewalach, dit-il, voici comment tu pourras connaître la puissance et la vertu du vrai Crucifié. Il est sûr que Tholomer, ce va-nu-pieds, l'emportera sur toi pendant trois jours et trois nuits, et qu'il te conduira jusqu'à deux doigts de la mort. Mais quand tu penseras ne plus jamais en pouvoir échapper, alors découvre la croix, et dis ceci : Beau Sire Dieu, de la mort de qui je porte le signe, sauvez-moi de ce péril et menez-moi sain et sauf recevoir votre foi et votre croyance. "

" Là-dessus le roi s'en alla combattre. Et tout se passa comme Josèphe l'avait dit. Le roi se vit en péril de mort, il découvrit son écu et vit au milieu un homme

crucifié tout sanglant. Il prononça les paroles que Josèphe lui avait apprises, en tira honneur et victoire,
et, sauvé de ses ennemis, il défit Tholomer et toutes
ses forces. De retour à Sarraz il annonça à tout son
peuple la vérité que lui avait apportée Josèphe, et fit
tant pour affirmer l'existence du Crucifié que Nascien
se fit baptiser. Pendant qu'on y procédait, vint à passer
un homme qui portait dans son autre main son poing
coupé. Josèphe l'appela. Et sitôt que cet homme eut
touché à la croix qui était sur l'écu, il se trouva guéri
du poing qu'il avait perdu. Il y eut encore une autre
aventure, et merveilleuse vraiment. La croix se sépara
de l'écu et s'attacha au bras de cet homme en telle
sorte que jamais on ne la revit sur l'écu. Alors Ewalach
reçut le baptême et devint le sergent de Jésus-Christ,
qu'il ne cessa plus d'aimer et de révérer grandement.
Et il fit très précieusement conserver l'écu.

" Ensuite Josèphe et son père quittèrent Sarraz
et vinrent en Grande-Bretagne, où un roi félon et
cruel les emprisonna avec un grand nombre d'autres
chrétiens. Josèphe en prison, la nouvelle s'en répandit
très vite, car il n'y avait pas d'homme au monde qui
eût alors une plus haute renommée et bientôt le roi
Mordrain le sut. Avec Nascien son beau-frère il con-
voqua tous ses vassaux, et se portant en Grande-
Bretagne contre ce roi qui gardait Josèphe en prison,
il le dépouilla de tous ses biens, triompha de toutes les
résistances et fit si bien que le pays fut acquis à la
sainte chrétienté. Tous les deux aimaient tant Josèphe
qu'ils restèrent avec lui, l'accompagnant dans tous ses
voyages. Et quand il fut sur son lit de mort, et qu'Ewalach eut compris qu'il allait quitter ce monde, il vint
à son chevet et, pleurant amèrement, il lui dit : " Sire,
vous me laissez, et moi qui ai abandonné par amour
pour vous mon royaume et la douceur de ma patrie,
je vais rester seul dans ce pays. Par Dieu, puisqu'il

faut que vous quittiez ce monde, laissez-moi un signe
qui me fasse souvenir de vous quand vous serez
mort. — Sire, dit Josèphe, oui, je vais vous dire ce
signe. "

" Il réfléchit à ce qu'il pourrait lui laisser, et au bout
d'un long moment il lui dit : " Roi Ewalach, fais
apporter cet écu que je t'ai donné quand tu partis
pour combattre Tholomer. " Le Roi lui dit qu'il le
ferait volontiers, car cet écu l'accompagnait en tous
lieux. On apporta l'écu, et ce fut à un moment où
Josèphe saignait du nez, et si fort, qu'on ne pouvait
étancher le sang. Il prit l'écu et de son sang fit cette
croix que vous voyez là. Car cet écu que voici est celui-
là même dont je vous parle. " Je vous le laisse en souvenir ", dit Josèphe au roi quand il eut tracé la croix.
" Vous ne le verrez plus sans penser à moi, puisque,
vous le savez, cette croix est faite de mon sang. Et elle
sera toujours aussi fraîche que maintenant et aussi
rouge tant que cet écu durera, c'est-à-dire bien longtemps, car nul ne pourra jamais s'en armer qu'il ne le
regrette, sauf Galaad, le bon chevalier, le dernier
du lignage de Nascien. Que nul n'ait donc la hardiesse
de le prendre avant celui auquel Dieu l'a destiné !
— Puisqu'il en est ainsi, dit le roi, dites-moi, s'il vous
plaît, où je devrai le laisser. Car je désire fort qu'il soit
placé en un lieu où le Bon Chevalier le trouve. — Voici
donc ce que vous ferez, dit Josèphe. Là où sera enterré
Nascien, placez l'écu. C'est là que viendra Galaad,
cinq jours après avoir reçu l'ordre de chevalerie. "

" Tout s'est accompli comme il l'avait annoncé,
puisque au cinquième jour vous êtes arrivé dans cette
abbaye où gît le corps de Nascien. Et c'est aussi pourquoi tant d'aventures sont advenues aux chevaliers
assez présomptueux pour vouloir porter cet écu qui
vous était destiné. "

Ainsi parla le chevalier, puis il se dissipa dans les

airs sans que Galaad puisse comprendre ce qu'il était
devenu. L'écuyer avait entendu tout le récit. Il descendit de son roussin, se jeta aux pieds de Galaad
et le pria tout en larmes, pour l'amour de Celui dont
son bouclier portait le signe, de lui permettre d'être
son écuyer et de le faire chevalier. " Certes, dit Galaad,
si je voulais un compagnon, je ne te repousserais pas.
— Par Dieu, sire, dit le page, conférez-moi la chevalerie et je vous promets que j'en ferai bon usage, s'il
plaît à Dieu ! " Galaad regarde le page qui pleure si
humblement, il en a grand'pitié, il consent. " Sire,
dit l'écuyer, revenez à l'abbaye, où l'on me donnera
une armure et un cheval. Et ce n'est pas pour moi
seul que vous devez revenir, mais pour une aventure
que nul n'a pu encore achever, mais que vous mènerez
à bien, je le sais. "

Ils reviennent donc à l'abbaye. Et quand on les
voit, on leur fait fête, et les frères demandent au page
pourquoi le Bon Chevalier est de retour. " Pour me
faire chevalier ", répond-il, à la grande joie de tous.
Puis Galaad demande où se trouve l'aventure. " Sire,
lui dit-on, savez-vous de quelle aventure il s'agit ?
— Non, dit-il. — Sachez donc, disent les frères, que
c'est une voix, qui sort d'une des tombes du cimetière.
Elle est si forte que nul ne peut l'entendre sans perdre
pour longtemps le contrôle de soi. — Savez-vous
d'où vient cette voix ? dit Galaad. — Non, disent-ils,
si ce n'est de l'Ennemi. — Conduisez-moi, dit-il, je
désire fort le savoir. — Venez donc avec nous. "

Ils le conduisirent, tout armé sauf de son heaume,
au chevet de l'église. " Sire, dit un des frères, voyez-
vous ce grand arbre et cette tombe dessous ? — Oui,
dit-il. — Eh bien, approchez-vous, soulevez la pierre,
et vous y trouverez grande merveille. " Galaad s'avança.
Alors une voix poussa un cri, si douloureux que ce
fut merveille; et, si fort que tous l'entendirent, elle

prononça ces mots : " Ha ! Galaad, sergent de Jésus-
Christ, ne t'approche pas davantage, tu m'obligerais
à quitter ce lieu où je suis resté si longtemps. " Galaad
ne fut pas effrayé, il s'approcha de la tombe, mais
quand il voulut l'empoigner par le gros bout de la
pierre, il en vit sortir une fumée, puis une flamme,
puis la plus hideuse figure qu'on eût jamais vue sous
l'aspect d'un homme. Galaad se signa, il savait bien
que c'était l'Ennemi. Et il entendit une voix, qui lui
disait : " Ha ! Galaad, sainte créature, je te vois si entouré
d'anges que je ne puis rien contre toi. Je t'abandonne
la place. " Il se signa et remercia Dieu, puis souleva
la pierre et vit dans la tombe un corps étendu tout armé,
avec une épée et tout ce qu'il faut pour faire un chevalier. Il appela les frères : " Venez voir ce que j'ai
trouvé, leur dit-il, et dites-moi ce que j'en dois faire. "
Quand ils virent le corps dans la fosse : " Sire, lui
dirent-ils, il ne faut pas que vous fassiez rien de plus.
Jamais le corps que voici ne quittera ce lieu, selon
nous. — Si, il le faut, dit le vieil homme qui avait
expliqué l'aventure à Galaad. Il faut qu'il soit jeté
hors de ce cimetière dont la terre est bénite et sanctifiée."
Et il commanda aux serviteurs de le porter hors du
cimetière, ce qu'ils firent. " Sire, dit Galaad au pru-
d'homme, ai-je fait tout ce que je dois ? — Oui, jamais
l'on n'entendra plus cette voix qui a causé tant de
maux. — Savez-vous la raison de toutes ces choses
étonnantes ? — Certes, messire, et je vous la dirai
volontiers. C'est une chose riche de sens et qu'il faut
que vous connaissiez. "

Ils quittent le cimetière et reviennent à l'abbaye.
Galaad dit au jeune écuyer qu'il devra veiller toute la
nuit dans l'église : et demain il le fera chevalier. Il
lui répond qu'il ne demande rien d'autre et il se pré-
pare, cependant que le prud'homme fait désarmer
Galaad dans une chambre et le fait asseoir sur un lit.

" Sire, dit-il, vous m'avez demandé la signification
de cette aventure, la voici. Elle présentait trois épreuves
redoutables : la pierre qui était bien lourde à soulever, le corps du chevalier, qu'il fallait jeter au
dehors, et cette voix que l'on entendait et qui faisait
perdre sens et mémoire. De ces trois choses : voici le
sens.

" La pierre qui recouvrait le mort signifie la dureté
de ce monde, que Notre Seigneur trouva si grande
quand il vint sur terre. Alors le père n'aimait pas le
fils ni le fils le père, il n'y avait partout que dureté
et triomphe de l'Ennemi. Le Père des cieux voyait
cette dureté de la terre, et que personne n'y connaissait
ni croyait personne, et qu'on opposait toujours de
nouveaux dieux aux prophètes. Il envoya son Fils sur
terre pour atténuer cette dureté et pour renouveler
et adoucir le cœur des pécheurs. Mais celui-ci les trouva
si endurcis dans le péché qu'autant eût-on pu attendrir
une pierre que leur cœur. C'est pourquoi il dit par la
bouche de David : " Je suis dans la solitude jusqu'à
ma mort ", ce qui signifiait : " Mon Père, tu en auras
converti bien peu avant ma mort. " Mais voici qu'aujourd'hui ce don de Dieu à la terre est renouvelé. Car,
de même que la folie et l'erreur se sont enfuies devant
son Fils, et que la vérité s'est manifestée, de même
Notre Sire vous a élu parmi tous les autres chevaliers
pour aller en pays étranger triompher des plus dures
aventures et faire connaître au monde quelles en étaient
les raisons. C'est pourquoi, par la semblance sinon
par la grandeur, on doit comparer votre venue à celle
du Christ. Et de même encore que les prophètes, bien
avant Jésus-Christ, avaient annoncé sa venue, et qu'il
délivrerait l'homme de l'Enfer, de même les ermites
et les saints ont annoncé votre venue depuis plus de
vingt années. Tous disaient que les aventures du royaume
de Logres ne disparaîtraient qu'avec vous. Nous

vous avons attendu. Et maintenant, Dieu soit loué, nous vous avons ! "

" Mais dites-moi, dit Galaad, ce que le corps signifie. Car pour la tombe, me voilà bien convaincu. — Voici, dit le prud'homme. Le corps représente ces hommes qui avaient tant vécu dans la dureté qu'ils étaient comme morts et aveugles de par les grands péchés qu'ils commettaient à longueur de vie. Et l'on vit bien cet aveuglement à l'avènement de Jésus-Christ. Quand ils eurent parmi eux le Roi des Rois, en effet, et le Sauveur de ce monde, ils le prirent pour un pécheur, le croyant tel qu'ils étaient. Ils crurent l'Ennemi plus qu'ils ne le crurent, et le livrèrent au supplice, sur les objurgations du diable qui toujours leur chantait ses duperies aux oreilles et s'était logé dans leur cœur. Ainsi commirent-ils cette action pour laquelle Vespasien les dépouilla et les anéantit, aussitôt qu'il sut quel était ce prophète qu'ils avaient trahi. C'est donc l'Ennemi qui les a détruits, ce sont ses conseils.

" Voyons maintenant comment s'accordent ces deux symboles. La tombe signifie la grande dureté des Juifs, et le corps, c'est eux-mêmes et leurs héritiers qui tous moururent de par leurs péchés mortels. Et la voix qui sortait de la tombe, c'est la malheureuse parole qu'ils ont prononcée devant Pilate : " Que son sang retombe sur nous et sur nos enfants ! " parole pour laquelle ils furent honnis et dépossédés. Vous pouvez donc voir dans cette aventure le symbole de la passion de Jésus-Christ, et la semblance de son avènement. Mais autre chose encore en est advenu. Car dès que venaient les chevaliers errants, dès qu'ils s'approchaient de la tombe, l'Ennemi, qui les savait de vils et impurs pécheurs, tout enveloppés de luxure et d'iniquité, les effrayait tant de sa voix épouvantable qu'ils en perdaient tout leur sens. Heureusement Dieu vous a conduit ici pour achever l'aventure. Et le

diable, qui vous savait vierge de tout péché, n'a pas
osé vous attendre, mais s'est enfui, perdant ainsi son
pouvoir. Vous connaissez maintenant la signification
de la chose. " Galaad déclara qu'elle avait beaucoup
plus de sens qu'il ne pensait.

Cette nuit-là, Galaad fut servi aussi bien que le
purent les frères. Et au matin il fit chevalier le jeune
garçon selon l'usage du temps. Puis il lui demanda
quel était son nom. Il répondit que c'était Mélyant,
et qu'il était fils du roi de Danemark. " Mon bel ami,
dit Galaad, puisque vous voici chevalier et que vous
êtes de sang royal, veillez pour l'honneur de votre
lignage à bien observer la loi de chevalerie. Car dès
qu'un fils de roi est fait chevalier, il doit l'emporter
en valeur sur tous les autres, comme le soleil parmi
les étoiles. " Mélyant répond que s'il plaît à Dieu,
l'honneur de chevalerie sera sauf en lui. Car, quelque
peine qu'il lui arrive de souffrir, il ne s'arrêtera pas.
Galaad cependant a demandé ses armes et on les apporte. " Sire, dit Mélyant, vous m'avez fait chevalier,
et ma joie est si grande que je ne pourrais vous la dire.
Or, vous savez que la coutume veut que celui qui a
fait un chevalier ne lui refuse pas la première chose
qu'il lui demande, pourvu qu'elle soit raisonnable. —
C'est vrai, dit Galaad, mais pourquoi me le dites-vous ?
— Parce que je veux vous demander une chose. Et
je vous prie de me la donner, car rien de mal jamais
n'en résultera pour vous. — Je vous l'octroie, dit
Galaad, même si je dois en souffrir. — Grand merci,
dit Mélyant. Je vous prie de me laisser vous accompagner dans cette Quête, tant qu'aventure ne nous aura
séparés. Et si plus tard aventure nous réunit, ne me
dérobez pas votre compagnie pour la donner à quelqu'un d'autre. "

Il demande un cheval, puisqu'il veut partir avec
Galaad. Et ils s'en vont. Ils chevauchent toute la

journée, toute la semaine. Et un mardi matin, ils arrivent devant une croix qui divise le chemin, et, s'approchant, déchiffrent dans le bois ces mots gravés : CHEVALIER QUI CHERCHE AVENTURE, VOICI DEUX CHEMINS, L'UN A DROITE ET L'AUTRE A GAUCHE. JE T'INTERDIS CELUI DE GAUCHE, CAR CELUI QUI Y ENTRE DOIT ÊTRE VRAIMENT PRUD'HOMME S'IL VEUT POUVOIR EN SORTIR. ET SI TU PRENDS CELUI DE DROITE, TU SERAS VITE EN PÉRIL DE MORT. Quand Mélyant voit cela : " Noble chevalier, dit-il à Galaad, par Dieu laissez-moi aller à gauche, car je pourrai là éprouver ce que je vaux, et savoir s'il y a en moi vaillance et audace qui méritent d'être louées. — S'il vous plaît, dit Galaad, il vaudrait mieux que j'y aille, je crois que je m'en tirerais mieux que vous. " Mélyant lui répond qu'il n'y entrera pas qu'il ne le suive. Ils se séparent donc. Mais ici le conte laisse Galaad, et rapporte l'aventure de Mélyant.

Le conte rapporte qu'après avoir quitté Galaad, Mélyant chevaucha jusqu'à une antique forêt dont la traversée demandait bien deux journées. Le lendemain, à l'heure de prime, il entra dans une clairière. Là, au milieu du chemin, il y avait un très beau siège sur lequel était posée une magnifique couronne d'or. Devant le siège, il y avait encore plusieurs tables bien garnies d'excellentes nourritures. Mélyant vit cela, mais il n'eut faim que de la couronne, qui était si belle, et il se dit qu'il serait heureusement né, celui qui la porterait devant tous. Il la prit et, décidant de l'emporter, la plaça sous son bras droit et rentra sous le couvert des arbres de la forêt.

A peine avait-il fait quelques pas qu'un chevalier, monté sur un grand destrier, le rejoignit et lui dit : " Seigneur chevalier, posez là cette couronne ! Elle n'est pas à vous et c'est pour votre malheur que vous l'avez prise. " Mélyant se retourna, il vit bien que

c'était le moment de jouter, il se signa : " Beau sire
Dieu, dit-il, secourez votre nouveau chevalier. "
L'autre l'attaqua, et le frappa si durement qu'à travers
l'écu et le haubert la lance lui atteignit le côté. Sous la
poussée Mélyant fut jeté à terre, et le fer et un grand
morceau du fût restèrent pris dans son flanc. Le chevalier s'approcha et prit possession de la couronne.
" Seigneur chevalier, dit-il à Mélyant, laissez cette
couronne à laquelle vous n'avez droit. " Puis il s'en
retourna et Mélyant qui ne pouvait se relever resta là,
se croyant blessé à mort et se reprochant bien de ne
pas avoir écouté Galaad.

Les hasards de son chemin voulurent que celui-ci
arrivât sur ces entrefaites. Quand il vit Mélyant blessé
étendu à terre, il en fut bien triste, le croyant touché
à mort. " Ah ! Mélyant, dit-il, qui vous a fait cela ?
Croyez-vous que vous guérirez ? — Par Dieu, Sire,
dit Mélyant, ne me laissez pas mourir dans cette forêt,
mais portez-moi en quelque abbaye, où je puisse obtenir
les sacrements et mourir en bon chrétien. — Êtes-
vous donc si blessé, Mélyant ? — Oui ", dit-il. Galaad
désolé demanda où étaient ceux qui l'avaient blessé.

A ce moment sortit de la feuillée le chevalier qui
avait frappé Mélyant. Il dit à Galaad : " Sire chevalier,
gardez-vous de moi, car je vous ferai le plus de mal que
je pourrai. — Sire, dit Mélyant, c'est lui qui m'a abattu;
par Dieu, gardez-vous de lui ! " Galaad ne répond pas,
mais se tourne vers le chevalier qui venait à grande
allure, et si rapidement qu'il le manque. Galaad, lui,
le frappe si durement qu'il lui enfonce sa lance dans
l'épaule et le renverse pêle-mêle avec son cheval,
cependant que se rompt la lance. Galaad a dépassé son
adversaire. Comme il revient, il voit venir un chevalier
armé qui lui crie : " Seigneur chevalier, laissez-moi
le cheval ! " et lui brise sa lance sur l'écu sans pouvoir
le déloger de la selle. Galaad d'un coup d'épée lui

tranche le poignet gauche. Le blessé s'enfuit car il
craint d'être mis à mort, mais Galaad ne le poursuit
pas, n'ayant nul désir de lui faire plus de tort. Il retourne
auprès de Mélyant, sans un regard pour le chevalier qu'il
a abattu.

Et à Mélyant il demande ce qu'il peut faire. " Sire,
si je peux supporter d'aller à cheval, je voudrais que
vous me preniez devant vous, et que vous me portiez
jusqu'à une abbaye qui est près d'ici. Car je sais bien
qu'on y ferait tout ce qui est possible pour me guérir.
— Volontiers, dit Galaad, mais je pense qu'il vaudrait
mieux que je vous ôte d'abord ce fer. — Ah ! Sire, pas
avant que je ne me sois confessé, car je crois que j'en
mourrai. Mais portez-moi. " Galaad le prend aussi
doucement qu'il le peut, et il le place devant lui, le
tenant embrassé de peur, tant il le voit faible, qu'il ne
tombe.

Ils arrivèrent enfin à une abbaye et, à la porte, appelèrent. Les saints frères leur ouvrirent et leur firent le
meilleur accueil. Mélyant fut porté dans une chambre
tranquille. Le heaume ôté, il demanda son Sauveur,
qu'on lui apporta. Quand il se fut confessé et qu'il eut
demandé grâce, il reçut *Corpus Domini*. Puis il dit à
Galaad : " Sire, je suis prêt maintenant. Essayez d'ôter
le fer de mon corps. " Galaad arracha tout le morceau,
Mélyant s'évanouit de douleur et Galaad demanda
s'il y avait céans quelqu'un qui sût prendre soin des
blessures d'un chevalier. On manda un vieux moine qui
avait été chevalier et on lui montra la plaie. " Dans un
mois il sera guéri ", dit-il. Grande est la joie de Galaad.
Il se fait désarmer et annonce qu'il restera céans tout
ce jour et le lendemain, pour savoir s'il est vrai que
Mélyant pourra guérir.

Il resta ainsi trois jours, puis il demanda à Mélyant
comment il allait, et celui-ci répondit qu'il sentait venir
la guérison. " Je pourrai donc partir demain, dit Galaad.

— Ah! messire Galaad, dit Mélyant avec tristesse, me
laisserez-vous ici ? Je suis l'homme du monde qui voudrait le plus être avec vous. — Sire, je ne vous sers de
rien ici. Et plutôt que de me reposer j'ai grand besoin de
chercher le Saint-Graal, dont j'ai commencé la Quête.
— Comment, dit l'un des frères, est-elle donc commencée ? — Oui, dit Galaad, nous en sommes tous deux
des compagnons. — Par ma foi, dit le frère, sachez donc
sire chevalier malade, que votre mésaventure est la
conséquence de votre péché. Et si vous me disiez ce qui
vous est arrivé depuis le début de la Quête, je vous
montrerais ce péché. — Oui, messire ", dit Mélyant.

Et il raconta comment Galaad l'avait fait chevalier,
et ce qu'ils avaient lu sur la croix, qui interdisait le
chemin de gauche, et comment il l'avait pris, et tout ce
qui lui était advenu. Le prud'homme, qui était de sainte
vie et de grand savoir, lui dit qu'assurément c'était là
des aventures du Saint-Graal. " Car vous ne m'avez rien
dit qui n'ait grande signifiance, et je vais vous l'expliquer.

" Avant qu'on vous fasse chevalier, vous êtes allé
à confesse, si bien que vous êtes entré dans l'ordre de
chevalerie purifié de toutes les vilenies et de tous les
péchés dont vous vous sentiez chargé. Mais le diable
vit cela, il s'en affligea et décida de vous attaquer dès
qu'il en trouverait l'occasion. Il le fit, je vais vous dire
comment. Votre première rencontre, après avoir quitté
l'abbaye, ce fut le signe de la vraie croix : signe auquel
un chevalier doit entre tous s'attacher. Et encore y avait-
il plus ! Il y avait ces mots qui vous indiquaient deux
voies, l'une à droite et l'autre à gauche. Celle de droite,
comprenez que c'est celle de Jésus-Christ, la voie de
piété où errent jour et nuit les chevaliers de Notre
Seigneur, de jour selon l'âme et de nuit selon le corps.
Et la voie de gauche est la voie périlleuse des pécheurs.
C'est parce qu'elle est moins sûre que l'autre que l'écrit
la défendait, sauf à celui qui, plus prud'homme que

tout autre, fût gardé de tout péché par l'amour de
Jésus-Christ. Mais alors l'Ennemi te frappa d'un de ses
dards. Et sais-tu duquel ? Ce fut l'orgueil, car tu pensas
que tu en sortirais sauf par ta prouesse. Ainsi as-tu
été abusé. Quand l'écrit parlait de la chevalerie célestielle, toi tu comprenais celle du siècle. Et tu entras en
orgueil et tombas en péché mortel.

" L'Ennemi t'avait trouvé faible ; et quand tu te
fus séparé de Galaad il s'attacha à toi et pensa, de péché
en péché, à te conduire en enfer. Il plaça devant toi la
couronne d'or, et te fit tomber, aussitôt, dans le péché
de l'envie. Puis quand il vit que celle-ci avait fait son
œuvre et que tu emportais la couronne, il se glissa dans
un chevalier pécheur qu'il excita si bien à mal faire
(n'était-il pas tout à lui ?) qu'il eut désir de t'occire. Il
se jeta sur toi la lance en avant, et il t'eût occis si le
signe de croix que tu fis ne t'avait sauvé. Mais pour te
punir d'avoir quitté son service, et pour qu'une autre
fois tu te fies plus à sa sauvegarde qu'à ta valeur, Notre
Seigneur te fit sentir la peur de la mort. Il envoya Galaad,
le saint chevalier, à ton secours. Et les deux chevaliers,
tes deux péchés, ne purent rien contre lui qui est sans
tache. Voici le sens de votre aventure. " Ils dirent que
ce sens était beau et merveilleux.

Cette nuit-là les deux chevaliers et le prud'homme
parlèrent beaucoup des aventures du Saint-Graal. Et
Galaad pria tant Mélyant que celui-ci lui donna congé
de partir quand il voudrait. Galaad annonça donc son
départ. Le lendemain, sitôt la messe entendue, il s'arma,
recommanda Mélyant à Dieu, et s'en fut. Il chevaucha
bien des jours sans rencontrer aventure. Un jour pourtant, où il avait quitté la demeure d'un vavasseur sans
avoir pu entendre de messe, il arriva sur une haute
montagne où il aperçut une chapelle ancienne. Il se
dirigea vers elle avec l'espoir de la messe, car il n'aimait
pas passer un jour sans entendre le service de Dieu.

Mais il n'y trouva âme qui vive, tout était à l'abandon.
Il s'agenouilla pourtant et pria Notre Seigneur de
l'inspirer. Une voix se fit entendre : " Va droit au
Château des Pucelles, chevalier aventureux, et mets fin
à ses mauvaises coutumes. "

Galaad remercie Notre Seigneur de ce message, il est
vite en selle, il s'en va. Et il voit à une certaine distance,
bien situé dans une vallée, un château fort, auprès d'une
grande et rapide rivière, celle que l'on nomme la
Saverne. Il se dirige vers le château et, arrivé auprès,
rencontre un homme de grand âge, pauvrement vêtu
qui courtoisement le salue. " Quel est le nom de ce
château, lui demande Galaad en lui rendant son salut.
— Sire, c'est le Château des Pucelles, un château maudit, comme sont maudits tous ceux qui y vivent. Car
toute piété en est bannie, et il n'y a là que dureté. —
Pourquoi donc ? demande Galaad. — Parce qu'on y
déshonore tous ceux qui passent. Et je vous conseille,
sire chevalier, de revenir sur vos pas, car aller de l'avant
ne vous vaudrait que l'outrage. — Que Dieu vous aide,
sire prud'homme, dit Galaad, je ne repartirais que vraiment à contrecœur. " Il vérifie ses armes et galope vers
le château.

Il rencontre alors sept pucelles très richement montées, qui lui disent : " Sire chevalier, vous avez passé
les bornes. " Il répond que les bornes ne l'empêcheront
pas de parvenir au château. Il avance toujours, et maintenant c'est un écuyer qui lui annonce que ceux du
château lui défendent de s'approcher davantage sans
avoir dit ce qu'il veut. " Je ne veux rien, dit-il, que
réformer la coutume. — Vous le voulez pour votre
malheur, répond l'écuyer. Jamais chevalier n'y a réussi.
Mais attendez-moi ici et vous aurez ce que vous voulez.
— Fais vite ", dit Galaad.

L'écuyer rentre au château; bientôt en sortent sept
chevaliers, tous frères, qui crient à Galaad : " Sire

chevalier, gardez-vous, nous ne vous garantissons que
la mort. — Comment, dit-il, voulez-vous combattre
tous avec moi en même temps ? — Oui, disent-ils, telle
est l'aventure et la coutume. " Galaad les laisse venir
la lance baissée et il frappe le premier si rudement qu'il
le jette à terre et presque lui rompt le cou. Les autres le
frappent tous ensemble sur l'écu. Mais il ne bouge pas
de la selle, bien que la force des lances arrête en pleine
course son cheval, manquant de peu de le renverser.
Toutes les lances sont brisées. Galaad a de la sienne
abattu trois chevaliers. Il brandit son épée et court sus
aux autres, qui l'attaquent, et c'est une grande mêlée,
pleine de périls, d'autant que ceux qui ont été abattus
sont remontés à cheval et viennent grossir la troupe.
Mais Galaad, le meilleur chevalier du monde, fait tant
et si bien qu'il leur fait céder du terrain. Leur sang jaillit
sous son épée à travers l'armure, et ils le voient si fort
et si prompt qu'ils ne peuvent croire qu'il soit homme
de cette terre. Ils s'effraient. N'est-il pas immuable et
inlassable ? Il est bien vrai, comme le rapporte l'histoire
du Saint-Graal, qu'on ne le vit jamais fatigué par travail
de chevalerie.

La bataille dura jusqu'à midi. Les sept frères étaient
de grande vaillance, mais quand il fut cette heure-là, ils
se trouvèrent si fatigués et si mal traités qu'ils ne pouvaient plus se défendre. Et celui qui jamais ne sent la
fatigue commence à les renverser de leurs chevaux. Ils
comprennent qu'ils ne pourront plus tenir, ils s'enfuient.
Lui, voyant cela, ne se lance pas à leur poursuite, mais
s'approche du pont-levis, où un homme aux cheveux
blancs, en costume de religieux, lui apporte les clefs
de la demeure. " Sire, dit-il, prenez ces clefs. Vous
pouvez disposer de ce château et de ses habitants, car
vous avez tant fait qu'il est vôtre. "

Il prend les clefs et entre dans le château. Et c'est
pour voir, dans les rues, tant de pucelles qu'il n'en

saurait deviner le nombre. Et toutes disent : " Sire,
soyez le bienvenu ! Nous avons tant attendu notre
délivrance ! Béni soit Dieu qui vous a conduit jusqu'ici.
Car autrement nous n'aurions jamais été délivrées de ce
château douloureux ! " Il leur répond : " Que Dieu
vous bénisse ! " Elles le prennent par le frein, le conduisent au donjon, le font désarmer presque de force, car
il dit qu'il n'est pas l'heure encore de songer à se reposer.
" Ah ! sire, que dites-vous ? lui dit une demoiselle.
Soyez sûr que si vous partiez ceux qui ont fui votre
vaillance reviendraient ce soir et rétabliraient la douloureuse coutume qu'ils ont si longtemps maintenue dans
ce château. Et vous auriez travaillé en vain. — Que
dois-je faire ? dit-il. Je suis prêt à me conformer à
votre volonté si elle me paraît bonne. — Nous voulons,
dit la demoiselle, que vous appeliez les chevaliers et les
vavasseurs d'alentour, qui sont les vassaux de ce château ; et vous leur ferez jurer, ainsi qu'à ceux de céans,
que jamais ils ne rétabliront la coutume. " Il accepte,
elles le conduisent à la principale demeure et, ôtant son
heaume, il gravit les marches du palais.

D'une chambre sortait une demoiselle, apportant
à Galaad un cor d'ivoire aux somptueuses attaches
d'or. " Sire, dit-elle, si vous voulez que viennent ceux
qui désormais tiendront de vous cette terre, sonnez de
ce cor, que l'on entend à dix lieues. " Galaad le passe à
un chevalier qui est près de lui, et celui-ci en sonne, si
fort que tout le pays environnant l'entendra. Puis tous
s'asseyent autour de Galaad. Il demande à celui qui lui
a remis les clefs s'il est prêtre. " Oui, dit-il. — Dites-
moi donc, dit Galaad, ce qu'était la coutume de céans,
et où toutes ces demoiselles ont été prises. — Volontiers
dit le prêtre.

" Il y a dix ans arrivèrent par aventure, dans ce
château, les sept chevaliers que vous avez vaincus.
Ils y logèrent chez le duc Lynor, qui était le seigneur de

tout le pays et le plus sage des hommes. Le soir, quand
ils eurent dîné, une querelle éclata entre les sept frères
et le duc : ils voulaient prendre de force une de ses
filles. Le duc et un sien fils furent tués, la fille fut vio-
lentée, puis les frères s'emparèrent du trésor qui était
céans, appelèrent chevaliers et serviteurs, et commencèrent la guerre contre le pays alentour, qu'ils soumirent
à leur pouvoir. Quand la fille du duc vit cela, très courroucée, elle dit de façon énigmatique : " Seigneurs,
peu nous chaut que vous soyez maintenant les maîtres
de ce château. De même que vous l'avez conquis pour
une femme, de même par le fait d'une demoiselle le
perdrez-vous. Et tous sept vous vous avouerez vaincus
devant un seul chevalier. " Grande fut leur colère de ce
qu'elle disait là, et ils déclarèrent que puisqu'il en était
ainsi, ils retiendraient de force jusqu'à la venue de leur
vainqueur toutes les demoiselles qui viendraient à
passer devant le château. C'est ce qu'ils ont fait jusqu'à
ce jour, ce qui valut au château son nom de Château
des Pucelles. — Cette demoiselle, demande Galaad,
pour laquelle eut lieu le combat, est-elle encore céans ?
— Nenni, messire, elle est morte. Mais sa sœur cadette
est ici. — Comment étaient traitées les demoiselles ?
— Bien mal, messire. — Les voici sauves ", dit Galaad.
    A l'heure de none le château commença à s'emplir
de tous ceux qui avaient appris qu'il était conquis. On
faisait grand'fête à Galaad, le nouveau seigneur. Mais
il remit à la fille du duc le château et tout ce qui en
dépendait, obtint pour elle l'hommage de tous les
chevaliers du pays, et leur fit jurer à tous l'abolition de
la coutume. Ensuite les demoiselles retournèrent dans
leur pays.
    Tout le jour, honoré de tous, Galaad resta céans.
Et le lendemain arriva la nouvelle que les sept frères
étaient morts. " Qui les a tués ? demanda Galaad. —
Messire, dit un écuyer, hier, quand ils s'enfuirent loin

de vous, ils rencontrèrent sur la colline monseigneur
Gauvain, Gaheriet son frère et monseigneur Yvain.
Ils combattirent et ce fut la déconfiture des sept frères. "
Galaad s'émerveilla de l'aventure. Il demanda son ar-
mure et partit, longtemps accompagné des gens du châ-
teau, qu'il pria enfin de le laisser seul.

Mais ici le conte cesse de parler de Galaad, et revient
à monseigneur Gauvain.

Le conte rapporte que, quand Gauvain se fut séparé
de ses compagnons, il alla de nombreux jours sans
rencontrer aventure, pour arriver enfin à cette abbaye
où Galaad avait pris l'écu blanc à la croix vermeille.
On lui conta les aventures de Galaad et il demanda
dans quelle direction il était parti, puis s'y engagea à
son tour, jusqu'à atteindre le lieu où restait alité Mélyant.
De celui-ci il apprit que Galaad était parti le matin
même. " Dieu, dit messire Gauvain, je suis vraiment
malchanceux ! Je suis le plus malheureux chevalier du
monde, de le suivre ainsi de si près sans pouvoir l'atteindre. Certes, si Dieu faisait que je le puisse rejoindre,
jamais je ne le quitterais plus, pour peu qu'il aimât
ma compagnie autant que je goûterais la sienne. "

Un des frères avait entendu ces paroles. " Sire,
répondit-il à Gauvain, que vous alliez de compagnie
ne serait pas convenable, car vous êtes sergent mauvais
et déloyal, alors que lui est un chevalier irréprochable.
— Sire, dit Gauvain, je vois à ce que vous me dites que
vous me connaissez bien. — Beaucoup mieux que vous
ne pensez, dit le prud'homme. — Beau sire, expliquez-
moi donc, s'il vous plaît, en quoi je suis celui que vous
dites. — Je ne vous le dirai pas, dit-il, mais vous ren-
contrerez quelqu'un qui, en temps voulu, le fera. "

Comme ils parlaient ainsi entra dans la cour, où il
descendit de cheval, un chevalier armé de pied en cap.
Les frères vinrent le débarrasser de son armure et,

pour ce faire, le conduisirent dans la chambre où était Gauvain. Quand il fut désarmé, Gauvain le reconnut : c'était Gaheriet son frère, qu'il accueillit à bras ouverts, avec grande joie. " Êtes-vous en bonne santé ? demanda-t-il. — Oui, répondit Gaheriet, Dieu merci ! "

Dès l'aube le lendemain, tout armés fors de leurs heaumes, ils entendirent la messe. Puis ils partirent et chevauchèrent jusqu'à l'heure de prime, et alors ils aperçurent, qui chevauchait tout seul devant eux, et qu'ils reconnurent à ses armes, monseigneur Yvain. Ils lui crièrent de s'arrêter, ce qu'il fit, les reconnaissant à leur voix. Eux lui firent grande fête, puis lui demandèrent ce qui lui était arrivé. " Rien, répondit-il, il n'avait pas trouvé aventure. — Allons tous ensemble, dit Gaheriet, jusqu'à ce que Dieu nous donne aventure. " Ils cheminèrent de conserve, et tant qu'ils arrivèrent à proximité du château des Pucelles, le jour même de sa conquête. Quand les sept frères les virent : " Tuons-les tous, se dirent-ils. Ils sont de ceux qui nous ont dépossédés, ils sont chevaliers aventureux. " Ils se précipitèrent sur eux en leur criant qu'ils se gardent, car le combat serait à mort. Mais dès la première joute, trois des sept frères trouvèrent la mort : un que tua messire Gauvain, un que tua Yvain, et Gaheriet le troisième. Attaqués à l'épée, les autres se défendirent comme ils purent, et c'était assez mal, car ils étaient fatigués de la dure bataille que venait de leur livrer Galaad. Aussi succombèrent-ils vite sous les coups des valeureux chevaliers.

Ceux-ci, allant où fortune mène, délaissèrent le château des Pucelles, prenant à droite, et manquèrent donc Galaad. A l'heure de vêpres ils se séparèrent. Messire Gauvain alla jusqu'à un ermitage, dont l'ermite disait ses vêpres dans la chapelle. Il descendit de cheval et écouta, puis demanda le gîte qui lui fut courtoisement accordé.

Le soir, le prud'homme demanda à Gauvain d'où il était. Ce qu'il lui dit, et dans quelle quête il se trouvait engagé. Quand le prud'homme apprend que le chevalier est Gauvain : " Certes, messire, lui dit-il, je voudrais bien, s'il vous plaisait, aller au fond de votre âme. " Il lui parle de confession, avec de très beaux exemples de l'Évangile et l'adjure de se confesser à lui, qui le conseillera aussi bien que possible. " Messire, dit Gauvain, si vous vouliez m'expliquer une parole qui avant-hier me fut dite, je vous dirais tout ce que je suis, car vous me semblez fort prud'homme et je sais bien que vous êtes prêtre. " Il s'ouvre à lui de ce dont il se sent coupable envers Dieu; et il n'oublie pas de lui rapporter ce que lui a dit l'autre prud'homme. Ainsi l'ermite apprend-il qu'il ne s'est pas confessé depuis quatre ans.

" Sire, dit-il, c'est à bon droit qu'on vous a appelé sergent mauvais et déloyal. Car, lorsque vous fûtes admis dans l'ordre de chevalerie, ce ne fut pas pour que vous fussiez désormais le sergent de l'Ennemi, mais pour que vous servissiez Dieu et la Sainte Église, et que vous rendissiez à Dieu le trésor qu'il vous avait remis en dépôt, votre âme. Or, vous avez mené la vie la plus déréglée et la plus mauvaise que mena jamais chevalier. Certes, si vous n'aviez été si pécheur, jamais les sept frères n'auraient été tués par vous ou avec votre concours. Ils feraient pénitence de la mauvaise coutume, et se mettraient en règle avec Dieu. Voyez comment a agi Galaad, le bon chevalier que vous cherchez : il les vainquit sans les tuer. Et elle n'est pas sans signification, cette coutume de retenir les Pucelles, qu'avaient introduite les sept frères ! — Ah ! sire, dit Gauvain, expliquez-moi cette signifiance, que je puisse la conter quand je reviendrai à la cour. — Volontiers, dit le prud'homme.

" Par le Château des Pucelles, il faut entendre l'Enfer.

Les Pucelles sont les âmes pures qui y étaient à tort enfermées avant la Passion de Jésus-Christ. Quant aux sept chevaliers, ils sont les sept péchés capitaux qui régnaient alors sur le monde et y étouffaient toute justice. Mais le Père Éternel vit le mauvais cours de son œuvre, et il envoya son Fils sur terre pour délivrer les Pucelles, c'est-à-dire les âmes vertueuses. De même a-t-il envoyé Galaad, son chevalier élu, son sergent, délivrer les bonnes pucelles, celles qui sont pures comme le lys. "

Quand Gauvain entendit cela, il ne sut que dire. " Gauvain, Gauvain, ajouta le prud'homme, si tu voulais laisser cette vie mauvaise que tu as menée si longtemps, tu pourrais encore retrouver Dieu. Car l'Écriture dit qu'il n'est si grand pécheur qui ne trouve la miséricorde, s'il la demande d'un cœur sincère. Et c'est pourquoi je te conseille la pénitence. " Gauvain dit qu'il ne pourrait se plier à la pénitence; et le prud'homme le laisse, car il voit bien que ses exhortations ne sont que peine perdue.

Au matin messire Gauvain partit. Puis il rencontra Agloval et Girflet le fils de Do. Ils allèrent ensemble quatre jours sans rencontrer aventure et, au cinquième jour, ils se séparèrent. Mais ici le conte cesse de parler d'eux, et revient à Galaad.

Le conte rapporte que Galaad, après avoir quitté
le Château des Pucelles, chevaucha jusqu'à la Forêt
Gaste. Un jour il rencontra Lancelot et Perceval, qui
allaient de compagnie et ne le reconnurent pas, ne lui
ayant jamais vu ces armes. Lancelot le premier l'attaqua et lui brisa sa lance sur la poitrine. Galaad le frappa
si durement qu'il l'abattit, lui et son cheval, mais sans
lui faire d'autre mal. Puis, comme son glaive s'était
brisé, il tira l'épée et en trancha le heaume de Perceval;
si l'épée ne lui eût tourné dans la main, il n'eût pas
manqué de le tuer. Mais Perceval ne put se tenir en
selle; il tomba à terre si troublé par ce grand coup qu'il
ne savait plus s'il était jour ou nuit. Cette joute s'était
faite devant l'ermitage d'une recluse. Quand elle vit
Galaad s'éloigner, elle lui dit : " Que Dieu vous protège ! Mais si ces chevaliers vous avaient reconnu comme
moi, ils n'auraient pas eu la hardiesse de s'en prendre
à vous. " Galaad, à ces mots, eut grand'peur. Il piqua
son cheval des éperons et s'éloigna à grande allure.
Lancelot et Perceval sautèrent en selle le plus vite qu'ils
le purent, mais, voyant bien qu'ils ne le rejoindraient
pas, ils s'en retournèrent, si dolents qu'ils eussent voulu
mourir aussitôt, car ils haïssaient leur vie. Et ils s'enfon-
cèrent dans la Forêt Gaste.

Lancelot, tout affligé d'avoir perdu la trace du chevalier, dit à Perceval : " Que faire ? " et Perceval lui
répond qu'il ne sait que faire : " Vous voyez, fait-il,

que la nuit nous a surpris en un lieu dont nous ne sor-
tirons pas si ce n'est par aventure. Aussi m'est-il avis
que nous devrions rebrousser chemin. Car si nous nous
égarons, nous ne pourrons retrouver notre route. Vous
ferez ce qu'il vous plaira. Pour moi, je vois plus d'avan-
tages à revenir en arrière qu'à poursuivre. " Lancelot
dit qu'il ne se rangera pas volontiers à cet avis, mais
qu'il poursuivra le chevalier à l'écu blanc, car il ne sera
satisfait que quand il saura qui il est. " Vous pouvez
bien, dit Perceval, attendre que le jour vienne. Nous
nous mettrons alors à la trace du chevalier. " Mais
Lancelot refuse. " Que Dieu vous garde, dit alors Perceval. Pour moi je n'irai pas plus avant aujourd'hui mais
m'en retournerai auprès de cette recluse qui a dit qu'elle
le connaissait. "

Ainsi les compagnons se séparèrent. Perceval revint
chez la recluse. Et Lancelot se mit en quête du chevalier, à travers la forêt, sans suivre voie ni sentier, ainsi
qu'aventure le mena. Il était en grande peine, dans cette
nuit très noire, ne voyant ni de loin ni de près par où il
devait passer. Pourtant, il finit par arriver à une croix
de pierre qui était au carrefour de deux chemins dans
une lande déserte. Quand il fut tout près de la croix, il
aperçut un perron de marbre où il crut distinguer une
inscription. Mais dans l'obscurité il ne put la lire.
Regardant vers la croix, il vit une chapelle très ancienne
et s'en approcha, car il pensait y trouver quelqu'un.
Il mit pied à terre, attacha son cheval à un chêne, ôta
son écu de son col et le pendit à l'arbre. La chapelle
était délabrée, et l'entrée fermée par une grille de fer
si serrée qu'on n'eût pu aisément la franchir. A l'intérieur, derrière la grille, il y avait un autel très richement
paré de draps de soie et d'autres ornements; un grand
candélabre d'argent portait six cierges allumés qui
jetaient une vive clarté. Lancelot sentit un ardent désir
d'entrer et de savoir qui pouvait vivre là, car il ne

s'attendait pas à voir de si belles choses en un lieu aussi étrange. Mais en examinant la grille, il vit bien qu'il ne pourrait passer. Tout affligé, il s'en retourna à son cheval et le mena jusqu'à la croix, puis, lui ôtant la selle et le mors, il le laissa paître. Il délaça son heaume, le posa à terre, ôta son épée, se coucha sur son écu au pied de la croix et s'endormit assez vite, car il était las; et pourtant il ne pouvait oublier le Bon Chevalier qui emportait l'écu blanc.

À son réveil, il vit venir, sur une litière portée par deux palefrois, un chevalier malade qui proférait des plaintes douloureuses. Il regarda Lancelot sans mot dire, le croyant endormi. Et Lancelot demeura coi, comme un homme qui ne dort ni ne veille, mais est assoupi. Le chevalier à la litière, arrêté devant la croix, se plaignait ainsi : " Ah Dieu ! cette souffrance cessera-t-elle jamais ? Ah Dieu ! quand viendra le Saint-Vase par lequel doit s'atténuer la force de cette douleur ? Ah Dieu ! personne a-t-il jamais souffert comme je souffre, et pour un si petit méfait ? " Longtemps il se plaignit à Dieu de ses maux. Et Lancelot restait toujours immobile et silencieux, comme s'il eût été entre la vie et la mort. Pourtant il le voyait bien et entendait ses paroles.

Enfin Lancelot regarde autour de lui et voit venir de la chapelle le grand candélabre d'argent qu'il y avait aperçu, avec les cierges. Il voyait le candélabre venir vers la croix, mais non pas qui le portait, et c'était étrange. Puis s'avança, sur une table d'argent, le Saint-Vase qu'il avait vu jadis chez le Roi Pêcheur et qu'on appelait le Saint-Graal. Dès que le chevalier malade le vit venir, il se laissa choir à terre, joignit les mains, et dit : " Beau sire Dieu, qui de ce Saint-Vase que je vois approcher avez fait tant de beaux miracles en ce pays et en d'autres, Père, prenez-moi en votre miséricorde, et donnez-moi bientôt le soulagement de ce mal qui me tourmente, afin que je puisse entrer en la Quête où sont entrés les autres prud'hommes. " Puis il se traîna à la force de ses bras jusqu'au perron où était la table portant le Saint-Vase. Des deux mains il se hissa jusqu'à baiser la table d'argent et la toucha des yeux. Aussitôt il se sentit tout allégé de ses maux et s'écria : " Ah Dieu ! je suis guéri. " Puis il ne tarda guère à s'endormir. Le Vase demeura encore un peu, puis rentra dans la chapelle avec le candélabre, sans qu'au retour plus qu'à l'aller Lancelot sût qui l'avait apporté. Pourtant, soit parce qu'il était trop appesanti de fatigue, soit parce que le péché l'avait surpris, il ne put remuer à la venue du Saint-Graal et fit comme si de rien n'était; plus tard, en la Quête, il en eut à souffrir mainte honte et en maint lieu mésaventure.

Quand le Saint-Graal se fut éloigné de la croix et fut rentré dans la chapelle, le chevalier se leva de sa litière, sain et sauf, et baisa la croix. Un écuyer parut qui, apportant de belles et riches armes, lui demanda comment il se trouvait. " Par ma foi, répondit-il, bien, Dieu merci ! Je fus guéri dès que le Saint-Graal vint à moi. Mais je suis fort surpris de voir ce chevalier endormi, qui ne s'est pas éveillé à sa venue. — Ce doit être, dit l'écuyer, quelque chevalier qui demeure sur un grand péché dont il ne s'est jamais confessé, si coupable que Notre Seigneur n'a pas voulu qu'il vît cette belle aventure. — Certes, dit le chevalier, quel qu'il soit, il est malchanceux. Et je crois que c'est l'un des compagnons de la Table Ronde, qui sont entrés en la Quête du Saint-Graal. — Sire, fit l'écuyer, j'ai apporté vos armes, vous les prendrez quand il vous plaira. " Le chevalier lui répondit qu'il n'avait besoin d'autre chose. Il s'arma, prit les chausses de fer et le haubert. L'écuyer lui donna l'épée de Lancelot et son casque, puis il mit la selle et le mors au cheval de Lancelot, et dit à son seigneur : " Sire, montez. Car à bon cheval et à bonne épée vous n'avez jamais failli. Et je ne vous ai rien donné qui ne doive être mieux employé par vous que par ce mauvais chevalier qui gît ici. " La lune s'était levée, belle et claire, car minuit était passé. Le chevalier demanda à l'écuyer à quoi il connaissait que l'épée était bonne. Il répondit qu'il le voyait à sa beauté et que, l'ayant tirée du fourreau, il l'avait vue si belle qu'il l'avait convoitée. Quand le chevalier fut armé et à cheval, il jura, la main tendue vers la chapelle, que jamais il ne cesserait d'errer, jusqu'à ce qu'il eût appris comment il se faisait que le Saint-Graal se manifestât en tant de lieux du Royaume de Logres, par qui et pour quoi il avait été apporté en Angleterre, si quelqu'un pouvait lui en dire la vérité. " Vous en avez assez dit, fit le valet. Que Dieu vous donne de vous tirer à honneur de cette Quête, et pour le salut de votre âme; car vous ne pourrez la maintenir longtemps sans péril de mort. — Si j'y meurs, dit le chevalier, ce me sera honneur plus que honte. Car nul prud'homme ne doit, pour vie ni pour mort, se refuser à cette Quête. " Et, suivi de l'écuyer, il s'en alla sur la voie d'aventure, emportant les armes de Lancelot.

Il pouvait s'être éloigné d'une demi-lieue ou davantage quand Lancelot, enfin tout à fait réveillé, se dressa sur son séant. Il se mit à se demander s'il avait rêvé. Et, quand il se leva, il reconnut bien le candélabre devant l'autel, mais ce qu'il aurait tant voulu voir, il ne le vit point, et c'était le Saint-Graal, dont il eût aimé savoir la vérité si c'eût été possible.

Après avoir longtemps regardé à travers la grille pour savoir s'il n'apercevrait pas la chose tant désirée, il entendit une voix qui disait : " Lancelot plus dur que pierre, plus amer que fût, plus nu et plus dépouillé que figuier, comment as-tu été si hardi que d'entrer en ce lieu où était le Saint-Graal ? Va-t'en d'ici, car le lieu est déjà tout infecté de ta présence. " A ces mots,

Lancelot est si dolent qu'il ne sait que faire. Il s'en va
en soupirant du cœur et larmoyant des yeux, maudissant
l'heure de sa naissance et sachant bien que plus jamais
il n'aura d'honneur, puisqu'il a failli à connaître la vérité
du Saint-Graal. Mais il n'oubliera plus, tant qu'il vivra,
les trois paroles dont il vient d'être désigné ; et il n'aura
plus de contentement jusqu'à ce qu'il sache pourquoi
il a été appelé ainsi. Il s'approche de la croix, mais n'y
trouve ni heaume ni cheval, et il s'aperçoit bien qu'il
n'a pas rêvé. Il commence alors une grande plainte, et
se dit misérable : " Ah Dieu ! c'est la suite de mes péchés
et de ma mauvaise vie. Je vois bien que ma faiblesse
m'a confondu. Quand je devrais m'amender, l'Ennemi
l'emporte et me prive de la vue, si bien que je ne peux
voir ce qui est de Dieu. Ce n'est pas merveille ; depuis
que je fus chevalier, il n'y eut pas une heure où je ne me
couvrisse de péché mortel, et plus que nul autre j'ai
vécu dans la luxure et le mal de ce monde. "

Toute la nuit, Lancelot s'adonna ainsi aux regrets
et aux plaintes. Quand le jour parut clair, que les oiselets commencèrent à chanter dans le bois et le soleil à
luire parmi les arbres, quand il vit le beau temps et
entendit le chant des oiseaux qui l'avait mainte fois
réjoui, et maintenant il se voyait démuni de tout, de
ses armes, de son cheval, et il savait bien que Notre
Sire était courroucé contre lui : alors il pensa que jamais
rien en ce monde ne pourrait lui rendre la joie. N'a-
vait-il pas failli sur le point même où il espérait rencontrer la joie et tous les honneurs terrestres, c'est-à-dire
aux aventures du Saint-Graal ? Il en restait tout décon-
forté.

Après s'être lamenté longtemps sur son infortune,
il s'en alla dans la forêt, à pied, sans heaume et sans
épée. Il ne retourna point à la chapelle où il avait
entendu les trois mystérieuses paroles, mais, suivant
un sentier, il parvint, à l'heure de prime, à un tertre

où il trouva un ermitage. L'ermite allait commencer sa messe et était déjà revêtu des ornements de Sainte-Église. Lancelot entra dans la chapelle, tout pensif et morne et dolent. Il s'agenouilla dans le chœur, battant sa coulpe et demandant grâce à Notre Seigneur pour les œuvres mauvaises qu'il avait faites. Puis il suivit la messe que l'ermite chantait avec son clerc. Quand elle fut achevée et que le prud'homme se fut dépouillé des ornements de Notre Seigneur, Lancelot l'appela et, le tirant à part, lui demanda de le conseiller. L'ermite voulut savoir d'où il venait et Lancelot dit qu'il était de la maison du Roi Arthur et compagnon de la Table Ronde. Le prud'homme lui demanda : " Quel conseil voulez-vous ? Est-ce confession ? — Oui, Sire. — Ainsi soit-il ", dit l'ermite.

Il l'emmena alors devant l'autel, et ils s'assirent côte à côte. Sur une question du prud'homme, Lancelot dit son nom, et qu'il était fils du Roi Ban de Benoyc. Apprenant qu'il avait devant lui Lancelot du Lac, l'homme au monde dont on disait le plus de bien, l'ermite fut tout ébahi de le voir en telle douleur. Et il lui dit :

" Sire, vous devez à Dieu très grande gratitude de ce qu'il vous a fait beau et vaillant plus que nul autre. Il vous a prêté le sens et l'esprit que vous avez, il faut que vous fassiez tant de bien que son amour soit sauvegardé en vous, car sinon le diable tirerait avantage des dons qui vous furent libéralement départis. Servez Dieu de tout votre pouvoir, et faites ses commandements. Ne mettez pas au service de son ennemi mortel, le diable, les qualités dont vous fûtes favorisé. Car si Dieu, après avoir été si généreux envers vous, devait y perdre, vous en seriez fort blâmé.

" Ne ressemblez pas au mauvais sergent dont un des évangélistes fait mention; il raconte qu'un homme

riche bailla à trois de ses sergents grande part de son
or, à l'un un besant, à l'autre deux et au troisième
cinq. Celui à qui il en avait donné cinq les multiplia
si bien que, quand il dut en rendre compte à son seigneur, il dit : " Sire, tu me baillas cinq besants; les
" voici, et cinq autres que j'ai gagnés. " Et son seigneur
répondit : " Approche, loyal serviteur; je t'accueille
" en la compagnie de ma maison. " Puis ce fut au tour
de celui qui avait reçu deux besants; il dit au seigneur
qu'il en avait gagné deux autres. Et le seigneur lui
fit la même réponse qu'au premier. Mais celui qui
n'en avait reçu qu'un l'avait enfoui en terre et s'était
éloigné de la face de son seigneur. Il n'osa se présenter.
C'était le mauvais serviteur, le faux simoniaque, l'hypocrite de cœur en qui n'entra jamais le feu du Saint-
Esprit, de sorte qu'il ne put s'enflammer de l'amour
de Notre Seigneur ni embraser ceux à qui il annonçait la sainte Parole. Comme le dit l'Écriture : " Celui
" qui ne brûle pas lui-même ne peut enflammer
" autrui. " C'est-à-dire : " Si le feu du Saint-Esprit
" n'embrase celui qui proclame la parole de l'Évan-
" gile, jamais ceux qui l'écoutent ne seront enflam-
" més. "

" Je vous ai cité ces paroles à cause des dons que
Notre Sire vous a accordés. Je vois, en effet, qu'il
vous a fait plus beau que nul autre et meilleur, si j'en
crois les apparences. Si après cela vous êtes son ennemi,
sachez qu'il vous anéantira en un rien de temps, à
moins que vous ne vous hâtiez de lui crier merci en
vraie confession, en repentance de cœur et en amendement de vie. Mais je vous dirai en vérité que si
vous lui criez merci, Il est si débonnaire, Il préfère tellement le repentir du pécheur à sa chute, qu'Il vous
rendra plus fort et vigoureux que vous ne fûtes
jamais.

— Sire, dit Lancelot, ce récit des trois serviteurs,

que vous m'avez fait, me déconforte plus que tout.
Car je sais bien qu'en mon enfance Jésus-Christ me
couvrit de toutes les grâces que peut recevoir un
homme; mais parce que je lui ai si mal rendu ses lar-
gesses, je serai jugé comme le mauvais serviteur qui
mit le besant en terre. Toute ma vie, j'ai servi son
ennemi et je l'ai guerroyé par mes péchés. Je me suis
perdu sur la voie qui au commencement paraît large et
pleine de douceur. Le diable m'en a fait voir le miel,
mais il ne m'a pas montré les peines éternelles auxquelles sera condamné celui qui persiste en cette
voie. "

Quand le prud'homme entendit ces mots, il se prit
à pleurer et dit à Lancelot : " Sire, je sais bien que nul
ne demeure en la voie que vous dites sans encourir
mort éternelle. Mais de même que l'homme peut se
fourvoyer quand il s'endort et revenir sur ses pas dès
qu'il s'éveille, de même le pécheur qui s'endort au
péché mortel et sort de la droite voie, peut revenir
à son chemin, c'est-à-dire à son Créateur, au Haut
Seigneur qui proclame toujours : " Je suis la voie et
la vérité et la vie. "

L'ermite alors leva les yeux sur une croix où était
peint le signe de la Vraie Croix. Il la montra à Lancelot
en disant : " Sire, voyez-vous cette croix ? — Oui. —
Sachez en vérité que cette figure a étendu les bras
ainsi pour y recevoir chacun de nous. De même Notre
Seigneur a étendu les bras pour accueillir tout pécheur,
vous et les autres, auxquels il crie " Venez, venez ".
Puisqu'il a la bonté d'agréer ceux qui reviennent à lui,
sachez qu'il ne vous refusera pas, si vous vous offrez à
lui comme je vous l'ai dit : en vraie confession de
bouche et repentance de cœur et amendement de vie.
Dites-lui maintenant votre histoire en confession devant moi; je vous aiderai selon mon pouvoir, et vous
conseillerai. "

Lancelot réfléchit un instant; jamais il n'a avoué ce qui s'est passé entre la Reine et lui, et de sa vie il ne l'avouera s'il n'y est amené par une bien vive exhortation. Il soupire du fond du cœur, et pas un mot ne lui sort de la bouche. Pourtant, il avouerait tout de bon gré, mais il n'ose et se sent plus couard que hardi. L'ermite l'admoneste de confesser son péché, sans quoi il sera honni, et il lui promet la vie éternelle s'il avoue, l'enfer s'il se tait. A force de bonnes paroles et de bons exemples, il fait tant que Lancelot parle :

" Sire, dit-il, je suis en péché mortel pour une dame que j'ai aimée toute ma vie, et c'est la Reine Guenièvre, l'épouse du Roi Arthur. C'est elle qui m'a donné en abondance l'argent et l'or et les riches présents que j'ai distribués parfois à de pauvres chevaliers. C'est elle qui m'a mis en cette magnificence et cette hautesse où je suis. C'est pour elle que j'ai accompli les grandes prouesses dont tout le monde parle. C'est elle qui m'a fait passer de pauvreté à richesse et d'infortune à toutes les félicités terrestres. Mais je sais bien que par ce péché Notre Sire s'est courroucé durement contre moi et il me l'a bien montré depuis hier au soir. " Il raconte alors comment il a vu le Saint-Graal sans bouger de sa place ni pour l'honorer ni par amour de Notre Seigneur.

Quand il a conté toute sa vie à l'ermite, il le prie, au nom de Dieu, de le conseiller. " Sire, dit-il, nul conseil ne vous sera de rien si vous ne promettez à Dieu que jamais vous ne retomberez en ce péché. Mais si vous vouliez vous en retirer, et crier merci, et vous repentir de bon cœur, je crois que Notre Sire vous rappellerait parmi ses serviteurs et vous ferait ouvrir la porte des cieux, où la vie éternelle est préparée à ceux qui y entreront. Mais au point où vous en êtes maintenant, aucun conseil ne peut vous être utile.

Vous seriez comme quelqu'un qui veut élever une
haute tour sur des fondations mal assurées : tout
s'écroule quand il en a déjà maçonné une bonne part.
De même, notre peine serait perdue, si vous ne la
receviez de plein gré et n'y mettiez du vôtre. Ce serait
la semence que l'on jette sur le roc, que les oiseaux
emportent et qui ne prospère pas. — Sire, dit Lancelot, je ferai tout ce que vous direz, si Dieu me donne
vie. — Je vous requiers, dit l'ermite, de me promettre
que jamais vous ne manquerez à votre Créateur en
commettant péché mortel avec la Reine ou avec autre
dame, ou en faisant rien qui le doive courroucer. "
Et il promit en loyal chevalier.

" Contez-moi encore, reprit l'ermite, ce qui vous
est advenu avec le Saint-Graal. " Lancelot lui rapporta
les trois paroles que la voix avait prononcées dans la
chapelle, lorsqu'il fut appelé pierre, et fût, et figuier.
" Pour Dieu, conclut-il, dites-moi la signification de
ces trois choses. Car jamais je n'entendis parole que
j'eusse telle envie de comprendre. Je vous prie donc
de m'en dire la vérité, que vous connaissez sans aucun
doute. " Le prud'homme réfléchit longtemps, puis il
dit : " Certes, Lancelot, je ne suis pas surpris que ces
trois paroles vous aient été adressées. Car vous avez
toujours été le plus merveilleux homme du monde,
et je ne m'étonne pas que vous ayez entendu des paroles
plus merveilleuses que personne. Écoutez donc ce que
vous désirez tant savoir.

" Vous me contez qu'on vous a dit : " Lancelot
" plus dur que pierre, plus amer que fût, plus nu et
" plus dépouillé que figuier, va-t'en d'ici. " On vous
a appelé plus dur que pierre, parce que toute pierre
est dure de sa nature, et l'une plus que l'autre. Par la
pierre on peut entendre le pécheur qui s'est si bien
endormi en son péché que son cœur endurci ne peut
être amolli ni par le feu ni par l'eau. Par le feu : le feu

du Saint-Esprit n'y peut entrer et habiter, parce que le vase est souillé par les péchés accumulés de jour en jour. Par l'eau : la parole du Saint-Esprit, qui est la douce eau et la douce pluie, ne peut être reçue en son cœur. Car Notre Seigneur ne s'hébergera jamais en un lieu où soit son ennemi; il veut que la demeure où il descend soit nette et expurgée de toute ordure de vice. Mais il convient de voir comment tu es plus dur que pierre, c'est-à-dire plus pécheur que tout autre pécheur.

" Je te le dirai. Tu as bien entendu l'histoire des trois serviteurs à qui leur maître donna les besants à faire fructifier. Les deux qui en avaient reçu davantage furent bons et loyaux serviteurs, sages et prévoyants. Et l'autre, qui avait moins reçu, fut fol et déloyal. Or, considère si tu pourrais être des serviteurs à qui Notre Sire bailla les cinq besants à multiplier. M'est avis qu'il te donna bien davantage. Entre tous les chevaliers de la terre, on n'en trouverait pas un à qui il ait accordé autant de grâces. Il te donna le comble de la beauté; il te donna sens et faculté de discerner le bien du mal; il te donna prouesse et audace. Et ensuite il te dispensa le bonheur si largement que tu achevas tout ce que tu entrepris. Toutes ces choses, Notre Sire te les a prêtées pour que tu fusses son chevalier et son serviteur, non point pour qu'en toi elles périssent, mais pour qu'elles s'y accrussent et amendassent. Et tu as été si mauvais serviteur, et si déloyal que tu l'en as frustré et servi son ennemi. Tu fus le mauvais soldat qui abandonne son seigneur dès qu'il en a reçu sa solde et va aider son ennemi. Dès que Notre Seigneur t'eut richement payé tu allas servir celui qui toujours lui fait la guerre. Tu vois bien que tu es plus dur que pierre et plus pécheur que tous les pécheurs. Mais, si l'on veut, on peut entendre " pierre " d'une autre manière encore. Car d'une pierre on vit

sortir quelque douceur aux déserts d'outre la Mer
Rouge, où le peuple d'Israël demeura si longtemps.
Tandis que tous avaient soif et se lamentaient, Moïse
s'approcha d'une roche dure et ancienne, et dit, comme
chose qui ne pouvait advenir : " Ne pourrions-nous
" faire jaillir l'eau de ce roc ? " Aussitôt, l'eau jaillit
du roc en telle abondance que tout le peuple étancha
sa soif et cessa de murmurer. Ainsi, la douceur
peut venir d'une pierre, mais de toi il n'en vient
point, par quoi tu vois bien que tu es plus dur que
pierre.

— Sire, fit Lancelot, dites-moi pourquoi on me
dit que j'étais plus amer que fût. — Écoute, répondit
le prud'homme. Je t'ai montré qu'en toi est toute
dureté, mais là où elle est nous ne pouvons penser
qu'il y ait aucune douceur, ni rien qui ne soit amertume.
L'amertume est donc en toi aussi grande que devrait
être la douceur. Donc tu es semblable au bois mort
et pourri.

" La troisième chose reste à montrer : comment
tu es plus nu et dépouillé que figuier. L'Évangile
fait mention du figuier lorsqu'il parle du jour de la
Pâque fleurie, où Notre Sire vint en la cité de Jérusalem sur l'ânesse, ce jour que l'on appelle le jour des
Fleurs, quand les enfants des Hébreux venaient au-
devant de lui chantant ces doux chants dont Sainte
Église fait mémoire chaque année. Ce jour-là, le Haut
Sire, le Haut Maître, le Haut Prophète parla en la
cité de Jérusalem, parmi ceux qui hébergeaient en eux
la dureté. Mais quand il eut tenu ce sermon, il ne trouva
personne, dans toute la ville, qui voulût lui donner
l'hospitalité. Il s'en alla donc, et trouva sur son chemin un figuier qui était très beau, tout garni de feuilles
et de branches, mais sans fruits. Et Notre Sire maudit
l'arbre qui ne portait pas de fruits. Or considère si
tu n'es pas tel que cet arbre, et plus dépouillé encore.

Quand le Haut Sire vint au figuier, il y trouva des feuilles qu'il eût pu prendre s'il eût voulu; mais quand le Saint-Graal vint à toi, il te vit si dégarni qu'il n'y avait en toi ni bonne pensée ni bonne volonté. Tu étais vilain, souillé, sali de luxure, sans feuillage n fleurs, c'est-à-dire sans mérites.

— Certes, Sire, fit Lancelot, vous m'avez bien montré que je suis nommé justement pierre et bois et figuier. Mais puisque vous m'avez dit que je puis encore revenir en la bonne voie, je me garderai de retomber en péché mortel. Je promets à Dieu d'abord et à vous ensuite de ne pas reprendre la vie que j'ai menée si longtemps, d'observer la chasteté, et de garder mon corps aussi pur que je pourrai. Quant à suivre la loi de chevalerie et à porter les armes, je ne puis y renoncer tant que j'aurai ma présente vigueur. " Tout heureux, le prud'homme répondit : " Je vous dis en vérité que, si vous voulez laisser le péché de la Reine, Notre Sire vous aimera encore, vous enverra secours et miséricorde, et vous accordera le pouvoir d'achever mainte chose à quoi votre péché vous empêche de parvenir. — Sire, fit Lancelot, jamais je ne commettrai plus ce péché ni avec la Reine ni avec une autre. "

Quand le prud'homme l'entendit, il lui imposa une pénitence, lui donna l'absoute et sa bénédiction, puis le pria de demeurer aujourd'hui en sa compagnie. Lancelot y consentit et ajouta que d'ailleurs il n'avait ni cheval, ni écu, ni lance, ni épée. " Je vous viendrai en aide, fit l'ermite, mais demain soir. Près d'ici demeure un de mes frères, chevalier, qui m'enverra cheval, armes et tout ce que je lui demanderai. "

Lancelot demeura donc, et l'ermite l'admonesta tant et si bien qu'il eut grande repentance de sa vie passée. Il voyait bien que, s'il était mort ainsi, il eût perdu son âme, et le corps aussi. Il regrettait son fol amour pour la Reine, qui avait usé sa vie; il s'en blâmait et promettait en son cœur de n'y pas retomber.

Mais ici le conte cesse de parler de lui et retourne à Perceval.

Or dit le conte que quand Perceval eut quitté Lancelot, il retourna chez la recluse pour avoir nouvelle du chevalier qui leur avait échappé. Il heurta à la petite fenêtre de la recluse; elle lui ouvrit aussitôt, car elle ne dormait pas, et, avançant la tête, lui demanda qui il était. Il répondit qu'il appartenait à la maison du Roi Arthur et avait nom Perceval le Gallois. Elle en eut grande joie, car elle l'aimait fort et devait l'aimer puisqu'il était son neveu. Elle appela ses gens, leur commanda d'ouvrir au chevalier, de lui donner à manger et de le servir de leur mieux, car c'était l'homme du monde qu'elle aimait le plus. Ils lui obéirent, ouvrirent la porte, reçurent le chevalier, le désarmèrent et lui donnèrent à manger. Il demanda s'il pourrait parler aussitôt à la recluse. " Non, Sire, dirent-ils, mais demain après la messe nous pensons que vous le pourrez. " Il s'inclina et se coucha en un lit qu'ils lui avaient apprêté. Toute la nuit, il dormit comme un homme qui avait subi grande fatigue et lourd labeur.

Le lendemain, quand le jour fut clair, Perceval se leva et entendit la messe, chantée par le prud'homme de céans. Lorsqu'il fut armé, il vint chez la recluse et lui dit : " Dame, pour Dieu, donnez-moi nouvelles du chevalier qui passa ici hier et à qui vous dîtes que vous le connaissiez bien; car il me tarde de savoir qui il était. " La dame lui demanda pourquoi il s'en enquérait. " Parce que je ne serai pas content avant de l'avoir

retrouvé et combattu. Il m'a si mal traité que je ne
pourrais le laisser sans être couvert de honte.

— Ah ! Perceval, fit-elle, que dites-vous là ? Avez-
vous envie de mourir comme vos frères qui ont été
victimes de leur témérité ? Ce serait grand dommage
et votre parenté en serait bien humiliée. Savez-vous
ce que vous perdrez, si vous combattez ce chevalier ?
Je vous le dirai. Il est vrai que la grande Quête du Saint-
Graal est commencée, dont vous êtes compagnon,
je pense, et qu'elle sera achevée prochainement, s'il
plaît à Dieu. Or vous aurez bien plus grand honneur
que vous ne croyez si vous vous abstenez de combattre
ce chevalier. Car nous savons bien, en ce pays comme
en d'autres lieux, qu'à la fin trois chevaliers auront,
plus que tous les autres, la gloire de la Quête : deux
seront vierges, et le troisième chaste. Des deux vierges,
l'un sera le chevalier que vous cherchez, et vous l'autre ;
le troisième sera Bohort de Gaunes. Ces trois-là achèveront la Quête. Puisque Dieu vous réserva cet honneur, ce serait grand dommage que vous mouriez
auparavant. Et vous hâterez votre mort, si vous combattez celui que vous cherchez, car il est bien meilleur
chevalier que vous et qu'homme au monde.

— Dame, fit Perceval, il me semble, à ce que vous
me dites de mes frères, que vous savez bien qui je
suis. — Je le sais, répondit-elle, et dois bien le savoir,
puisque je suis votre tante, et vous mon neveu. N'en
doutez pas en me voyant en si pauvre lieu, et sachez
que je suis celle que l'on appelait jadis la Reine de la
Terre Gaste. Vous me vîtes en une autre condition,
quand j'étais l'une des plus riches dames du monde.
Et pourtant jamais cette richesse ne me plut autant
que la pauvreté où je suis maintenant. "

A ces mots, Perceval se prit à pleurer de pitié ;
il se souvenait bien de l'avoir connue pour sa tante.
Il s'assit auprès d'elle et lui demanda des nouvelles

de sa mère et de ses parents. " Comment, beau neveu, fit-elle, n'avez-vous point de nouvelles de votre mère ? — Certes non, dame, répondit-il; je ne sais si elle est morte ou vivante. Mais mainte fois déjà elle m'est venue dire en mon sommeil qu'elle avait plus à se plaindre qu'à se louer de moi, car je l'avais presque reniée. " La dame lui répondit, morne et pensive : " Vous avez faussement cru voir votre mère, si ce fut en songe; elle est morte dès que vous fûtes parti pour la cour du Roi Arthur. — Dame, dit-il, comment cela est-il arrivé ? — Votre mère, reprit la recluse, fut si dolente de votre départ que le jour même, dès qu'elle se fut confessée, elle mourut. — Dieu ait pitié de son âme, dit-il. J'en suis tout affligé; mais puisqu'il en est ainsi, il me faut l'accepter, car tous nous allons à cette fin. Jamais je n'en avais eu de nouvelles. Cependant, ce chevalier que je recherche, savez-vous qui il est et si ce n'est pas celui qui vint à la cour en armes vermeilles. — Oui, dit-elle. Et je vous dirai le sens de sa venue.

" Vous savez que depuis l'avènement de Jésus-Christ il y eut trois tables principales au monde. La première fut la Table de Jésus-Christ où les apôtres mangèrent plusieurs fois. Ce fut la table qui soutenait les corps et les âmes de la nourriture du Ciel. A cette table s'assirent les frères qui n'étaient qu'un, de cœur et d'âme, ceux dont David dit en son livre une admirable parole : " C'est très bonne chose quand les frères " habitent ensemble en une volonté et une œuvre. " Entre ces frères régnèrent la paix, la concorde et la patience, et l'on vit en eux toutes les bonnes œuvres. Et cette table fut instituée par l'Agneau sans tache qui fut sacrifié pour notre rédemption.

" Après cette table, il y en eut une autre à la semblance et remembrance de la première. Ce fut la Table du Saint-Graal, dont on vit un si grand miracle en ce

pays au temps de Joseph d'Arimathie, au commencement de la Chrétienté sur la terre. Tous, prud'hommes
et mécréants, devraient se souvenir de ce miracle. Il
advint alors que Joseph d'Arimathie arriva dans ce
pays avec un peuple nombreux; ils pouvaient bien être
quatre mille, tous pauvres. A leur venue, ils se déconfor-
tèrent, de crainte de manquer de nourriture à cause de
leur grand nombre. Un jour, ils erraient dans une
forêt où ils ne trouvèrent rien à manger, et ne rencontrèrent personne. Ils en étaient très contrits, n'ayant pas
l'habitude de cette disette. Le second jour, ils parcou-
rurent tout le pays et trouvèrent une vieille femme qui
apportait douze pains du four. Ils les achetèrent, mais
quand vint le moment du partage, la colère et la dispute
s'élevèrent entre eux. On le rapporta à Joseph, qui
en fut très courroucé, et ordonna qu'on lui apportât
les pains. Par ceux qui les avaient achetés, il apprit le
désaccord qui s'était mis entre eux. Il commanda alors
à tout le peuple de s'asseoir comme si l'on était à la
Cène. Puis il dépeça les pains et les répartit; au bout de
la table, il plaça le Saint-Graal, dont la venue fit foi-
sonner les pains, si bien que tout le peuple des quatre
mille hommes fut miraculeusement rassasié. Ils rendirent grâces à Notre Seigneur de les avoir si manifestement secourus.

  " A cette table, il y avait un siège, où devait s'asseoir
Josèphe, fils de Joseph d'Arimathie. Ce siège ne devait
être octroyé qu'au maître et pasteur de tout ce peuple;
l'histoire raconte qu'il était sacré et bénit de la main
de Notre Seigneur lui-même, qui avait confié à Josèphe
son office sur tous les chrétiens. Notre Sire lui avait
désigné ce siège et nul n'était si hardi que de s'y asseoir;
il était fait à la ressemblance de celui qu'occupait Notre
Sire le jour de la Cène, quand il apparut comme le
maître et le pâtre de ses apôtres. De même, Josèphe
devait commander à tous ceux qui prendraient place à la

Table du Saint-Graal, dont il était maître et seigneur. Mais quand ils furent arrivés dans ce pays, et qu'ils eurent erré longtemps en terre étrangère, il advint que deux frères, qui étaient parents de Josèphe, lui portèrent envie parce que Notre Sire l'avait élevé au-dessus d'eux et élu pour le meilleur de la compagnie. Ils en parlèrent en secret et dirent qu'ils ne le souffriraient pas pour maître; étant d'aussi haut lignage que lui, ils ne voulaient pas être ses disciples. Le lendemain, comme la table était mise sur une colline et qu'on voulait faire asseoir Josèphe au haut siège, les deux frères s'y opposèrent et l'un d'eux s'y assit au vu de tous. Alors advint un miracle : la terre engloutit celui qui avait occupé le siège. Ce miracle fut connu aussitôt dans tout le pays et le siège fut nommé dès lors le Siège Redouté. Plus personne n'eut la hardiesse de s'y asseoir, sauf celui que Notre Sire avait élu.

" Après cette table, il y eut encore la Table Ronde établie selon le conseil de Merlin et pour une grande signifiance. On l'appelle Table Ronde pour désigner par là la rondeur du monde, et le cours des planètes et des astres au firmament; dans les révolutions célestes on voit les étoiles et mainte autre chose, aussi peut-on dire que la Table Ronde représente bien le monde. Vous voyez bien que de toutes terres où habite la chevalerie, soit chrétiennes, soit païennes, les chevaliers viennent à la Table Ronde. Quand Dieu leur donne la grâce d'en être compagnons, ils s'en tiennent plus honorés que s'ils avaient conquis le monde entier, et ils quittent pour cela pères et mères, femmes et enfants. Vous l'avez vu par vous-même : du jour où vous êtes parti de chez votre mère pour être compagnon de la Table Ronde, vous n'avez plus eu désir de vous en retourner, mais vous fûtes aussitôt gagné par la douceur et fraternité qui doit être entre tous les compagnons.

" Quand Merlin eut institué la Table Ronde, il dit

que grâce à ceux qui en seraient compagnons on saurait
la vérité du Saint-Graal, dont nul signe n'était visible
de son temps. On lui demanda comment on saurait qui
étaient les meilleurs. Il répondit : " Ils seront trois qui
" qui achèveront l'aventure : deux vierges et un chaste.
" L'un des trois surpasse son père d'autant que le lion
" dépasse le léopard en force et en hardiesse. Celui-là
" sera maître et pasteur par-dessus tous les autres;
" et les compagnons de la Table Ronde erreront à
" la recherche du Saint-Graal jusqu'au jour où Notre
" Sire le fera paraître si soudainement que ce sera mer-
" veille. " A ces mots, ils dirent : " Merlin, puisque
" celui-là sera parfait comme tu le dis, tu devrais faire un
" siège, plus grand que tous les autres afin que chacun
" le reconnût, et où seul il pourrait s'asseoir. — Je le
" ferai ", dit Merlin. Il fit un siège admirable, puis il le
baisa, disant qu'il l'avait fait pour l'amour du Bon
Chevalier qui y prendrait son repos. Ils dirent alors :
" Merlin, qu'adviendra-t-il de ce siège ? — Il en advien-
" dra mainte merveille : personne ne l'occupera,
" qu'aussitôt il ne soit mort ou mutilé, jusqu'à ce que
" vienne le Vrai Chevalier. — Au nom de Dieu,
" reprirent-ils, celui qui voudrait s'y asseoir se mettrait
" donc en grand péril ? — En péril, dit Merlin; aussi
" s'appellera-t-il le Siège Périlleux. "

" Beau neveu, poursuivit la dame, je vous ai dit
pour quelle raison fut faite la Table Ronde, et le Siège
Périlleux où moururent bien des chevaliers qui n'étaient
pas dignes de l'occuper. Je vous dirai maintenant de
quelle façon le Chevalier vint à la cour en armes vermeilles. Vous savez que Jésus-Christ fut à la table de la
Cène maître et pasteur entre ses apôtres; ensuite la
Table du Saint-Graal reçut sa signification de Joseph,
et la Table Ronde de ce chevalier. Avant sa Passion,
Notre Sire promit à ses apôtres qu'Il les viendrait voir,
et ils attendirent dans l'affliction l'accomplissement de

cette promesse. Le jour de la Pentecôte, alors qu'ils étaient tous dans une maison, les portes bien closes, le Saint-Esprit descendit parmi eux sous forme de feu et les réconforta, leur donnant assurance de ce qui les faisait encore douter. Puis il les envoya prêcher et enseigner le Saint Évangile par le monde. De la même façon que Notre Sire, le Chevalier que vous devez tenir pour maître et pasteur vint vous visiter. Tout comme Notre Sire parut en semblance de feu, le Chevalier se montra en armes vermeilles, qui est couleur de feu. Et comme les portes de la maison où se trouvaient les apôtres étaient closes à la venue de Notre Seigneur, les portes de la salle étaient fermées quand survint le Chevalier, si soudainement que nul d'entre vous ne comprit comment il était entré. Le jour même fut entreprise la Quête du Saint-Graal et de la Lance, qui ne cessera pas avant que l'on ne sache la vérité, et pour laquelle sont advenues en ce pays tant d'étranges aventures. Je vous ai appris tout cela pour que vous ne combattiez pas le Chevalier; vous ne devez pas le faire, parce que vous êtes son frère par la compagnie de la Table Ronde et parce que vous ne pourriez lui résister; car il est bien meilleur chevalier que vous.

— Dame, fit Perceval, vous m'en avez tant dit que jamais je n'aurai plus envie de le combattre. Mais pour Dieu enseignez-moi comment je pourrai le retrouver. Si je l'avais pour compagnon, je ne le quitterais plus tant que je pourrais le suivre. — Je vous conseillerai de mon mieux, répondit-elle. Mais pour l'instant je ne saurais vous dire où il est; je vous révélerai seulement les signes qui vous permettront de le rejoindre; ensuite, demeurez en sa compagnie. Vous irez à un castel qu'on nomme Got, où habite sa cousine germaine pour l'amour de qui je crois qu'il s'y hébergea hier au soir; elle peut vous indiquer de quel côté il s'en est allé, suivez-le. Mais si elle ne vous en dit rien, allez droit au

château de Corbenyc, où vit le Roi Méhaigné. Je sais
que là vous en aurez vraies nouvelles, si vous ne l'y
trouvez pas. "

Perceval et la recluse parlèrent ainsi du Chevalier
jusqu'à l'heure de midi. Elle dit alors : " Beau neveu,
vous demeurerez cette nuit encore chez moi, et j'en
serai bien aise. Depuis si longtemps je ne vous avais vu,
que votre départ me fera grand'peine. — Dame, j'ai
tant à faire, répondit-il, que je ne puis guère demeurer
et vous prie de me laisser partir. — Vous ne partirez
pas aujourd'hui avec mon consentement, dit-elle. Mais
demain, dès que vous aurez ouï la messe, je vous
donnerai congé. " Il accepta de rester, se fit désarmer;
on mit la table et ils goûtèrent au repas que la dame
avait fait préparer.

Cette nuit-là, Perceval demeura auprès de sa tante,
à parler du Chevalier et de mainte chose. Elle lui dit
enfin : " Beau neveu, jusqu'ici vous avez pris garde
que votre virginité ne fût entamée, et jamais vous
n'avez su ce que c'était qu'union charnelle. Vous avez
bien fait; car si votre chair eût été touchée par la corruption du péché, vous ne pourriez être principal compagnon de la Quête et vous ressembleriez à Lancelot,
qui, par échauffement de sa chair et mauvaise luxure, a
failli depuis longtemps au but que les autres se proposent aujourd'hui. Gardez donc votre corps pur comme
au jour où Notre Sire vous mit en chevalerie, afin d'arriver vierge et sans tache devant le Saint-Graal. Ce sera
une des plus belles prouesses que chevalier ait jamais
faites, car de tous ceux de la Table Ronde, il n'en est
pas un qui n'ait souillé sa virginité, hors vous et le Bon
Chevalier Galaad. " Perceval répondit que, si Dieu le
voulait, il se garderait intact.

Il demeura tout le jour, et sa tante l'admonesta de bien
agir. Quand ils eurent parlé longtemps du Chevalier et
de la cour du Roi Arthur, Perceval lui demanda pour-

quoi elle avait quitté ses terres pour se retirer en ce lieu sauvage. " Par Dieu, fit-elle, c'est par peur de la mort que je me réfugiai ici. Vous savez que, quand vous allâtes à la cour, messire le Roi était en guerre contre le Roi Libran; aussi, quand mon seigneur mourut, redoutai-je, parce que j'étais femme et peureuse, que l'ennemi ne me tuât si je tombais en son pouvoir. Je pris donc une grande part de mes biens et m'en allai dans cette solitude pour qu'on ne pût me trouver; je fis bâtir cet ermitage, où j'établis mon chapelain et mes gens, et s'il plaît à Dieu, je n'en sortirai pas vivante, mais userai le reste de ma vie et mourrai au service de Notre Seigneur. — Voilà merveilleuse aventure, dit Perceval. Mais dites-moi ce que devint votre fils Dyabiaus, car je désire fort le savoir. — Il est allé servir votre parent le Roi Pellés pour gagner ses armes et j'ai ouï dire qu'il a été fait chevalier. Mais il y a deux ans passés que je ne l'ai vu; il va suivant les tournois à travers la Grande Bretagne. Je crois que vous le trouverez à Corbenyc, si vous y allez. — Et j'irai, répondit Perceval, quand ce ne serait que pour le voir, ce dont j'ai grand désir. — Je serais bien aise, fit la tante, de vous savoir ensemble. "

Le lendemain, dès que Perceval eut ouï la messe, il s'en alla et chevaucha toute la journée dans la forêt, qui était merveilleusement grande, sans rencontrer homme ni femme. Après vêpres, il entendit sonner une cloche sur sa droite. Il se dirigea de ce côté, sachant que c'était une maison religieuse ou un ermitage. Et en effet il arriva à un monastère clos de murs et de profonds fossés. Il appela pour qu'on lui ouvrît et, en le voyant armé, ceux du couvent pensèrent qu'il était quelque chevalier errant. Ils le désarmèrent et lui firent bel accueil, menant son cheval à l'écurie et lui donnant de l'avoine en abondance, tandis qu'un des frères le menait à une chambre où on l'hébergea du mieux qu'on

put. Au matin, il ne s'éveilla pas avant l'heure de prime
et alla ouïr la messe en l'abbaye même.

Quand il entra dans la chapelle, il vit à droite une
grille de fer, derrière laquelle un frère, revêtu des ornements de Notre Sire, allait commencer sa messe. Perceval s'approcha, dans le désir de suivre l'office, et
voulut franchir la grille ; mais il n'y trouva pas de porte.
Il prit cela en patience et s'agenouilla devant la grille.
De l'autre côté, il aperçut un lit richement paré de
draps de soie et d'autres belles étoffes, qui toutes
étaient blanches. Perceval vit alors que dans ce lit était
couché un homme ou une femme, il ne savait trop
lequel, car le visage était couvert d'une fine toile blanche
qui empêchait qu'on ne le vît distinctement. Comprenant qu'il chercherait vainement à en savoir plus long,
il cessa de regarder et donna son attention à l'office que
le prud'homme avait commencé. Quand on en fut au
moment où le prêtre élève le corps de Notre Seigneur,
celui qui était couché se dressa sur son séant et découvrit
son visage. C'était un vieillard tout chenu, portant
sur sa tête une couronne d'or, les épaules nues ainsi que
tout le torse, jusqu'au nombril. Perceval vit que tout le
corps, ses paumes, ses bras et sa face étaient couverts
de plaies. Lorsque le prêtre montra le corps de Jésus-
Christ, il tendit les mains et s'écria : " Beau doux père,
ne m'oubliez pas. " Il ne voulut pas se recoucher, mais
demeura en prières et oraisons, les mains levées vers
son Créateur, et la couronne d'or toujours sur sa tête.
Perceval le regarda longuement : il le vit tout endolori de
plaies et si vieux qu'il paraissait trois cents ans d'âge, ou
plus encore. Quand la messe fut chantée, le prêtre prit
Corpus Domini dans ses mains, le porta à celui qui gisait
dans le lit et le lui donna. Dès qu'il l'eut reçu, le vieillard
ôta sa couronne et la fit mettre sur l'autel, puis il se recoucha et se couvrit comme auparavant, en sorte qu'on
ne le vit plus. Le prêtre, sa messe dite, ôta ses ornements.

Rentré dans la chambre où il avait dormi, Perceval appela l'un des frères et lui dit : " Sire, pour l'amour de Dieu, répondez à ma question; car je crois bien que vous en savez la vérité. — Sire chevalier, si je la sais, je vous la dirai bien volontiers, à condition que ce me soit permis. — Voici : j'ai ouï la messe à l'église, et j'y ai vu derrière une grille un vieillard couché dans un lit, une couronne d'or sur la tête. Quand il s'assit, je vis qu'il était tout couvert de plaies et, la messe chantée, le prêtre lui donna *Corpus Domini*, après quoi il se recoucha et ôta sa couronne. Beau sire, ceci doit avoir une très grande signifiance, que je voudrais bien connaître. — Je vous la dirai volontiers, fit le prud'homme.

" C'est chose vraie, et qu'on a dû vous narrer déjà, que Joseph d'Arimathie, le prud'homme, le vrai chevalier, fut envoyé par le Haut Maître en cette terre pour y planter et édifier la sainte chrétienté avec l'aide de son Créateur. Il y souffrit bien des adversités et des persécutions de la part des ennemis de la Loi, car ce pays n'était peuplé que de Sarrazins. Un roi y régnait, du nom de Cruel, le plus félon du monde, impitoyable et sans humilité. Quand il ouït dire que les chrétiens étaient venus sur ses terres, et qu'ils avaient apporté un vase si précieux, si merveilleux qu'ils se repaissaient presque uniquement de sa grâce, il pensa que c'était une fable. Mais on l'assurait toujours que c'était vérité, si bien qu'il résolut d'en avoir le cœur net. Il fit donc emprisonner Josèphe, fils de Joseph, avec deux de ses neveux et une centaine de ceux qui avaient été élus pour pasteurs et maîtres de toute chrétienté. Mais dans leur prison ils avaient avec eux le Saint-Vase, de sorte qu'ils ne craignaient pas d'être affamés. Le roi les maintint quarante jours enfermés, après avoir ordonné qu'on ne leur apportât ni boire ni manger.

" La nouvelle de la prison de Jósèphe et des siens
se répandit dans toutes les terres où ils avaient passé,
si bien que le Roi Mordrain, qui résidait en la cité de
Sarraz auprès de Jérusalem et que la prédication de
Josèphe avait converti, en entendit parler. Il en fut
tout dolent, car les conseils de Josèphe lui avaient
permis de recouvrer sa terre envahie par Tholomers.
Il rassembla donc ses armées en toute hâte, les embarqua
sur la mer et vint avec ses nefs garnies d'armes et de
chevaux jusqu'en ce pays. Aussitôt il manda au roi
Cruel que, s'il ne libérait Josèphe, il lui ôterait son
royaume et le déshériterait. Le roi Cruel n'en fit pas
grand cas et alla à sa rencontre avec ses armées. Les
deux troupes en vinrent aux mains; Notre Seigneur
donna la victoire aux chrétiens, et le roi Cruel fut
tué avec ses gens. Le roi Mordrain, qui s'appelait
Ewalach avant sa conversion, s'était battu avec une
vaillance merveilleuse. Quand on lui ôta ses armes, on
vit qu'il avait tant de blessures que tout autre homme
en fût mort. Mais il dit qu'il n'en sentait aucune douleur. Il tira Josèphe de prison et lui fit bel accueil,
car il l'aimait de grand amour.

" Le lendemain les chrétiens s'approchèrent de la
table du Saint-Graal et y firent leurs oraisons. Quand
Josèphe, qui était maître de la table, se fut revêtu
pour aller au Saint-Graal et eut commencé l'office,
le roi Mordrain, qui avait toujours désiré voir le
Saint-Graal à découvert, s'approcha plus qu'il n'aurait
dû. Une voix se fit entendre alors : " Roi, ne va pas
plus avant, c'est chose défendue ! " Mais il s'était
déjà avancé tant que langue mortelle ne pourrait
le dire ni cœur terrestre le penser, et dans son grand
désir de voir, il approcha encore. Une nuée descendit
soudain devant lui, qui lui ôta l'usage de ses yeux
et la force de son corps, de sorte qu'il n'y vit plus
goutte et se trouva comme paralysé. Quand il vit

que Notre Sire tirait de lui pareille vengeance pour
avoir enfreint son commandement, il dit à haute voix :
" Beau sire Dieu Jésus-Christ, qui m'avez montré
" que c'est folie de vous désobéir, de même que me
" plaît ce fléau que vous m'envoyez et que je souffre
" volontiers, de même octroyez-moi, en récompense
" de mes services, que je ne meure pas avant d'avoir
" pu voir et embrasser le Bon Chevalier, neuvième
" de mon lignage, celui qui verra sans voile les
" merveilles du Saint-Graal. " Quand le roi eut
adressé cette requête au Seigneur Dieu, la voix lui
dit : " Roi, sois sans effroi : Notre Sire a entendu
" ta prière. Ton désir sera exaucé, et tu ne mour-
" ras pas avant que le Chevalier que tu réclames
" soit venu te voir; le jour où il paraîtra devant
" toi, la vue te sera rendue et guéries tes plaies,
" qui jusque-là ne se fermeront pas. "

" Ainsi parla la voix. Et son dire nous semble
vrai en tous points. Car depuis plus de quatre cents
ans que cette aventure est survenue, il n'a pas recouvré
la vue, et ses plaies ne se sont pas guéries. Or on dit
que le Chevalier qui doit achever cette histoire est
déjà en ce pays. Par les signes que nous en avons déjà
vus, nous pensons que le roi retrouvera l'usage de
ses yeux et de ses membres, mais qu'ensuite il ne
vivra pas longtemps.

" Sachez que le roi Mordrain est celui que vous
avez vu aujourd'hui. Depuis quatre cents ans, il a
vécu si saintement et si religieusement que jamais
il n'a touché à aucune nourriture de cette terre, sinon
à celle que le prêtre nous montre au sacrement de
la messe, c'est-à-dire au corps de Jésus-Christ. Vous
avez pu le voir, dès que le prêtre eut chanté sa messe,
il lui apporta *Corpus Domini*. Le Roi a ainsi attendu
depuis le temps de Josèphe la venue du Chevalier
tant désiré, ressemblant en cela au vieillard Siméon,

qui attendit la venue de Notre Seigneur jusqu'à ce qu'on l'amenât au temple, et qui Le prit alors dans ses bras, tout heureux que la promesse fût accomplie. Car le Saint-Esprit lui avait fait savoir qu'il ne mourrait pas avant d'avoir vu Jésus-Christ. Quand il Le vit, il chanta la douce chanson dont David le prophète fait remembrance. De même qu'il attendait avec grand désir Jésus-Christ le Fils de Dieu, le Haut Prophète, le Souverain Pasteur, de même ce roi attend la venue de Galaad, le Bon Chevalier, le Parfait.

" Je vous ai révélé la vérité de ce que vous me demandiez. Dites-moi maintenant qui vous êtes. "

Il répondit qu'il s'appelait Perceval le Gallois, qu'il était de la maison du Roi Arthur et compagnon de la Table Ronde. Le prud'homme qui en avait mainte fois ouï parler, lui témoigna sa joie et le pria de passer la nuit au monastère, où les frères lui feraient fête et honneur, ainsi qu'il convenait. Mais Perceval répondit qu'il avait tant à faire qu'il ne pouvait s'attarder. Il demanda ses armes, qu'on lui apporta, prit congé et chevaucha dans la forêt jusqu'à l'heure de midi.

Son chemin l'avait mené dans une vallée, où il rencontra vingt hommes armés qui portaient dans une bière de chevalier le corps d'un homme récemment tué. Ils lui demandèrent d'où il venait et comme il répondait qu'il appartenait à la maison du Roi Arthur, ils crièrent tous ensemble : " Sus ! à lui ! " Perceval se prépara à se défendre de son mieux et fit front au premier assaillant, qu'il jeta à terre d'un seul coup, le cheval sur le corps. Mais il ne put l'achever, car plus de sept ennemis le frappèrent sur son écu, tandis que les autres tuaient son cheval. Il tomba, voulut se relever, en homme de grande prouesse, et tirer son épée pour se défendre, mais ses adversaires l'assaillirent si furieusement que toute résistance semblait vaine;

ils heurtèrent rudement son écu et son heaume, tant qu'il ne put se tenir debout et toucha le sol d'un genou. Les autres continuaient à le marteler et l'eussent tué, car ils lui avaient arraché son heaume et il était déjà blessé, — si d'aventure le Chevalier aux armes vermeilles n'eût passé par là. Quand il vit cet homme seul, à pied, au milieu de tant d'ennemis qui allaient lui donner le coup de grâce, il fonça sur eux de toute la vitesse de son cheval, criant : " Laissez ce chevalier ! " Il se précipita parmi eux, le glaive tendu et jeta à terre le premier qu'il rencontra. Puis, son glaive brisé, il mit la main à l'épée, frappant de droite et de gauche, avec tant d'adresse qu'il les faisait tous voler de leurs montures. Il leur assenait de tels coups, et si rapides que nul n'avait plus l'audace de l'affronter ; tous s'enfuirent deçà delà dans la forêt qui était grande, et bientôt on n'en vit plus que trois, dont Perceval avait abattu l'un et lui-même blessé les deux autres. Dès qu'il les vit ainsi dispersés, et Perceval hors de péril, il s'enfonça au plus épais des bois, comme quelqu'un qui ne veut pas être suivi.

Perceval lui cria, aussi fort qu'il put : " Ha ! sire chevalier, pour l'amour de Dieu, arrêtez un peu, jusqu'à ce que j'aie pu vous parler ! " Le Bon Chevalier ne fit pas mine d'entendre, mais s'en alla sans montrer la moindre envie de revenir sur ses pas. Et Perceval, qui n'avait plus de cheval, le sien ayant été tué, tenta de le rejoindre à pied. Il rencontra bientôt un valet monté sur un cheval fort et rapide, et menant à sa droite un grand destrier noir. Perceval ne sut que faire : il eût aimé avoir ce destrier pour suivre le Chevalier, mais à condition que le valet le lui donnât de plein gré. De peur d'être tenu pour vilain, il n'eût pas voulu le prendre de force si la nécessité ne l'y contraignait. Il salua donc le valet, qui lui répondit : " Dieu vous bénisse ! — Bel ami,

fit Perceval, je te demande en service et bienfait,
et pour que je sois ton chevalier dès que tu m'en
prieras, de me prêter ce cheval jusqu'à ce que j'aie
rejoint un chevalier qui vient de s'en aller par là.
— Sire, fit le valet, je ne le ferai point, car il appartient
à un homme qui me honnirait si je ne le lui rendais.
— Bel ami, reprit Perceval, fais ce que je te prie de
faire. Jamais je n'eus telle douleur que j'aurai si je
perds ce chevalier, faute de monture pour le suivre.
— Non, dit le valet. Tant que j'en ai la garde, vous
ne l'aurez point de mon gré. Vous pouvez me l'ôter
de force. " Perceval fut si affligé qu'il crut en perdre
l'esprit. Il ne voulait pas faire violence à ce valet ;
mais s'il perdait la trace du Chevalier, il n'aurait plus
jamais de joie. Ces deux choses lui mettaient si grande
rage au cœur qu'il ne put se tenir debout mais tomba
au pied d'un arbre, pâle et alangui comme si la vie
se fût retirée de son corps, et travaillé d'une telle peine
qu'il eût voulu mourir aussitôt. Otant son heaume et
prenant son épée, il dit au valet : " Bel ami, puisque
tu ne veux pas me tirer du grand deuil d'où je ne
puis échapper sans mourir, je te prie de prendre mon
épée et me tuer ; ma douleur ne finira qu'ainsi. Et si
le Bon Chevalier que je cherche apprend que je suis
mort du regret de lui, il ne sera pas si méchant qu'il
ne prie Notre Seigneur d'avoir pitié de mon âme.
— S'il plaît à Dieu, dit le valet, je ne vous tuerai point,
car vous ne L'avez pas desservi. " Et il s'en fut à grande
allure, laissant Perceval tout affligé. Quand il ne vit
plus ni le valet ni personne, il se mit à se lamenter,
se clamant las et chétif, disant : " Ah ! malheureux !
tu as laissé échapper ce que tu cherchais. Jamais tu ne
seras aussi près de le trouver que tu l'étais il y a un instant ! "

Tandis que Perceval se plaignait ainsi, il dressa
l'oreille et entendit approcher un galop ; il ouvrit

les yeux et vit un chevalier armé qui s'en allait par
le chemin de la forêt, monté sur le cheval que le valet
menait tout à l'heure. Perceval reconnut le destrier,
mais ne pensa pas qu'il l'eût pris de force. Quand
il eut disparu, Perceval se reprit à gémir, mais le valet
ne tarda pas à reparaître sur son grand cheval, criant :
" Ah ! sire, n'avez-vous pas vu passer un chevalier
qui emmenait le cheval que vous me demandiez ?
— Oui, dit Perceval. Mais pourquoi t'en inquiètes-tu ?
— Parce qu'il me l'a ravi de force. Il m'a voué ainsi
à la male mort, car mon seigneur me fera périr dès
qu'il me verra. — Hé ! dit Perceval, que veux-tu
que je fasse pour toi ? Je ne puis te rendre ton cheval,
car je suis à pied. Sinon, je me chargerais bien de
te le ramener. — Sire, dit le valet, montez sur mon
cheval, et si vous pouvez reprendre l'autre, il sera
à vous. — Et le tien, dit Perceval, comment te le
rendrai-je, si je retrouve l'autre ? — Sire, je vous
suivrai à pied et si vous ramenez le noir, vous me
rendrez le mien et garderez l'autre. " Perceval dit
qu'il ne demandait pas mieux.

Il relaça son heaume, prit son écu, sauta en selle
et s'en fut, aussi vite qu'il put, à la trace du chevalier.
Il arriva à une petite prairie comme il y en avait
beaucoup dans cette forêt, et il vit le chevalier qui
s'en éloignait à grande allure sur le destrier. D'aussi
loin qu'il l'aperçut, il lui cria : " Sire chevalier, tournez
bride, et allez rendre au valet le cheval que vous lui
avez méchamment ravi. " Le chevalier alors fonça
sur lui, le glaive tendu, et Perceval, voyant que l'heure
du combat avait sonné, tira son épée. Mais le chevalier,
décidé à en finir vite, s'élança de toute la force de sa
bête et frappa le cheval de Perceval au poitrail, le
perçant d'outre en outre. Le cheval, touché à mort,
s'abattit et Perceval tomba à terre, cependant que son
ennemi s'enfonçait au plus épais de la forêt. Perceval,

affligé à ne plus savoir que faire, lui cria : " Corps
de lâche, cœur de couard ! Revenez me combattre,
vous à cheval et moi à pied ! " Mais l'autre ne répond
pas et disparaît dans les fourrés. Perceval jette son
écu et son épée, ôte son heaume de sa tête et se lamente
de plus belle. Il pleure et crie, il se clame chétif, malheureux, et le plus infortuné des chevaliers, disant :
" Voici ! j'ai failli à tous mes désirs ! "

Il demeura tout le jour ainsi, sans que personne
vînt le réconforter. A l'approche de la nuit, il se trouvait si las que ses membres étaient sans force. Il s'endormit, pour ne se réveiller que vers minuit. Au
moment où il ouvrit les yeux, il vit devant lui une
femme qui lui demanda d'une voix terrible : " Perceval,
que fais-tu là ? " Il dit qu'il n'y faisait ni bien ni mal,
et que, s'il eût un cheval, il s'en irait. " Si tu veux me
promettre, dit-elle, que tu feras ma volonté quand je
te l'enjoindrai, je t'en donnerai un, bel et bon, qui te
mènera où tu voudras. " A ces mots, Perceval fut si
joyeux qu'il ne se demanda point à qui il parlait.
Il croyait bien que c'était une femme, mais ce n'en
était pas une, c'était l'Ennemi qui désirait le tromper
et le mener à perdre son âme pour toujours. Il répondit
qu'il était prêt à lui promettre de faire sa volonté.
" Est-ce promesse de bon et loyal chevalier ? " dit-
elle, et lui : " Certes ! — Alors, attendez-moi, je
reviendrai dans un instant. " Elle entra dans la forêt
et en ramena un cheval, grand et magnifique, si noir
que c'était merveille à voir.

Perceval le regarda et fut saisi d'horreur; néanmoins, sans prendre garde aux ruses de l'Ennemi,
il fut assez téméraire pour monter en selle. Il prit
sa lance et son écu. Celle qui était devant lui dit alors :
" Perceval, vous vous en allez ? Souvenez-vous que
vous m'êtes redevable d'une récompense. " Il le
promit et s'en alla à grande allure dans la forêt. La

lune était claire, mais le cheval l'emportait si vite
qu'en quelques heures il l'eut mis hors des bois et
éloigné de trois bonnes journées. Il chevaucha tant
qu'enfin il vit dans une vallée une rivière grande et
rapide, où son cheval fit mine de se jeter. Perceval,
qui n'y voyait ni pont ni planche, fut pris de crainte
à l'idée de la passer ainsi en pleine nuit; il leva la main
et fit le signe de croix sur son front. Dès que l'Ennemi
se sentit chargé du fardeau de la croix, qui lui était
très pesant, il se secoua, jeta Perceval à terre et se
précipita dans la rivière, hurlant et s'engloutissant
misérablement, tandis que l'eau s'enflammait en
plusieurs lieux et semblait un brasier de feu clair.

Perceval comprit alors que c'était l'Ennemi qui
l'avait emporté là pour le tromper et le réduire à
la perdition de son corps et de son âme. Il se signa,
se recommanda à Dieu, et pria Notre Seigneur de ne
pas le laisser choir en quelque tentation par laquelle
il perdrait la compagnie de la chevalerie céleste.
Élevant les mains au ciel, il remercia Notre Seigneur
de l'avoir si bien aidé en ce péril; car l'Ennemi l'eût
assurément jeté à l'eau où il se fût noyé, perdant
corps et âme. Il s'éloigna de la rive, de peur d'un nouvel
assaut de l'Ennemi, s'agenouilla tourné vers l'orient,
et fit les prières et oraisons qu'il savait. Il avait grand
désir de la venue du jour, pour connaître en quel
pays il se trouvait; l'Ennemi, en effet, avait dû le porter
bien loin du monastère où il avait vu le Roi Mordrain,
la veille au soir.

Il reste en prière jusqu'au jour, attendant que
le soleil eût accompli sa révolution dans le ciel et
reparût sur le monde. Quand il se fut levé, clair et
beau, abattant un peu la rosée, Perceval regarda autour
de lui, et vit qu'il était sur une grande et merveilleuse
montagne, très sauvage, tout entourée par la mer.
Il ne sait ce qu'est cette île, il aimerait l'apprendre,

mais comment faire ? Pas de château, à ce qu'il lui
semble, pas de forteresse, pas de maison. Pourtant
il n'est pas si seul qu'il ne voie autour de lui des bêtes
féroces, ours et lions, léopards et serpents volants.
Et de voir cela ne le réconforte guère, car il redoute
ces bêtes qui ne le laisseront pas en paix, mais le
tueront s'il ne peut pas se défendre. Il est vrai que si
Celui qui sauva Jonas du ventre de la baleine et qui
protégea Joseph dans la fosse aux lions consent à
être son bouclier, il ne craint rien. Et c'est à lui plus
qu'à son épée qu'il se fie, voyant bien qu'aucun
exploit selon la chevalerie de la terre ne pourra sauver
sa vie. Il regarde alentour, et aperçoit au milieu de
l'île un rocher très haut, où il serait à l'abri des bêtes.
Il se dirige vers lui, tout armé, et sur son chemin
voit un serpent qui tenait entre ses dents par la peau
du cou un petit lionceau et gagnait le sommet de la
montagne, poursuivi par un lion rugissant et criant
si douloureusement qu'il semble bien à Perceval
qu'il s'afflige du petit être perdu.

Aussitôt Perceval s'élance vers le sommet de la
montagne. Mais le lion, plus leste, l'a dépassé et quand
Perceval arrive au sommet il a déjà engagé le combat
avec le serpent. Perceval voyant cela décide d'aider
le lion, qui est bête plus naturelle et d'espèce plus
gentille. Il tire l'épée, met son écu devant son visage
pour se protéger des flammes et attaque le serpent
d'un grand coup entre les oreilles. Le serpent jette
des flammes. Tout l'écu de Perceval et le devant du
haubert en sont brûlés. Et encore en eût-il souffert
davantage s'il avait été moins rapide, et s'il n'avait
échappé au plein effet de la flamme. Craignant que
le feu ne contienne aussi du venin, il a grand'peur.
Et pourtant il court sus au serpent une fois encore,
et lui porte de rudes coups partout où il peut l'atteindre.
Il finit ainsi par le frapper au même endroit qu'au

début. L'épée s'enfonce facilement dans la tête dès que la peau en est entamée, car les os n'en sont pas durs; et le serpent tombe mort.

Quand le lion se voit délivré du serpent par le chevalier, il ne fait pas montre de vouloir le combattre, mais vient à lui, baisse la tête et lui fait fête autant qu'il le peut, si bien que Perceval, qui voit bien qu'il n'est pas hostile, remet l'épée au fourreau, jette son écu à terre, qui est brûlé, et ôte son heaume pour goûter la fraîcheur du vent. Le lion ne cesse pas de remuer la queue, de lui témoigner toute sa joie. Et Perceval lui flatte le cou, la tête, les épaules, disant que Notre Seigneur lui a envoyé cette bête pour lui tenir compagnie et trouvant bien belle cette aventure.

Tout le jour le lion resta avec lui. Mais à l'heure de none, il descendit de la roche et tenant son lionceau par la peau du cou, il regagna son repaire. Quand Perceval se vit seul sur ce haut rocher écarté, il ne faut pas demander s'il s'inquiéta. Et bien plus encore l'eût-il fait, s'il n'avait placé grand espoir dans son Créateur : car il était l'un des chevaliers du monde dont la foi en Dieu était la plus haute. Pourtant, en ce temps-là, ce n'était guère la règle. Les gens étaient si égarés, si immodérés dans le royaume de Galles que, si le fils trouvait son père couché, en proie à la maladie, il le traînait dehors par la tête ou par les bras et, sur-le-champ, le mettait à mort. On l'eût méprisé si son père était mort au lit. Mais quand le fils tuait le père ou père le fils, et que toute la famille trouvait la mort par les armes, alors on disait d'eux qu'ils étaient de haut lignage.

Tout le jour Perceval resta sur le rocher, regardant sur la mer si aucun vaisseau ne venait. Mais il eut beau regarder de tous ses yeux, il ne vit rien. Alors il chercha son réconfort dans Notre Seigneur, le priant de le garder des malices du diable ou des mauvaises pensées,

et de le protéger comme un père et de le nourrir.
Il tendit les mains vers le ciel : " Beau sire Dieu, dit-il,
qui m'avez permis d'accéder à ce haut lieu qu'est
l'ordre de chevalerie, vous qui m'avez choisi pour
sergent bien que je n'en fusse pas digne, sire Dieu,
dans votre pitié ne souffrez pas que je quitte votre
service, mais faites que je sois comme le bon champion
qui soutient la cause de son seigneur contre celui qui
l'accuse. Beau doux Sire, faites que je puisse défendre
mon âme, qui est votre bien légitime, contre celui
qui à tort la veut avoir. Beau doux père, qui dites
de vous-même dans l'Évangile : " Je suis le bon
" pasteur qui se voue à ses brebis, ce que ne fait
" pas le mauvais pasteur. Celui-ci laisse ses brebis
" sans garde et le loup quand il vient les étrangle
" et les dévore ", Sire, soyez mon pasteur, mon
défenseur et mon guide, faites que je sois de vos brebis.
Et s'il advient, beau sire Dieu, que je sois la centième
brebis folle et malheureuse, qui s'est séparée de toutes
les autres pour s'égarer au désert, prenez pitié de moi
et ne me laissez pas au désert, mais ramenez-moi
dans votre enclos, qui est la Sainte Église et la Sainte
Foi, là où sont les vrais chrétiens, afin que l'Ennemi,
qui n'en veut qu'à mon âme, ne puisse me prendre au
dépourvu. "

Ainsi parla Perceval, et il vit venir le lion pour
lequel il avait lutté avec le serpent. Le lion ne montrait
pas d'intentions mauvaises, il fit fête à Perceval qui
lui flatta l'échine, et il se coucha à ses pieds, comme la
bête la mieux apprivoisée qui fût au monde. Perceval
s'étendit auprès de lui et posa sa tête sur son épaule.
A la nuit noire il s'endormit, sans désir de manger
car il avait bien d'autres soucis en tête.

Une fois endormi, il lui arriva une merveilleuse
aventure. Il lui parut, dans son sommeil, que deux
dames venaient vers lui, l'une vieille, l'autre assez

jeune et qui était belle. Les deux dames ne venaient
pas à pied, mais sur deux bêtes bien différentes : car
l'une était montée sur un lion et l'autre sur un serpent.
Perceval s'étonna de les voir gouverner ainsi les deux
bêtes. La plus jeune venait la première. " Perceval,
dit-elle, mon seigneur te salue, et t'ordonne de te
préparer le mieux que tu le pourras, car demain tu
auras à combattre le plus redoutable des champions,
et si tu es vaincu tu n'en seras pas quitte avec un
membre perdu. Ce sera la honte éternelle. — Dame,
quel est votre seigneur ? répondit Perceval. — En vérité, dit-elle, l'homme le plus puissant qui soit au monde.
Sois donc courageux et ferme, tire-toi du combat
à ton honneur. " Elle dit, et disparut si soudainement
que Perceval ne put comprendre ce qu'elle était devenue.

Alors s'approcha l'autre dame, celle qui était montée
sur le serpent. " Perceval, dit-elle, j'ai beaucoup à
vous reprocher, car vous m'avez fait tort, à moi et
aux miens, et je ne l'avais pas mérité. " Perceval fut
tout ébahi. " Madame, répondit-il, ni à vous ni à dame
qui soit au monde je crois n'avoir fait de tort. Je vous
prie donc de me dire celui que je vous ai fait, et si j'ai
pouvoir de le réparer, je m'y emploierai volontiers.
— Voici, dit-elle, en quoi vous m'avez fait tort. J'avais
depuis un certain temps dans un de mes châteaux une
bête, un serpent, qui me servait à beaucoup plus que
vous ne pensez. Et cette bête vola hier par aventure
jusqu'ici, sur cette montagne, où elle trouva un lionceau qu'elle apporta sur la roche. Mais vous l'avez pour-
suivie avec votre épée, et vous l'avez tuée, alors qu'elle
ne vous inquiétait pas. Dites-moi pourquoi vous l'avez
tuée ? Vous avais-je fait quelque tort ? Le lionceau
était-il à vous ? Les bêtes de l'air sont-elles si aban-
données que vous puissiez les tuer sans raison ? —
Madame, répondit Perceval, vous ne m'aviez fait
aucun tort, et le lion n'était pas à moi, et les bêtes de

l'air ne sont pas à ma discrétion. Mais le lion est de plus gentille nature et de plus haut rang que le serpent, il était moins malfaisant que lui, je l'ai bien vu, et c'est pourquoi j'ai attaqué et tué le serpent. Je ne crois pas vous avoir fait autant de tort que vous le dites. — Perceval, dit la dame, ne m'en ferez-vous plus ? — Madame, que dois-je faire ? — Je veux qu'en réparation du serpent vous deveniez mon vassal. " Perceval répondit qu'il s'y refusait. " Non ? dit-elle. Vous l'avez déjà été. Avant de rendre hommage à votre seigneur c'est à moi que vous étiez. Et parce que vous fûtes mon bien auquel je ne renonce pas, je vous reprendrai, soyez sûr, en quelque lieu que je vous trouve sans garde. "

Ayant ainsi parlé la dame s'en fut. Et Perceval resta à dormir, profondément troublé par cette vision. Il ne se réveilla qu'avec le jour, quand le soleil se levait et commençait à darder ses rayons luisants sur son crâne. Se signant, il pria Dieu de l'éclairer pour le profit de son âme. Peu lui importait son corps, en effet, car il ne croyait pas qu'il pourrait jamais sortir de l'île. Il regarda autour de lui, mais ne vit rien, ni le lion qui lui tenait compagnie, ni le serpent qu'il avait occis.

Et comme il se demandait ce qu'ils étaient devenus, il leva les yeux sur la mer et vit une nef qui accourait de toutes ses voiles vers ce lieu où Perceval attendait le bon vouloir de son Dieu. Cette nef poussée par le vent fut très vite au pied de la montagne, à la grande joie de Perceval qui ne doutait pas qu'elle portât nombre de passagers. Il se leva et il prit ses armes, puis il descendit de la roche pour s'enquérir de ceux-ci. Mais quand il fut arrivé auprès de la nef, il vit qu'elle était tant au-dedans qu'au-dehors toute drapée de soie blanche. Et il ne trouva à bord qu'un homme revêtu d'un surplis et d'une aube, comme un prêtre, qui avait sur la tête une couronne de soie blanche de la largeur de deux doigts, portant une inscription à la gloire du Seigneur. Perceval étonné s'approche et salue. " Sire, dit-il, soyez le bienvenu ! — Bel ami, dit le prud'homme, qui êtes-vous ? — Je suis, dit Perceval, de la maison du Roi Arthur. — Par quelle aventure êtes-vous ici ? — Sire, je ne sais pas comment j'y suis venu. — Et que voulez-vous ? — Sire, dit Perceval, s'il plaisait à Notre Seigneur, je voudrais bien quitter l'île et reprendre avec mes frères de la Table Ronde la Quête du Saint-Graal. Car je n'ai quitté pour rien d'autre la cour de mon suzerain. — Quand il plaira à Dieu, dit le prud'homme, vous quitterez l'île. Il vous en fera vite sortir quand cela lui conviendra. S'il vous tenait pour son serviteur et voyait que vous lui êtes plus utile ailleurs qu'ici, sachez qu'il vous y conduirait sur-le-champ, mais ici il vous a mis à l'épreuve pour voir si vous êtes aussi loyalement son sergent que le requiert l'ordre de chevalerie. Car si vraiment vous avez atteint ce haut degré, votre cœur ne doit succomber à aucun effroi terrestre. Un cœur de chevalier doit être si durement fermé à l'ennemi de son seigneur que rien ne puisse le fléchir. S'il succombe à la peur, il n'est pas de ces vrais champions qui se feraient tuer sur place plutôt que de trahir la cause de leur seigneur. "

Perceval lui demanda quelle contrée était la sienne et il répondit que c'était un pays étranger. " Par quelle aventure, dit Perceval, êtes-vous venu en un lieu aussi étrange et aussi sauvage que celui-ci ? — Par ma foi, répondit le prud'homme, je suis venu pour vous voir, vous réconforter, et pour que vous me fassiez part de vos embarras, car il n'est rien que je ne puisse, aussi bien que possible, vous éclairer. — C'est grand merveille, ce que vous dites, répondit Perceval. Comment cela se peut-il puisque personne d'autre que Dieu ne sait que je suis ici ? Et même si vous l'avez su, je ne

crois pas que vous connaissiez mon nom, car jamais
vous ne m'avez vu, que je sache. — Ah ! Perceval,
répond le prud'homme, je vous connais bien mieux
que vous ne pensez. Depuis beau temps vous n'avez
rien fait que je ne sache bien mieux que vous. " Quand
Perceval s'entend appeler par son nom il est stupéfait
et se repent de ce qu'il a dit. "Ah sire ! dit-il, pardonnez-
moi mes paroles ! Je croyais que vous ne me connaissiez pas, mais je vois bien que je vous suis plus connu
que vous ne l'êtes de moi. Vous êtes le sage et moi
le sot. "

Perceval s'accoude auprès du prud'homme sur le
rebord de la nef, et ils parlent ensemble de maintes
choses. Perceval trouve le prud'homme si sage qu'il
se demande bien qui il peut être. Tant lui plaît sa
compagnie que s'il était toujours avec lui il n'aurait
plus le désir ni de boire ni de manger. " Sire, lui dit-il,
après qu'ils eurent beaucoup parlé, veuillez m'expliquer
une vision que j'ai eue cette nuit dans mon sommeil,
si redoutable me semble-t-il que je n'aurai de paix
tant que je n'en connaîtrai le fin mot. — Dites-moi, dit
le prud'homme, et je vous instruirai si bien que tout
vous paraîtra clair. — Voici, dit Perceval. Deux dames
sont venues vers moi, l'une montée sur un lion et
l'autre sur un serpent. La dame au lion était jeune,
l'autre vieille, et c'est la plus jeune qui a parlé la première. " Il rapporte les paroles entendues, dont il n'a
rien oublié encore.

" Perceval, dit le prud'homme, la signifiance de ces
deux dames si bizarrement montées est merveilleuse.
Celle qui est montée sur le lion, c'est la Nouvelle
Loi qui sur Jésus-Christ se fonde, et qu'il a fait paraître
aux yeux de tous les chrétiens comme le miroir et la
vraie lumière de tous ceux qui donnent leur cœur à la
Trinité. Le lion est Jésus-Christ, la dame est la foi et
l'espérance, la croyance et le baptême. Elle est la pierre

dure et ferme sur quoi Jésus a dit qu'il bâtirait son
Église, elle est cette Loi que Jésus-Christ soutient
comme le père son enfant. Et il n'est pas étonnant qu'elle
vous ait semblé la plus jeune. Car elle est née dans
la Passion et la Résurrection de Jésus-Christ, quand
l'autre dame avait déjà régné un très long temps sur
la terre. Elle est venue te parler comme à un fils, car
tous les bons chrétiens sont ses enfants, et elle t'a bien
montré qu'elle était ta mère, puisqu'elle a eu si grand'
peur pour toi qu'elle t'as mis en garde contre ce qui
allait t'advenir. Au nom de Jésus-Christ, son seigneur,
elle t'a dit de combattre. Crois-moi, si elle ne t'aimait
pas, elle ne se fût pas souciée de te le dire, ni de l'issue
du combat. Et contre qui, ce combat ? Contre le champion le plus redoutable, celui devant lequel Énoch et
Élie, qui tant furent prud'hommes, ont été ravis à la
terre et portés au ciel, dont ils ne reviendront que le
jour du Jugement pour combattre encore une fois
leur adversaire terrible. C'est l'Ennemi, qui se donne
sans cesse tant de mal qu'il conduit l'homme au péché
mortel, et par conséquent en enfer. Oui, tel est le champion qu'il te faut combattre, et si tu es vaincu tu n'en
seras pas quitte, comme la dame te l'a bien dit, avec
un membre perdu, car tu seras maudit à jamais. Juges-
en par toi-même : si l'Ennemi l'emporte sur toi, il te
perdra corps et âme et te conduira donc en la maison
ténébreuse, en enfer, où tu souffriras honte et martyre
aussi longtemps que durera la puissance de Jésus-Christ.

" Voici donc ce que signifie la dame de ton songe,
celle qui était sur le lion. Comprends-tu maintenant
ce qu'était l'autre ? — Sire, dit Perceval, je n'en connaîtrai la signifiance que si vous me l'expliquez.—
Eh bien ! dit le prud'homme, écoute-moi. Cette dame
au serpent, c'est la Synagogue, la première Loi, qui
fut mise à l'écart aussitôt que Jésus-Christ eut présenté
la Nouvelle Loi. Et le serpent qui la porte, c'est l'Écri-

ture mauvaisement entendue et interprétée, c'est l'hypo-
crisie, l'hérésie, l'iniquité, le péché mortel, c'est l'Ennemi en personne, le serpent qui pour son orgueil fut
chassé du Paradis, le même qui dit à Adam et à sa
compagne : " Mangez de ce fruit et vous serez comme
" Dieu ", insinuant par ces mots la convoitise en leur
cœur. Ils désirèrent une condition plus haute, crurent
l'Ennemi et tombèrent dans le péché, ce qui leur valut
l'exil loin du Paradis. Et leur descendance a sa part de
ce péché, elle l'expie chaque jour. La dame s'est plainte
que tu eusses tué son serpent. Comprends qu'elle ne
pensait pas à celui que tu tuas hier, mais à celui qu'elle
chevauche, c'est-à-dire à l'Ennemi. Et sais-tu où tu
lui as causé ce dommage ? Quand tu fis un signe de
croix, alors que l'Ennemi te portait. Il ne put supporter
cela, il en eut si grand'peur qu'il se crut mort, et en
toute hâte il s'enfuit loin de toi. Alors qu'il croyait
t'avoir capturé, tu as détruit son pouvoir, tu t'es dérobé
à son empire, voilà la cause de sa douleur. Puis elle t'a
requis d'être son vassal, et toi, tu as refusé. Pourtant,
dit-elle, tu l'as été autrefois avant de rendre hommage
à ton Seigneur. Tu as beaucoup pensé à cela aujourd'hui,
Perceval. Mais tu devrais savoir ce que cela signifie :
avant de recevoir le baptême, tu étais au pouvoir de
l'Ennemi. Mais aussitôt que tu as reçu le sceau de
Jésus-Christ, c'est-à-dire le saint chrême et la sainte
onction, tu lui as échappé en rendant hommage à
ton Créateur... Je t'ai tout dit maintenant et je vais
partir car j'ai beaucoup à faire. Toi qui vas demeurer
ici, pense bien au combat que tu vas avoir à
livrer.

— Beau sire, dit Perceval, pourquoi partez-vous si
vite ? Vos paroles me plaisent tant, et votre compagnie,
que jamais je ne voudrais vous quitter. Par Dieu, restez avec moi encore ! — Je dois partir, dit le
prud'homme, car beaucoup d'autres m'attendent.

Prenez garde, que votre adversaire ne vous trouve pas
dégarni, vous l'auriez vite payé ! "

Ayant dit cela il partit. Le vent emporta la nef si
vite qu'en peu d'instants Perceval l'eut perdue de vue.
Il remonta à son rocher, et y retrouva le lion qui lui
fit grand accueil et se laissa caresser.

L'après-midi, Perceval vit venir sur la mer une
autre nef, fendant les flots comme si tous les vents
du monde l'eussent poussée, et précédée d'un tourbil-
lon qui agitait la surface des eaux et rejaillissait si haut
qu'il cachait le navire. Quand enfin il fut tout proche,
Perceval vit qu'il était tendu de draps noirs, de soie
ou de lin, je ne sais. Espérant que ce serait encore le
même prud'homme, il accourut au rivage. Mais il
vit, assise sur le pont du bateau, une demoiselle de
grande beauté et parée des plus somptueux vêtements.

Dès qu'elle le vit, elle se leva et lui dit sans le saluer :
" Perceval, que faites-vous ici ? qui vous amena sur
cette montagne d'où vous ne pouvez être tiré que
par aventure et où vous mourrez de faim et d'ennui ? —
Demoiselle, dit-il, si j'y mourais de faim, je ne serais
pas un loyal serviteur. Car qui sert le Haut Seigneur
auquel je suis, pourvu que ce soit loyalement et de
bon cœur, n'a jamais rien demandé sans l'obtenir.
Lui-même dit que sa porte n'est close à personne; celui
qui y frappe, peut la franchir. Et si on le demande, il ne
se cache pas, mais se laisse trouver aisément. " Quand
elle entendit qu'il citait l'Évangile, elle évita de lui
répondre et le mit sur un autre sujet : " Perceval,
sais-tu d'où je viens ? — Qui vous a appris mon nom ?
fit Perceval. — Je le sais bien, et vous connais mieux
que vous ne pensez. — Et d'où venez-vous ainsi ?
demanda-t-il. — Je viens de la Forêt Gaste, où j'ai vu
la plus merveilleuse aventure du Bon Chevalier. —
Ah ! demoiselle ! parlez-moi du Bon Chevalier, pour
l'amour de ce qui vous est le plus cher au monde. —

Je ne vous dirai point ce que je sais de lui, répondit-elle, si vous ne me promettez sur votre ordre de chevalerie que vous ferez ma volonté à l'instant où je vous l'enjoindrai. " Et il dit qu'il le ferait, s'il pouvait. " Vous en avez assez dit, reprit-elle. Je vous dirai donc la vérité. J'étais naguère en la Forêt Gaste, en plein milieu, du côté où court la grande rivière qu'on appelle Marcoise. Je vis venir le Bon Chevalier, qui en poursuivait deux autres et voulait les tuer. Dans leur peur de mourir, ils se jetèrent à l'eau et réussirent à la passer, mais lui eut moins de chance : son cheval se noya et lui-même n'échappa à la mort qu'en revenant à la rive. Voilà l'aventure du Bon Chevalier que tu voulais savoir. Dis-moi maintenant ce qui t'est arrivé depuis que tu es dans cette île, où tu périras si on ne t'en retire; tu vois bien que nul n'y vient qui te puisse porter secours, et si tu ne veux y mourir, il te faut faire un pacte qui te sauvera. Je suis seule à pouvoir t'emmener d'ici. Donc, si tu es sage, tu feras tout pour me complaire. Car il n'est pire méfait que de pouvoir se sauver et de ne pas le faire.

— Demoiselle, fit Perceval, si je croyais qu'il plût à Notre Seigneur que je m'en allasse d'ici, je m'en irais, mais sinon je ne le veux point. Car il n'est chose au monde que je voulusse faire si je ne pensais qu'elle lui agréât. Autrement j'aurais reçu la chevalerie pour ma perte. — Laissons cela ! fit-elle, et dites-moi plutôt si vous avez mangé aujourd'hui. — Certes, je n'ai mangé aucune nourriture de la terre. Mais un prud'homme est venu me réconforter, qui m'a dit tant de bonnes paroles qu'il m'a rassasié et que je n'aurai plus envie de manger ni de boire tant que je me souviendrai de lui. — Savez-vous, dit-elle, qui il est ? C'est un enchanteur, un multiplieur de paroles qui fait d'un mot cent et ne dit jamais la vérité. Si vous croyez en lui, vous êtes honni, car vous ne sortirez jamais de

cette île, vous y mourrez et serez mangé des bêtes
féroces. Vous en avez assez de signes déjà : il y a deux
nuits et plus de deux jours que vous êtes ici, sans que
celui dont vous parlez vous ait apporté à manger.
Il vous laissera sans secours et ce sera grand dommage
si vous mourez, jeune comme vous êtes, et bon chevalier, et tel que vous pourriez encore beaucoup pour
me plaire, si vous sortiez d'ici comme je vous le propose. "

Perceval répondit : " Demoiselle, qui êtes-vous pour
mettre tant de zèle à me secourir ? — Je suis une demoiselle déshéritée et serais la plus riche du monde si
on ne m'avait frustrée de mon patrimoine. — Demoiselle déshéritée, fit Perceval, dites-moi qui vous
déshérita. Je commence à avoir grande pitié de
vous. — Je vais vous le dire. Jadis, un homme riche
me mit en sa maison pour le servir, et c'était le plus
puissant des rois. J'étais si belle que tout le monde
s'en émerveillait, mais j'en conçus plus d'orgueil que
je n'aurais dû et je dis une parole qui ne lui plut pas.
Il en fut si courroucé que, ne voulant plus souffrir
ma compagnie, il me chassa, pauvre et déshéritée,
et n'eut plus compassion ni de moi ni de quiconque
s'accordait à moi. Ainsi m'exila-t-il en un lieu désert
avec toute ma maison ; il croyait m'avoir vouée à la
pire infortune, mais j'eus assez de sens pour me mettre
en guerre contre lui, et j'ai eu la chance de l'emporter
souvent. Je lui ai ôté une partie de ses gens, qui l'ont
quitté pour me rejoindre, quand ils ont vu quelle belle
compagnie je leur offrais. Tout ce qu'ils me demandent,
je le leur accorde, et davantage encore. Nuit et jour,
je suis en guerre contre lui qui m'a dépouillée. J'ai
rassemblé foule de chevaliers, de sergents, d'hommes
de toute sorte, et il n'y a pas un prud'homme que je
ne sollicite d'être de mon parti. Vous connaissant pour
un bon chevalier, je suis venue vous demander votre

appui. Vous devez me le donner, puisque vous êtes
compagnon de la Table Ronde et qu'ainsi vous ne
pouvez refuser votre soutien à une demoiselle privée
de son patrimoine. Car vous savez bien que le jour où
vous y fûtes mis par le Roi Arthur vous fîtes serment
de venir en aide à toute demoiselle qui vous en requerrait. " Perceval dit qu'en effet il avait prêté ce serment
et qu'il l'aiderait puisqu'elle l'en avait prié. Elle l'en
remercia vivement.

Ils parlèrent longtemps ensemble. Midi vint et l'heure
de none approcha, le soleil était clair et brûlant. La
demoiselle dit à Perceval : " Il y a dans cette nef le
plus somptueux pavillon de soie que vous ayez jamais
vu. Si vous le voulez, je le ferai tendre ici pour que
l'ardeur du soleil ne vous nuise pas. " Il y consentit.
Elle entra dans la nef et fit tendre le pavillon sur la
rive par deux sergents, puis elle dit à Perceval : " Venez
vous reposer jusqu'à ce que la nuit descende, et ôte-
vous de ce soleil qui vous brûle. " Il entra, et s'endormit
aussitôt. Mais auparavant elle l'avait fait désarmer de
son heaume, de son haubert et de son épée, le laissant
en simple tunique.

Après avoir dormi longtemps, il s'éveilla et demanda
à manger ; elle fit apporter une prodigieuse abondance
de mets, et ils se mirent à table tous deux. Quand il
demandait à boire, on emplissait son verre du meilleur
vin et du plus fort qu'il eût jamais bu, et il se demandait
d'où il pouvait provenir. Car en ce temps-là il n'y
avait de vin en Grande-Bretagne que chez les hommes
les plus riches, tandis que le commun des mortels
buvaient de la cervoise ou d'autres boissons qu'ils
préparaient. Perceval but tant qu'il en fut tout échauffé,
et quand il regarda la demoiselle, il se dit qu'il n'existait
pas de beauté qui lui fût comparable. Elle lui plaisait
tant, par sa parure et par ses douces paroles, qu'il
s'enflamma plus qu'il n'aurait dû et se mit à lui parler

de bien des choses, jusqu'à la requérir d'amour, la priant d'être à lui, et lui à elle. Elle s'en défendit tant qu'elle put, parce qu'elle voulait que son désir en devînt encore plus ardent. Il ne cessait de la supplier. Quand elle le vit bien embrasé, elle dit : " Perceval, sachez bien que je ne ferai point votre plaisir si vous ne me promettez d'être à moi désormais, de m'aider contre tous et de ne rien faire que mes commandements. " Il répondit qu'il acceptait de grand cœur. " Me le promettez-vous, dit-elle, en loyal chevalier ? — Oui, dit-il. — Je ferai donc tout ce qui vous plaira. Et sachez vraiment que vous ne m'avez pas désirée autant que je vous désirais. Vous êtes l'un des chevaliers que j'ai le plus vivement voulu avoir pour miens. "

Elle commanda à ses valets de préparer sous le pavillon un lit, le plus beau et le plus riche qu'ils pourront. Ils le firent, puis déchaussèrent la demoiselle et la couchèrent, et Perceval auprès d'elle. Quand il fut étendu à ses côtés et qu'il voulut se couvrir, il vit par hasard, gisant à terre, son épée, que les serviteurs lui avaient ôtée, et il tendit la main pour la prendre. Au moment de l'appuyer contre le lit, il aperçut une croix vermeille entaillée à la garde ; et aussitôt il se souvint de soi-même, et fit le signe de la croix sur son front. Soudain le pavillon se renversa, une fumée et un nuage l'enveloppèrent, si épais qu'il n'y vit plus goutte, avec une telle puanteur de toutes parts qu'il se crut en enfer. Il s'écria alors à haute voix : " Beau doux père Jésus-Christ, ne me laissez pas périr ici, mais secourez-moi par votre grâce ! autrement, je suis perdu. " Et, ouvrant les yeux, il ne vit plus trace du pavillon où il s'était couché. Il se tourna vers le rivage et aperçut, sur sa nef, la demoiselle qui lui dit : " Perceval, vous m'avez trahie ! " Puis le navire prit la mer, poursuivi d'une telle tempête qu'il semblait prêt à s'en aller à la dérive.

tandis que la surface des eaux s'enflammait de tout le feu du monde. Et la nef filait si vite que le vent le plus violent n'eût pu la devancer.

Perceval était triste à mourir. Il suivit la nef des yeux tant qu'il put, lui souhaitant male aventure et pestilence, et quand elle fut hors de sa vue, il dit : " Hélas ! je suis perdu ! " Il tira son épée du fourreau et s'en frappa un coup si rude qu'il se l'enfonça dans la cuisse gauche d'où le sang jaillit à flots. " Beau sire Dieu, s'écria-t-il, c'est mon châtiment pour les méfaits que j'ai commis envers vous. " Il baissa les yeux et se vit tout nu, sauf ses braies ; ses vêtements gisaient d'un côté, ses armes de l'autre. " Las ! chétif ! criait-il, j'ai été le plus vil des hommes, de me laisser mener au point de perdre ce que nul ne peut recouvrer quand il l'a perdu, ma virginité ! " Il retira son épée de sa cuisse pour la remettre au fourreau, mais il était plus fâché de savoir Dieu irrité contre lui que de sa blessure. Il revêtit sa chemise et sa cotte, s'habilla de son mieux, se coucha sur le roc et pria Notre Seigneur de lui faire savoir comment il obtiendrait pitié et miséricorde. Car il se sentait si coupable envers Lui qu'il n'espérait aucun apaisement sans la miséricorde divine. Il demeura toute la journée sur le rivage, sa plaie l'empêchant d'avancer d'un pas. Et il ne cessait de prier Notre Seigneur de lui envoyer un conseil qui fût salutaire à son âme, car il ne souhaitait pas autre chose. " Jamais, beau sire Dieu, disait-il, je ne désirerai m'en aller d'ici, sinon par votre volonté. "

Perceval restait ainsi, perdant beaucoup de sang. Mais quand il vit la nuit venir et l'obscurité descendre sur le monde, il se traîna jusqu'à son haubert, y reposa sa tête, fit le signe de la Vraie Croix sur son front et pria Notre Seigneur de le sauvegarder par sa douce pitié pour que son ennemi, le Diable, n'ait plus le pouvoir de l'induire en tentation. Sa prière finie, il

se mit debout, trancha le pan de sa chemise et étancha
sa plaie. Puis il récita ses oraisons, dont il savait
plusieurs, et attendit la venue du jour. Quand il plut
à Notre Sire d'épandre sa clarté sur la terre et que le
soleil frappa de ses rayons l'endroit où Perceval
était couché, il regarda tout autour de lui et vit d'un
côté la mer, de l'autre le rocher. Il se souvint alors
de l'Ennemi qui, la veille, l'avait possédé, déguisé
en demoiselle, et il se prit à se lamenter, criant qu'il
était perdu si la grâce du Saint-Esprit ne le réconfor-
tait.

Tandis qu'il parlait ainsi, il regarda la mer au loin
vers l'orient et vit venir la nef parée de blanche soie,
celle du prud'homme vêtu en prêtre. Dès qu'il la reconnut, il fut rasséréné par le souvenir des bonnes paroles
du prud'homme et de sa grande sagesse. La nef aborda
et, voyant le prud'homme, Perceval se dressa avec
peine sur son séant pour lui souhaiter la bienvenue.
Le prud'homme descendit à terre et vint s'asseoir
auprès de Perceval, auquel il dit : " Comment te
trouves-tu depuis notre rencontre ? — Misérablement,
sire; il s'en est fallu de peu qu'une demoiselle m'entraînât au péché mortel. " Et il lui raconta son aventure.
Le prud'homme demanda : " La connais-tu ? — Nenni,
sire. Mais je sais bien que l'Ennemi me l'envoya
pour me tromper et me honnir. Et ce fût advenu,
si le signe de la Sainte Croix ne m'eût ramené en mon
bon sens et ma droite mémoire. Dès que je me fus
signé, la demoiselle disparut et je ne l'ai pas revue
Pour l'amour de Dieu, je vous prie de me conseiller;
personne n'en eut jamais plus grand besoin que moi
en ce moment. — Ah ! Perceval ! dit le prud'homme,
tu seras toujours aussi candide ! Ne sais-tu pas qui est
cette demoiselle, puisque le signe de la Croix t'en a
délivré ? — Certes, je ne le sais pas bien, et je vous
prie de me dire de quel pays elle vient, qui est cet

homme puissant qui l'a déshéritée et contre qui elle
requérait mon aide ? — Je te le dirai, répondit le
prud'homme. Écoute bien

” La demoiselle est l'Ennemi lui-même, le maître
d'enfer, celui qui a pouvoir sur tous les autres. Il est
vrai que jadis il fut au ciel de la compagnie des anges,
si beau qu'il prit orgueil de sa beauté et voulut se faire
pareil à la Trinité, disant : “ Je monterai au faîte
” et serai semblable au Beau Seigneur. ” Mais dès
qu'il eut parlé ainsi, Notre Sire, qui ne voulait pas que
sa demeure fût souillée du venin d'orgueil, le précipita du haut siège où il l'avait mis jusqu'à la maison
ténébreuse qu'on appelle l'enfer. Quand il se vit
ainsi abaissé de sa hautesse et plongé dans la nuit
éternelle, il délibéra de guerroyer contre celui qui
l'avait châtié. Mais il n'en trouva pas aisément le moyen.
A la fin, il s'aboucha avec la femme d'Adam, la
première femme de l'humain lignage ; il la guetta
et la dupa si bien qu'il la contamina du péché mortel
pour lequel il avait été jeté hors de la grande gloire
céleste, c'est-à-dire de convoitise. Il l'incita déloyalement à cueillir le mortel fruit de l'arbre qui lui avait
été défendu par la bouche du Créateur. Elle en mangea
et en donna à manger à Adam son maître, en sorte
que tous leurs héritiers s'en ressentent mortellement.
L'Ennemi qui l'y poussa, c'était le serpent que tu vis
avant-hier, chevauché par la vieille dame, et c'était
encore la demoiselle qui vint te voir hier. Quand elle
t'a dit qu'elle guerroyait nuit et jour, elle a dit vrai,
tu le sais toi-même ; car il n'est pas d'instant où elle
ne guette les chevaliers de Jésus-Christ, les prud'-
hommes et les serviteurs, en qui est hébergé le Saint-
Esprit.

” Quand elle t'eut gagné par ses paroles mensong-
ères, elle fit tendre son pavillon et te dit : “ Perceval,
” viens te reposer jusqu'à ce que la nuit descende,

" et ôte-toi de ce soleil qui te brûle. " Ces paroles
ne sont pas sans une grande signifiance, et elle entendait bien autre chose que ce que tu pus entendre.
Le pavillon, qui était rond à la manière de l'univers,
représente le monde, qui ne sera jamais sans péché;
et parce que le péché y habite toujours, elle ne voulait
pas que tu fusses logé ailleurs. En te disant de t'asseoir
et de te reposer, elle signifiait que tu sois oisif et nour-
risses ton corps de gourmandises terrestres. Elle te
décourageait de travailler en ce monde et de semer la
graine que les prud'hommes doivent récolter un
jour, qui sera le jour du Jugement. Elle te pria de te
reposer jusqu'à ce que la nuit vienne, c'est-à-dire
jusqu'à ce que te surprenne la mort, qui est justement
appelée nuit quand elle trouve l'homme en état de
péché mortel. Elle t'appelait, prétendant que le soleil
allait te brûler, et il n'est point surprenant qu'elle
l'ait craint. Car quand le soleil, par quoi nous entendons
Jésus-Christ, la vraie lumière, embrase l'homme
du feu du Saint-Esprit, le froid et le gel de l'Ennemi
ne peuvent plus lui faire grand mal, son cœur étant
fixé sur le grand soleil. Je t'en ai assez dit pour que tu
saches qui est cette dame, et qu'elle vint pour ton dommage plutôt que pour ton bien.

— Sire, dit Perceval, je comprends qu'elle est
ce champion que je dois combattre. — Tu dis vrai.
Or, comment l'as-tu combattu ? — Très mal, sire.
Et j'eusse été vaincu, si la grâce du Saint-Esprit ne
m'eût empêché de périr. — Quoi qu'il en soit, dit le
prud'homme, garde-toi désormais. Si tu succombais
encore, tu ne trouverais personne pour te sauvegarder
comme la première fois. "

Le prud'homme parla longtemps, admonestant
Perceval et lui disant que Dieu ne l'oublierait pas,
mais lui enverrait bientôt secours. Puis il lui demanda
des nouvelles de sa plaie. " Depuis que vous êtes

arrivé, dit Perceval, je n'ai pas senti plus de douleur que si je n'étais pas blessé. Vos paroles et votre vue me donnent une telle douceur et un tel soulagement de mes membres, que je crois que vous êtes un esprit plutôt que créature terrestre. Je suis certain que, si vous demeuriez toujours avec moi, je n'aurais jamais ni faim ni soif; et si je l'osais, je dirais que vous êtes le Pain de vie qui descend des cieux, dont nul ne mange dignement qu'il ne reçoive la vie éternelle. "

Dès qu'il eut prononcé ces mots, le prud'homme disparut, sans qu'on sût comment, et une voix dit : " Perceval, tu as vaincu et tu es sauvé. Entre dans cette nef et va où te mènera l'aventure. Ne t'effraie de rien, car, en quelque lieu que tu ailles, Dieu te conduira. Bientôt tu verras ceux de tes compagnons que tu désires tant retrouver, Bohort et Galaad. "

Perceval eut une grande joie au cœur, et, tendant les mains vers le ciel, il remercia Notre Seigneur de tant de bien qui lui advenait. Puis il s'arma et entra dans la nef, qui prit la mer et s'éloigna du rocher dès que le vent eut frappé ses voiles.

Mais ici le conte cesse de parler de Perceval, et revient à Lancelot, qui était resté chez le prud'homme dont il avait si bien appris le sens des trois paroles entendues dans la chapelle.

Aventures de Lancelot

Le conte dit que le prud'homme garda Lancelot trois jours auprès de lui, l'admonestant de bien faire tant qu'il fut en sa compagnie, et lui disant :

" Certes, Lancelot, vous irez bien vainement en cette Quête, si vous n'êtes attentif à vous abstenir de péché mortel, comme à retirer votre cœur des pensées terrestres et des délices du monde. Sachez bien que votre chevalerie ne vous y sera de nul secours, si le Saint-Esprit ne vous montre la voie en toutes les aventures que vous trouverez. Vous n'ignorez pas, en effet, que la Quête est entreprise pour connaître quelque chose des merveilles du Saint-Graal, que Notre Sire a promises au Vrai Chevalier, à celui dont la bonté et la prouesse surpasseront tous ceux qui furent avant lui ou qui viendront après lui. Ce chevalier, vous l'avez vu, le jour de la Pentecôte, au Siège Périlleux de la Table Ronde, auquel nul ne s'était assis qu'il n'en mourût. C'est le grand homme qui sera en son vivant le modèle de toute chevalerie terrienne. Et quand il aura tant fait qu'il ne sera plus terrien, mais spirituel, il laissera l'habit d'ici et entrera en la céleste chevalerie. C'est là ce qu'a prédit Merlin, qui connaissait beaucoup de choses à venir. Toutefois, si vrai soit-il que ce chevalier a en lui plus de prouesse et de vaillance qu'aucun autre, sachez bien ceci : s'il se laissait induire en péché mortel (ce dont Notre Sire le garde en Sa miséricorde !) il n'accomplirait pas davantage en la Quête que le plus simple chevalier.

Ce service où vous êtes entré n'appartient point aux choses de la terre, mais du ciel. Aussi bien celui qui veut s'y engager et y atteindre quelque perfection, doit-il auparavant se purger de toute ordure terrestre, afin que l'Ennemi n'ait plus en lui aucune part. Il ne pourra se ranger à ce noble service qu'une fois qu'il aura renié l'Ennemi et purifié son cœur du péché. Mais s'il est de si pauvre et faible croyance qu'il pense faire davantage par son propre courage que par la grâce de Notre Seigneur, il ne s'en tirera qu'à sa honte et ne fera rien qui vaille. "

Ainsi parla le prud'homme, et il garda Lancelot trois jours auprès de lui. Lancelot se jugea très heureux que Dieu l'eût mené à ce sage dont les enseignements étaient si bons qu'il espérait en être amendé pour le reste de sa vie.

Quand le quatrième jour arriva, le prud'homme manda à son frère de lui envoyer armes et cheval. Et celui-ci le fit débonnairement. Le cinquième jour, Lancelot ouït la messe, puis il s'arma, monta à cheval, et quitta le prud'homme en pleurant et le suppliant de prier Notre Sire qu'il ne l'oubliât pas tant que de le laisser retomber à sa première infortune. Le prud'homme le lui promit.

Lancelot chevaucha dans la forêt jusqu'à l'heure de prime. Il rencontra alors un valet qui lui demanda : " Sire chevalier, d'où êtes-vous ? — Je suis, dit-il, de la maison du Roi Arthur. — Et quel est votre nom ? " Il dit qu'il se nommait Lancelot du Lac. " Lancelot, reprit le valet, ce n'est pas vous que je cherchais ; car vous êtes un des plus malheureux chevaliers du monde. — Bel ami, fit Lancelot, comment le savez-vous ? — Je le sais fort bien. N'êtes-vous pas celui qui vit le Saint-Graal venir devant lui et opérer un miracle, mais qui à cette vue ne bougea pas plus qu'un mécréant ? — Oui, dit Lancelot, je l'ai vu et je n'ai pas bougé, il m'en pèse fort. — Ce n'est pas merveille, reprit le valet. Car vous avez démontré que vous n'étiez ni prud'homme ni vrai chevalier, mais déloyal et mécréant. Et puisque vous n'avez pas voulu lui faire honneur, ne vous étonnez pas si honte vous en advient en la Quête où vous êtes entré. Ah ! pauvre failli, vous pouvez bien avoir grande tristesse, vous qui passiez pour le meilleur chevalier du monde et qui en êtes tenu maintenant pour le pire ! "

Lancelot ne savait que répondre, car il se sentait coupable du forfait dont on l'accusait. Il dit toutefois : " Bel ami, dis-moi ce que tu voudras, je t'écouterai. Un chevalier ne doit pas se courroucer de ce que lui dit un valet, si ce n'est trop grande injustice. — Il faut bien que vous m'entendiez, fit le valet, et vous ne pouvez plus espérer autre profit. Vous fûtes la fleur de la chevalerie terrienne ! Chétif ! vous voilà bien enfantômé par celle qui ne vous aime ni ne vous estime ! Elle vous a si bien séduit que vous avez perdu la joie des cieux, la compagnie des anges, les honneurs de la terre, et que vous en êtes à subir toute honte ! " Lancelot ne répondit rien, si affligé qu'il eût voulu mourir. Le valet, cependant, l'injuriait et l'offensait de toutes les vilenies possibles. Lancelot l'écoutait dans une telle confusion qu'il n'osait lever les yeux sur lui. Quand le valet fut las de parler et comprit qu'il n'obtiendrait aucune réponse, il poursuivit sa route. Sans le regarder, Lancelot marchait, pleurant et priant Notre Seigneur de le ramener sur une voie qui fût profitable à son âme. Il voyait bien qu'il avait commis tant de méfaits en ce monde, et tant failli à son Créateur, qu'il ne serait jamais pardonné sinon par la très grande miséricorde de Notre Sire. Et il en venait à aimer la voie nouvelle plus qu'il n'avait jamais aimé la voie de naguère.

Lorsqu'il eut chevauché jusqu'à midi, il vit une

petite maison en dehors du chemin, et, reconnaissant un ermitage, il s'y dirigea. Il y trouva une petite
chapelle, à l'entrée de laquelle était assis un vieillard,
vêtu d'une robe blanche à la manière d'un homme de
religion, qui se lamentait et disait : " Beau Sire Dieu,
pourquoi avez-vous permis cela ? Il vous avait servi
si longtemps et avec tant de zèle ! " En le voyant
pleurer si tendrement, Lancelot prit pitié du
prud'homme et le salua : " Sire Dieu vous garde ! —
Dieu le fasse, sire chevalier. Car s'il ne me garde de
près, je crains fort que l'Ennemi ne me surprenne
aisément. Et que Dieu vous retire du péché où vous
êtes; certes vous êtes plus mal en point qu'aucun
chevalier que je sache. "

A ces paroles, Lancelot met pied à terre, décidé
à ne pas repartir aujourd'hui et à prendre conseil
de ce prud'homme qui paraît si bien le connaître.
Il attache son cheval à un arbre et, en s'avançant,
il voit qu'à l'entrée du moutier gît un vieil homme,
mort semble-t-il, vêtu d'une fine chemise blanche;
et auprès de lui il y a une haire aux pointes acérées.
Lancelot, tout surpris, demande au prud'homme
comment ce vieillard est mort. Et celui-ci répond :
" Sire chevalier, je ne sais; mais je vois bien qu'il
n'est pas mort selon Dieu et selon l'ordre. Nul ne
peut mourir en ce vêtement que vous lui voyez, s'il
n'a enfreint la religion; c'est donc l'Ennemi qui lui
a donné l'assaut dont il est mort. Et c'est grand dommage, car voici plus de trente ans qu'il est au service
de Notre Seigneur. — Par Dieu, fait Lancelot, c'est
vraiment pitié qu'il ait ainsi perdu son long service
et se soit laissé surprendre par l'Ennemi à cet âge. "

Le prud'homme alors entre dans la chapelle, y
prend un livre et une étole qu'il met à son cou, puis
revient et commence à conjurer l'Ennemi. Après avoir
beaucoup lu et conjuré, il lève les yeux; l'Ennemi est

devant lui, si laid à voir que le cœur le plus vaillant
en serait pris de peur. " Tu me tourmentes trop,
dit l'Ennemi; me voici, que me veux-tu ? — Je veux
que tu me dises comment mon compagnon est mort,
et s'il est perdu ou sauvé. " L'Ennemi dit alors d'une
voix épouvantable : " Il n'est pas perdu, mais sauvé.
— Comment cela serait-il ? répond le prud'homme.
Je crois que tu mens. Notre ordre défend, en effet,
que personne de nous revête une chemise de lin.
Et mourir en transgressant la règle ne me semble
pas être bien. — Je vais t'expliquer, dit l'Ennemi,
ce qui est advenu. Tu sais qu'il est gentilhomme,
de haut lignage, et qu'il a encore neveux et nièces
en ce pays. Or un beau jour le comte du Val se mit
en guerre contre un de ses neveux, nommé Agaran.
Celui-ci, se voyant le plus faible, vint consulter son
oncle et le prier très tendrement de quitter son ermitage pour soutenir cette guerre à ses côtés contre le
comte. L'ermite revint alors à son ancien métier, qui
fut de porter les armes; il assembla toute sa parenté et fit
montre de telle prouesse qu'au troisième jour le comte
fut pris; la paix se fit entre Agaran et le comte qui
donna la promesse de ne pas recommencer cette guerre.

" Le prud'homme, une fois la paix conclue, revint
à son ermitage et reprit le service de Dieu auquel
il s'adonnait depuis si longtemps. Mais le comte,
qui savait qu'il avait été déconfit par lui, pria deux
de ses neveux de le venger. Ils le promirent, et quand
ils mirent pied à terre devant cette chapelle, ils virent
que l'ermite disait sa messe. Ils n'osèrent l'assaillir
à ce moment-là, mais résolurent d'attendre qu'il sortît,
et tendirent un pavillon ici même. Lorsque, sa messe
finie, l'ermite parut, ils lui dirent qu'il était un homme
mort. Se saisissant de lui, ils tirèrent leurs épées.
Mais quand ils voulurent lui couper la tête, Celui
qu'il avait toujours servi opéra tel miracle que leurs

coups ne lui firent aucun mal; quoiqu'il n'eût sur lui
que sa robe, leurs épées rebondissaient et s'ébréchaient
comme s'ils eussent frappé sur une enclume. Ils se
lassèrent de frapper avant qu'une goutte de sang eût
coulé de lui.

" Lorsqu'ils virent cela, ils devinrent fous de rage.
Ils apportèrent une pierre à briquet et allumèrent un
feu pour le brûler vif, disant qu'il ne pourrait résister
à la flamme. Ils le mirent nu et lui ôtèrent la haire
que vous voyez là. L'ermite en fut tout honteux
et les supplia de lui donner un vêtement pour qu'il
ne se vît pas en cette indignité. Ces cruels félons
répondirent qu'il n'aurait plus jamais ni linge ni robe,
mais mourrait ainsi. L'ermite alors se prit à sourire et
à dire : " Croyez-vous que je puisse mourir de ce feu
" que vous m'avez apprêté ? — Vous en mourrez,
" dirent-ils. — Certes, reprit-il, s'il plaît à Notre
" Seigneur que je meure, je mourrai volontiers.
" Mais ce sera plus par la volonté de Notre Seigneur
" que par le feu; car ce feu n'aura pas le pouvoir
" de brûler un seul de mes poils, et il n'y a pas au
" monde chemise si fine, si je la revêtais, qui ne
" résistât à la flamme. " Ils tinrent tout cela pour
une fable, mais l'un d'eux dit que l'on verrait bien
si c'était vrai. Il ôta sa chemise et la fit revêtir à l'ermite;
puis ils le jetèrent dans le feu qu'ils avaient fait si grand
qu'il dura depuis hier matin jusqu'à hier soir   très
tard. Quand il s'éteignit, ils trouvèrent bien l'ermite
mort; mais sa chair était nette et intacte comme vous
la voyez, et la chemise n'était pas entamée. En voyant
cela, ils furent épouvantés; ils le tirèrent des cendres
et le mirent ici, sa haire auprès de lui, puis ils s'en
allèrent. Par ce miracle que Celui qu'il servait a fait
pour lui, vous pouvez voir qu'il n'est pas perdu, mais
sauvé. Mais je m'en irai, maintenant que je t'ai expliqué
ce que tu me demandais. "

Aussitôt il s'en alla, abattant les arbres devant lui
et faisant la plus grande tempête du monde, à tel point
qu'il semblait que tous les Ennemis infernaux fussent
parmi la forêt.

A l'ouïe de ce récit, le prud'homme se sentit plus
joyeux. Après avoir enfermé le livre et l'étole, il
s'approcha du corps et se mit à le baiser, disant à
Lancelot : " Par ma foi, sire, Notre Seigneur a fait
beau miracle pour cet homme que je croyais mort en
péché mortel. Il n'en est rien. Dieu merci, mais il est
sauvé comme vous avez pu l'entendre vous-même. —
Sire, dit Lancelot, qui est celui qui vous a si longuement parlé ? Je n'ai point vu son corps, mais j'ai bien
entendu sa voix, si laide et si épouvantable que personne ne pourrait l'ouïr sans trembler. — Sire, dit le
prud'homme, on peut bien en avoir peur, et il n'est rien
qui soit aussi redoutable, car c'est celui qui conseille
aux hommes de se perdre corps et âme. " Lancelot
sut bien de qui on lui parlait ainsi.

Le prud'homme le pria de lui faire compagnie pour
veiller le corps, et de l'aider le lendemain à l'enterrer.
Lancelot accepta volontiers, tout joyeux que Dieu
lui donnât occasion de servir le corps d'un homme
aussi saint.

Il ôta ses armes, les mit dans la chapelle, dessella
son cheval et vint tenir compagnie au prud'homme.
Lorsqu'ils furent assis côte à côte, celui-ci lui demanda :
" Sire, n'êtes-vous pas Lancelot du Lac ? — Oui. — Et
qu'allez-vous quérant, armé comme vous l'êtes ? —
Sire, je vais avec mes compagnons quérir les aventures
du Saint-Graal. — Certes, dit le prud'homme, vous
pouvez les quérir, mais à les trouver vous avez failli.
Si le Saint-Graal paraissait devant vous, je ne crois
pas que vous le puissiez voir mieux qu'un aveugle
ne verrait une épée placée devant ses yeux. Néanmoins
bien des gens sont restés longtemps en ténèbres de

péché et en obscurité, que Notre Sire rappela
ensuite à la vraie lumière dès qu'Il vit que leur cœur le
désirait. Notre Sire n'est pas lent à secourir son pécheur :
aussitôt qu'Il le voit se tourner vers Lui, de cœur ou
de pensée, ou par quelque bonne œuvre, Il vient le
visiter. Et si celui-ci a nettoyé et garni son hôtel comme
les pécheurs doivent le faire, Notre Sire descend et
repose en lui; et le pécheur n'a point à craindre qu'Il
ne s'en aille, à moins que Lui-même ne le chasse de
son hôtel. Mais si le pécheur y appelle un autre qui
soit contraire à Notre Sire, Il n'y peut demeurer et
s'en va, puisqu'on accueille celui qui toujours Lui
fait la guerre.

" Lancelot, je te parle ainsi à cause de la vie que tu
as si longtemps menée, depuis que tu tombas en péché,
c'est-à-dire depuis que tu reçus l'ordre de chevalerie.
Avant de le recevoir, tu avais hébergé en toi toutes
les bonnes vertus, si naturellement que je ne sais nul
jeune homme qui fût ton pareil. En premier lieu, tu
hébergeais la virginité que tu n'avais enfreinte ni de
désir ni d'acte. Même de désir tu ne l'avais jamais
enfreinte; mainte fois, pensant à la vilenie de la faute
charnelle, tu crachas de dépit, disant que jamais tu ne
tomberais en cette infortune. Et tu affirmais alors qu'il
n'y avait pas de plus haute chevalerie que d'être vierge,
d'éviter la luxure et de garder son corps net.

" Après cette si haute vertu, tu avais aussi l'humilité.
L'humilité va doucement, la tête penchée. Elle ne fait
pas comme le Pharisien qui disait dans sa prière au
temple : " Beau Sire Dieu, je te rends grâces de ce que
" je ne suis pas aussi mauvais et déloyal que mes voi-
" sins. " Tu n'étais pas ainsi, mais tu ressemblais au
publicain qui n'osait regarder l'image, de peur que
Dieu ne s'irritât contre lui parce qu'il était trop grand
pécheur; il restait loin de l'autel et battait sa coulpe,
disant : " Beau Sire Dieu Jésus-Christ, ayez pitié

" de ce pécheur ". Ainsi doit se comporter qui veut accomplir les œuvres d'humilité. Ainsi faisais-tu quand tu étais damoiseau, car tu aimais et craignais ton Créateur plus que tout, et tu disais que l'on ne devait redouter nulle chose terrestre, mais seulement celui qui peut détruire corps et âme et nous bouter en enfer.

" Après ces deux vertus, tu avais en toi la patience. Patience est semblable à l'émeraude, qui reste toujours verte. Car la patience ne sera jamais si fortement tentée qu'elle puisse être vaincue; elle est toujours verdoyante et de même force, et nul ne la combat qu'elle n'en remporte la victoire et l'honneur. On ne peut mieux vaincre l'Ennemi que par la patience. Quelque péché que tu fisses, tu savais bien en ta pensée que cette vertu était naturellement hébergée en toi.

" Et il y en avait une autre encore que tu hébergeais comme si elle t'était venue de nature : c'était la droiture. Vertu si puissante que par elle toutes choses sont maintenues en leur juste lieu, et qu'elle ne change jamais, et qu'elle rend à chacun selon ses mérites. Droiture ne donne à personne par amour, n'ôte à personne par haine, n'épargne ni ami ni parent; elle s'en va toujours selon la ligne droite dont elle ne dévie point, quoi qu'il advienne.

" Et tu avais encore en toi la charité, si hautement hébergée que c'en était merveille. Si tu avais eu entre les mains toutes les richesses du monde, tu n'aurais pas hésité à les donner pour l'amour de ton Créateur. En ce temps-là, le feu du Saint-Esprit était en toi chaud et ardent; tu te montrais de cœur et d'âme attentif à conserver ce que t'avaient prêté ces vertus.

" Ainsi pourvu de toutes bontés et vertus terriennes, tu entras dans le grand ordre de chevalerie. Mais quand l'Ennemi, qui pour la première fois avait mené l'homme au péché et à la damnation, te vit si bien armé de toute part, il eut peur de ne pouvoir te surprendre. Cependant il voyait clairement que ce lui serait grand profit s'il pouvait te débouter d'un seul de ces points où tu te tenais ferme. Il comprenait que tu étais fait pour le service de Notre Seigneur, et parvenu à un si haut degré que jamais tu ne devais t'abaisser au service de l'Ennemi; il craignait de t'assaillir, parce qu'il pensait y perdre sa peine; et il se demandait comment il pourrait te séduire. Finalement, il fut d'avis que par une femme, mieux que par aucune autre chose, il te mènerait à commettre péché mortel : c'est par une femme que fut trompé notre premier père, et Salomon le plus sage des hommes, et Samson le plus fort, et Absalon, fils de David, le plus beau de la terre. Et l'Ennemi se dit : puisque tous ils en ont été séduits et honnis, je ne pense pas que cet enfant y fasse meilleure résistance.

" Il entra en la reine Guenièvre, qui ne s'était pas bien confessée depuis son mariage, et la poussa à te regarder avec plaisir tant que tu fus en sa maison le jour où tu fus fait chevalier. Quand tu vis qu'elle te regardait, tu y songeas, et à cet instant l'Ennemi te frappa d'un de ses dards si rudement qu'il te fit chanceler. Chanceler de telle sorte que tu quittas la droite voie pour entrer en celle que tu n'avais jamais connue. Ce fut la voie de luxure, la voie qui gâte corps et âme, d'une façon qu'on ignore si on ne l'a pas éprouvée. Dès lors, l'Ennemi te priva de toute clairvoyance. Aussitôt que tes yeux furent échauffés de l'ardeur de luxure, tu chassas l'humilité pour accueillir l'orgueil; tu allas tête haute, fier comme un lion; tu pensas secrètement que tu ne ferais plus cas de rien, tant que tu ne pourrais faire ta volonté de celle qui te semblait si belle. Quand l'Ennemi, qui entend toute parole à peine la bouche l'a-t-elle prononcée, connut que tu péchais mortellement en pensée et en désir, il entra tout entier en toi et en fit partir Celui que tu avais si longtemps hébergé.

" Ainsi te perdit Notre Sire, qui t'avait nourri,
élevé, paré de tant de vertus et pris à son service. Il te
croyait son serviteur, mais tu le quittas et au lieu d'être
sergent de Jésus-Christ, comme tu l'aurais dû, tu
devins sergent du diable; et tu mis en toi autant de
vertus de l'Ennemi que Notre Sire t'en avait donné
des siennes. Au lieu de virginité et chasteté, tu hébergeas
luxure qui les confond toutes deux; au lieu d'humilité,
tu accueillis orgueil, n'estimant plus personne hors
toi-même. Et tu chassas toutes les autres vertus pour
recevoir leurs contraires. Pourtant Notre Sire t'avait
donné telle abondance de bien qu'il devait en demeurer
quelque chose. C'est par ce demeurant que tu as accompli ces grandes prouesses en terres lointaines, dont
tout le monde parle. Songe à ce que tu eusses pu faire
encore, si tu avais conservé toutes les vertus que Notre
Sire mit en toi. Tu n'eusses pas failli à achever les aventures du Saint-Graal, dont tous les chevaliers sont en
peine aujourd'hui; tu en eusses mené à bonne fin une
plus grande part qu'aucun autre, hors le Vrai Chevalier.
Tes yeux ne seraient pas aveuglés devant la face de
ton Seigneur, mais tu le verrais à découvert. Et je
t'ai dit tout cela parce que je suis affligé; car je te vois
si maudit que jamais tu ne seras honoré nulle part,
mais tu subiras l'injure de quiconque saura la vérité
de ce qui t'advint en la Quête.

" Et néanmoins, tu ne t'es pas tellement égaré que
tu ne puisses obtenir ton pardon, si tu cries merci de
bon cœur à Celui qui t'avait si bien doté pour son service. Si tu ne le fais pas de bon cœur, tu n'avanceras
guère en la Quête. Sache bien que nul ne s'en tirera
sans honte s'il ne s'est vraiment confessé. La Quête
n'est pas de choses terriennes, mais célestes; et qui
veut entrer au ciel avec ses souillures, en est rejeté si
rudement qu'il s'en souvient pour la vie. De même,
ceux qui sont entrés en cette Quête souillés et maculés

des vices terrestres, n'y sauront tenir ni route ni sentier, mais erreront sans but par les terres lointaines. Ainsi est advenue la semblance de l'Évangile, là où il est écrit :

" Il y eut jadis un riche prud'homme, qui s'apprê-
" tant à célébrer des noces, y convia ses amis, ses
" parents et ses voisins. Quand les tables furent mises,
" il envoya ses messagers à ceux qu'il avait conviés,
" et leur manda de venir, car tout était prêt. Les invités
" tardèrent et demeurèrent tant que le prud'homme
" s'ennuya. Lorsqu'il vit qu'ils ne viendraient pas, il dit
" à ses gens : " Allez parmi les rues et les chemins,
" et dites à tous, citoyens et étrangers, pauvres et
" riches, de venir manger, car les tables sont mises et
" tout est prêt. " Ils firent le commandement de leur
" Seigneur et amenèrent tant de monde que la maison
" fut pleine. Lorsque tous furent assis, le seigneur les
" regarda et vit un homme qui n'était pas vêtu d'une
" robe de noces. Il vint à lui et dit : " Bel ami, que venez-
" vous faire céans ? — Sire, j'y suis venu comme les
" autres. — Non point, fit le seigneur, car ils sont venus
" pleins de joie et vêtus comme on doit l'être pour les
" noces, tandis que vous n'avez apporté nulle chose
" qui convienne à la fête. " Il le fit jeter hors de sa
" maison et dit, de façon à être entendu de tous, qu'il
" avait invité dix fois plus de gens qu'il n'en était venu.
" Par quoi l'on peut voir qu'il y a beaucoup d'appelés
" et peu d'élus. "

" Cette semblance de l'Évangile, nous pouvons la voir en cette Quête. Car par les noces nous entendrons la table du Saint-Graal, où mangeront les vrais chevaliers, ceux que Notre Seigneur trouvera vêtus de la robe de noces, c'est-à-dire des grâces et bonnes vertus que Dieu prête à ses serviteurs. Mais ceux qu'Il trouvera dénués de vraie confession, Il les fera jeter hors de la compagnie, de sorte qu'ils en auront autant de vergogne que les autres en recevront d'honneur. "

Le prud'homme se tut. Il regarda longuement Lancelot qui pleurait aussi cruellement que s'il eût vu morte devant lui la personne qu'il aimait le plus au monde. Puis il demanda s'il s'était confessé depuis qu'il était entré en la Quête; il répondit tout bas : " Oui. " Puis il raconta tout, et les trois paroles qu'on lui avait expliquées, et leur signifiance. L'ayant entendu, le prud'homme dit : " Lancelot, sur la foi chrétienne que tu as, et sur l'ordre de chevalerie que tu reçus il y a longtemps déjà, je te requiers de me dire quelle vie te plaît mieux : ou celle que tu eus jadis, ou celle où tu es entré récemment ? — Sire, sur mon Créateur je vous dis que cette nouvelle existence me plaît cent fois mieux que ne fit jamais l'autre, et que je voudrais, quoi qu'il arrive, n'en pas sortir tant que je vivrai. — N'aie donc aucune crainte, dit le prud'homme. Si Notre Sire voit que tu lui demandes pardon de bon cœur, Il t'enverra tant de grâces que tu seras Son temple et Son hôtel et qu'Il s'hébergera en toi. "

Ils passèrent le jour à s'entretenir ainsi. Quand la nuit fut venue, ils mangèrent du pain et burent de la cervoise qu'ils trouvèrent à l'ermitage, puis allèrent se coucher auprès du corps. Mais ils ne dormirent guère, car ils pensaient aux choses du ciel plus qu'à celles de la terre. Au matin, quand le prud'homme eut enterré le corps devant l'autel, il pénétra dans l'ermitage, disant qu'il n'en sortirait de sa vie, mais y resterait à servir son Seigneur. Lorsqu'il vit Lancelot prendre ses armes, il lui dit : " Lancelot, au nom de la sainte pénitence, je vous commande de porter désormais la haire de ce mort. Il vous en adviendra tant de bien que jamais, si vous l'avez sur vous, vous ne pécherez mortellement ; et cela vous donnera grande assurance. Je vous commande aussi, tant que vous serez en cette Quête, de ne manger chair ni boire vin, et d'aller tous les jours à l'église ouïr l'office de Notre Seigneur, si vous êtes en un lieu où vous le puissiez faire. " Lancelot agréa ce commandement en guise de pénitence; il se dévêtit devant le prud'homme et reçut la discipline de bon cœur. Puis, prenant la haire qui était fort rude et aiguë, il la mit sur son dos et vêtit sa robe par-dessus. Une fois armé et monté en selle, il demanda son congé au prud'homme, qui le lui donna volontiers, mais le pria encore de bien agir, et de se confesser chaque semaine, afin que l'Ennemi n'eût pouvoir de lui méfaire. Lancelot le promit, puis s'en alla, chevauchant parmi la forêt toute la journée, jusqu'à l'heure des vêpres, sans trouver aventure qui doive être narrée.

Après vêpres, il rencontra une demoiselle montée sur un palefroi blanc, qui s'en venait à vive allure. Dès qu'elle l'aperçut, elle le salua et dit : " Sire chevalier, où allez-vous ? — Demoiselle, je ne sais, sinon où aventure me mènera. Car je ne sais trop où je pourrai trouver ce que je cherche. — Je sais, fit-elle, ce que vous cherchez. Vous en fûtes jadis plus proche que maintenant, et toutefois vous en êtes plus proche que vous ne fûtes jamais, si vous demeurez en vos promesses. — Demoiselle, les deux paroles que vous me dites, me semblent contraires. — Ne vous en tourmentez pas, fit-elle, vous le verrez mieux encore que vous ne le voyez, et je ne vous ai rien dit que vous ne deviez bien entendre un jour. "

Elle voulut s'éloigner, mais Lancelot lui demanda encore où il pourrait loger ce soir-là. " Vous ne trouverez point de gîte aujourd'hui, répondit-elle ; mais demain vous aurez ce qu'il vous faudra et recevrez le secours dont vous vous inquiétez. " L'un l'autre ils se recommandèrent à Dieu avant de se séparer.

Lancelot s'enfonça dans les bois et le soir le surprit à la fourche de deux chemins dont une croix de bois marquait le carrefour. Il fut tout joyeux de voir une

croix et déclara que, pour cette nuit, là serait son gîte.
Ayant mis pied à terre, il ôta à son cheval le mors et
la selle, pour le laisser paître. Puis il quitta son écu et
son heaume et s'agenouilla au pied de la croix pour
dire ses oraisons; il pria Celui qui fut mis en la Croix,
et en l'honneur et souvenir de qui cette croix avait
été plantée là, de le garder du péché mortel. Car il ne
redoutait rien tant que d'y retomber.

Après avoir prié longtemps, il s'appuya à une pierre
qui était au pied du crucifix. Le sommeil le prenait
après les fatigues du jeûne et de la veille, aussi ne tarda-
t-il pas à s'endormir. Il crut alors voir venir un homme
tout environné d'étoiles, qui était suivi de sept rois
et de deux chevaliers, et qui portait sur la tête une couronne d'or. Ils s'arrêtèrent auprès de Lancelot pour
adorer la croix et faire acte de contrition. Lorsqu'ils
eurent été longtemps agenouillés, ils s'assirent,
levèrent les mains vers le ciel et dirent tous ensemble
à haute voix : " Père des cieux, viens nous visiter et
rends à chacun de nous selon ses mérites; mets-nous
en ta maison où nous désirons tant entrer. " Puis ils
se turent. Lancelot leva les yeux au ciel; il vit les nues
s'ouvrir et un homme en sortir, entouré d'une grande
compagnie d'anges; il descendait sur les chevaliers,
donnant à chacun sa bénédiction, les proclamant bons
et loyaux serviteurs, et disant : " Ma maison est prête
à vous accueillir tous; entrez dans la joie qui jamais ne
vous manquera. " Puis il s'approcha de l'aîné des deux
chevaliers et lui dit : " Va-t'en d'ici ! car j'ai perdu tout
ce que je t'avais confié. Tu n'as pas été pour moi un
fils, mais un fillâtre, non pas un ami, mais un adversaire. Je te confondrai, si tu ne me rends mon trésor. "
A ces paroles, le chevalier s'enfuit, criant merci d'une
voix très douloureuse, tandis que l'Homme lui disait :
" Si tu le veux, je t'aimerai, et si tu le veux, je te haïrai. "
Le chevalier s'éloigna des autres. Et l'Homme qui

était venu du ciel s'approcha du plus jeune de tous les chevaliers; il le changea en lion, lui donna des ailes et dit : " Beau fils, tu peux t'en aller à travers le monde et voler au-dessus de toute chevalerie. " Le jeune homme s'envola; ses ailes devinrent si merveilleusement grandes que le monde entier en était recouvert. Puis il s'éleva vers les nuages, les cieux s'ouvrirent pour le recevoir, et il y entra sans plus s'attarder.

Telle fut la vision que Lancelot vit en sommeil. Quand le jour vint, il leva la main, fit le signe de la croix sur son front et dit : " Beau Père Jésus-Christ, vrai Sauveur, vrai réconfort de tous ceux qui t'appellent de bon cœur, Sire, je t'adore et te rends grâces de ce que tu m'as délivré des hontes et tristesses qu'il me faudrait subir si ta miséricorde n'était si grande. Sire, je suis ta créature, à qui tu as montré tant d'amour : quand mon âme était prête à s'en aller en enfer pour son éternelle perdition, tu l'en as retirée par ta pitié, tu l'as ramenée à te connaître et à te craindre. Sire, ne me laisse pas désormais sortir de la voie droite, garde-moi de si près que je ne sois pas trouvé hors de tes mains par l'Ennemi, qui ne désire que de me séduire ! "

Lancelot se releva, sella son cheval, prit son heaume, son écu, sa lance, et monta. Il se mit en route comme la veille, l'esprit tout occupé du souvenir de sa vision nocturne, et se demandant ce qu'elle signifiait. Lorsque vint midi, il avait très chaud; il rencontra alors, dans une vallée, le chevalier qui l'avant-veille avait emporté ses armes. Sans le saluer, celui-ci dit : " Garde-toi de moi, Lancelot ! Tu es un homme mort si tu ne te défends pas. " Et, de son glaive tendu, il le frappa si rudement qu'il lui perça l'écu et le haubert, mais sans atteindre la chair. De toutes ses forces, Lancelot frappe à son tour; il jette à terre la monture avec l'homme auquel il manque briser la nuque. Puis, ayant passé

outre, il revient sur ses pas et comme le cheval déjà
se relève, il le mène par le mors à un arbre où il
l'attache pour que le chevalier le retrouve quand il se
remettra sur ses pieds. Et il reprend sa route.

Vers le soir il se sentit las et faible, car il n'avait pas
mangé de tout le jour ni de la veille, et ces deux journées l'avaient fort éprouvé.

Il parvint enfin à un ermitage qui était sur une
montagne, et sur le seuil vit un ermite assis, vieux et
chenu. Tout joyeux, il le salua, et le vieillard lui rendit
courtoisement son salut. " Sire, dit Lancelot, pourriez-
vous héberger un chevalier errant ? — Beau sire,
répondit le prud'homme, si vous le désirez je vous
donnerai aujourd'hui le meilleur gîte que je pourrai
et à manger ce que Dieu me prête. " Lancelot dit qu'il
ne demandait pas mieux. Le prud'homme prit son
cheval, le mena sous un appentis devant l'ermitage,
le dessella lui-même et lui donna du foin qui se trouvait là en abondance. Puis il prit l'écu et le glaive de
Lancelot, qu'il porta dans la maison. Lancelot, qui
avait déjà délacé son heaume et abattu sa visière,
quitta son haubert. Lorsqu'il fut désarmé, le prud'-
homme lui demanda s'il avait déjà ouï les vêpres ; Lancelot répondit que sauf un homme rencontré vers midi,
il n'avait vu personne, ni maison ni abri. Le prud'-
homme entra donc dans sa chapelle, appela son clerc
et commença les vêpres du jour, puis celles de la Mère
de Dieu. Enfin, ayant récité tout l'office de cette journée, il ressortit et demanda à Lancelot qui il était et
de quel pays.

Lancelot le lui dit, sans rien lui cacher de ce qui
lui était advenu dans la Quête du Saint-Graal. L'ermite,
à l'entendre, le prit en grande pitié, car il vit que Lancelot se mettait à pleurer dès qu'il parlait de l'aventure
du Saint-Graal. Il le pria donc, au nom de sainte Marie
et de notre Sainte Foi, de se confesser entièrement,

ce que Lancelot accepta. Le prud'homme le ramena
à la chapelle où Lancelot lui conta toute sa vie, comme
il l'avait fait lors de son autre confession, et le supplia
de lui donner ses conseils.

Le prud'homme se mit à le réconforter de tant de
bonnes paroles que Lancelot se sentit tout aise. Il dit
alors : " Sire, dites-moi votre avis de ce que je vais
vous demander, si vous le pouvez. — Parlez, fit le
prud'homme, et je vous donnerai tous les avis qui
sont en mon pouvoir. — Sire, il m'advint en mon
sommeil de voir devant moi un homme tout environné d'étoiles, qu'accompagnaient sept rois et deux
chevaliers. " Et il raconta sa vision. " Ha ! Lancelot,
dit le prud'homme, tu as pu voir ainsi la hautesse de
ton lignage, et de quelles gens tu descends. Sache que
ton songe a plus de sens que maint homme ne le pense.
Écoute-moi et je te dirai le commencement de ta race.
Mais je remonterai très haut car il convient de le faire.

" C'est chose vraie que, quarante-deux ans après la
Passion de Jésus-Christ, Joseph d'Arimathie, le vrai
chevalier, sortit de Jérusalem par l'ordre de Notre
Seigneur pour prêcher et annoncer la vérité de la
Nouvelle Loi et les commandements de l'Évangile.
Quand il arriva à la cité de Sarraz, il y trouva un roi
païen, du nom d'Ewalach, qui était en guerre contre
un riche et puissant voisin. Lorsqu'il fut connu de
ce roi, il le conseilla si bien qu'Ewalach remporta la
victoire sur son ennemi grâce à l'aide que Dieu lui
envoya. Rentré dans sa cité, il y reçut le baptême de
la main de Josèphe, fils de Joseph. Il avait un sergent
qui se nommait Séraphe tant qu'il fut païen, mais
s'appela Nascien lorsqu'il eut quitté sa loi pour venir
à la chrétienté. Dès lors il crut si bien en Dieu et aima
tant son Créateur, qu'il fut comme un pilier et un
fondement de la foi. Et l'on vit manifestement qu'il
était prud'homme et loyal, lorsque Notre Sire lui

permit de voir les grands secrets et les mystères du
Saint-Graal, que nul chevalier n'avait vus en ce temps-
là, si ce n'est Joseph, et que nul ne vit depuis, si ce
n'est toi dans ton songe.

" Vers ce même temps, Ewalach crut voir qu'un
grand lac sortait du ventre d'un de ses neveux, fils
de Nascien. Et de ce lac coulaient neuf fleuves dont
huit étaient également grands et profonds. Mais le
dernier était plus large et plus profond que tous les
autres, et si rapide et si violent que rien n'eût pu lui
résister. Ce fleuve était trouble près de sa source, et
épais comme de la boue, puis clair et net au milieu
de son cours, puis autrement encore vers sa fin :
car il était cent fois plus beau et plus limpide qu'au
commencement, et si doux à boire que nul n'eût pu
s'en lasser. Tel était le dernier fleuve. Le roi Ewalach
vit alors venir du ciel un homme qui portait la marque
et semblance de Notre Seigneur. Lorsqu'il parvint
au lac, il s'y lava les mains et les pieds, puis fit de même
en chacun des fleuves. Quand il fut au neuvième, il
s'y baigna les mains et les pieds et tout le corps.

" Le roi Mordrain vit cette vision dans son sommeil. Maintenant je t'en dirai le sens. Le neveu du
roi Mordrain, de qui sortait le lac, était Célydoine,
fils de Nascien, que Notre Sire envoya sur terre pour
confondre et abattre les mécréants. Il fut vrai sergent
de Jésus-Christ et vrai chevalier de Dieu, sut le cours
des étoiles, des planètes, et la manière du firmament
autant ou plus que n'en savaient les philosophes.
C'est parce qu'il fut si grand maître en science et en
intelligence que tu l'as vu tout environné d'astres.
Il fut le premier roi chrétien du royaume d'Écosse
et un vrai lac de science en qui on peut puiser toute la
force de divinité. De ce lac sortirent neuf fleuves, ce
sont neuf hommes descendus de Célydoine; non pas
qu'il n'ait eu d'autre postérité, mais ceux-ci descen-

dirent les uns des autres par filiation directe. Sept de
ces neuf sont rois, et deux chevaliers. Le premier roi
issu de Célydoine s'appela Narpus, prud'homme qui
aima beaucoup la Sainte Église. Le second fut nommé
Nascien en souvenir de son aïeul; Notre Sire gîta
si bien en lui que nul ne fut plus sage en son temps.
Le troisième roi fut Élyan le Gros, qui eût préféré
mourir que de rien entreprendre contre le gré de son
Créateur. Le quatrième, Ysaïe, loyal et chevaleresque,
redouta Notre Seigneur sur toutes choses et ne le
courrouça jamais à son escient. Le cinquième eut nom
Jonaans, chevalier plus hardi qu'aucun, et qui jamais
ne fit rien qui courrouçât Notre Seigneur. Il quitta
ce pays pour s'en aller en Gaule où il épousa la fille
de Maronex dont il hérita le royaume. De lui naquit
le roi Lancelot, ton aïeul, qui s'en vint de Gaule en
cette terre et eut pour femme la fille du roi d'Irlande.
Il fut prud'homme ainsi que tu l'appris quand tu trouvas à la fontaine le corps de ton aïeul gardé par deux
lions. Il eut pour fils le roi Ban ton père, menant plus
sainte vie que ne crurent les gens qui prétendaient que la
perte de sa terre l'avait fait mourir de tristesse; il
n'en fut rien, mais tous les jours de sa vie il avait prié
Notre Seigneur de lui faire quitter ce monde quand
il L'en requerrait. Et Notre Sire montra bien qu'il
avait ouï sa prière, puisque, dès l'instant où il réclama
la mort du corps, il l'eut, et trouva la vie de l'âme.

" Ces sept personnes, qui sont le début de ton lignage, sont les sept rois apparus dans ton rêve, et sept
des fleuves que vit en son sommeil le roi Mordrain; en
ces sept, Notre Sire a lavé ses mains et ses pieds. Mais
il convient que je te dise maintenant qui sont les deux
chevaliers que tu vis en leur compagnie. L'aîné de
ceux qui les suivaient ainsi, — ce qui veut dire qu'ils
en descendaient, — c'est toi-même, puisque tu es
issu du roi Ban, le dernier de ces sept rois. Lorsqu'ils

furent réunis devant toi, ils dirent : " Père des cieux,
" viens nous visiter et rends à chacun de nous selon
" ses mérites; mets-nous en ta maison ! " En disant :
" Père, viens nous visiter ", ils t'accueillaient en leur
compagnie et priaient Notre Seigneur de venir te
chercher avec eux, parce qu'ils étaient ton commencement et ta racine. En disant : " Rends à chacun selon
ses mérites ", ils signifiaient qu'en eux il n'y eut
jamais que droiture; car, si grand que fût pour toi leur
amour, ils ne voulaient demander à Notre Seigneur
que ce qu'ils devaient demander, c'est-à-dire d'accorder
à chacun son dû. Ensuite, tu crus voir un homme venir
du ciel avec une grande compagnie d'anges, descendre
sur eux et les bénir. Ce qui est advenu en ton songe
est déjà vérité : car il n'est personne qui ne soit en
la garde des anges.

" Lorsqu'il eut adressé à l'aîné des chevaliers des
paroles dont tu te souviens bien, et que tu dois bien
prendre sur toi (car c'est de toi et pour toi qu'elles
furent prononcées, puisque tu es désigné par celui
auquel elles ont été dites), il s'en vint au plus jeune,
descendu de toi qui l'engendras de la fille du Roi
Pêcheur. Il le changea en lion, ce qui veut dire qu'il
le mit au-dessus de la condition terrienne et que nul
ne peut s'égaler à lui ni en fierté ni en puissance. Puis il
lui donna des ailes afin que personne ne fût aussi rapide,
ou ne pût aller si haut en prouesse et autres vertus,
lui disant : " Beau fils, vous pouvez vous en aller par
" le monde et voler au-dessus de toute chevalerie. "
Le jeune chevalier se mit alors à voler, et ses ailes
couvrirent la terre. Tout ce que tu vis est déjà advenu
à Galaad, ce chevalier qui est ton fils : il est de si haute
vie que c'est merveille, et nul, ni toi ni autre, ne peut
l'égaler en prouesse. Parce qu'il est allé si haut que
personne ne l'y rejoindra, nous dirons que Notre
Sire lui a donné des ailes pour voler par-dessus tous

les autres. C'est lui qui est le neuvième fleuve que vit
le roi Mordrain, le plus large et le plus profond de
tous. Je t'ai expliqué ainsi qui étaient les sept rois et
les deux chevaliers.

— Sire, fit Lancelot, je suis tout réconforté de ce
que vous m'avez dit. Puisque Notre Sire a permis
qu'un tel fruit soit issu de moi, celui qui est si prud'homme ne devrait pas souffrir que son père, quel
qu'il soit, aille à perdition, mais devrait, nuit et
jour, prier Notre Seigneur que par sa douce pitié il
m'ôte de la mauvaise vie où j'ai trop demeuré. — Je
te dirai, fit le prud'homme, ce qui en est. Du péché
mortel, le père porte sa part, et le fils la sienne; ni le
fils ne peut avoir part aux iniquités du père, ni le père
aux iniquités du fils, mais chacun aura son salaire selon
ses mérites. N'aie donc pas espérance en ton fils, mais
en Dieu seul, car si tu lui demandes secours, il t'assistera en toutes tes peines. — Puisqu'il en est ainsi, dit
Lancelot, et que nul hors Jésus-Christ ne peut me venir
en aide, je Le prie de ne pas me laisser choir aux mains
de l'Ennemi, afin que je puisse lui rendre le trésor qu'il
me réclame, c'est-à-dire mon âme, le jour d'épouvante
où il dira aux méchants : " Allez-vous-en d'ici, race
" maudite, dans les flammes éternelles ! " et où il
adressera aux bons cette douce parole : " Venez, héri-
" tiers bénis de mon père; fils bénis, entrez dans la
" joie qui jamais ne cessera. "

Lancelot et le prud'homme parlèrent longtemps
ensemble; lorsque vint l'heure de manger, ils quittèrent
la chapelle et s'assirent dans la maison de l'ermite
où ils prirent du pain et de la cervoise. Puis l'ermite,
qui n'avait pas apprêté d'autre lit, fit étendre Lancelot
sur le foin. Fatigué comme il l'était, il s'endormit
sans peine et ne désira pas selon sa coutume les aises
du monde. S'il les eût souhaitées, il n'eût pu dormir,
car la terre était dure, et la haire poignait rudement

sa chair. Mais il en est venu maintenant à aimer cette gêne et cette rudesse plus que rien qu'il ait jamais éprouvé.

Quand le jour parut, Lancelot alla ouïr l'office de Notre Seigneur, puis s'arma, monta en selle, et recommanda son hôte à Dieu. Le prud'homme l'engagea à bien tenir ses résolutions. Puis Lancelot partit à travers la forêt, sans suivre ni route ni sentier. Il ne songeait qu'à la vie, se repentait de ses grands péchés qui l'avaient exclu de la noble compagnie apparue dans son sommeil. Le deuil qu'il en avait était si profond qu'il eut grand'peur de tomber en désespérance. Mais, comme il avait mis toute sa foi en Jésus-Christ, il pensait qu'il pourrait encore parvenir en ce lieu d'où il était banni et rejoindre ceux dont il était issu.

Vers midi, il arriva à une grande clairière où il vit un beau château fort environné de murs et de fossés. Dans une prairie, devant le château, il y avait bien une centaine de tentes en drap de soie de diverses couleurs; et cinq cents chevaliers montés sur de grands destriers avaient commencé un tournoi merveilleux; les uns portaient armures blanches, les autres noires, et c'était la seule différence qu'il y eût entre eux. Les premiers se tenaient du côté de la forêt, les autres devant le château, et déjà beaucoup d'entre eux avaient été abattus. Lancelot regarda le combat un long moment; il lui sembla que ceux du castel avaient le dessous et perdaient du terrain, quoiqu'ils fussent les plus nombreux. Alors, il s'approcha d'eux dans l'intention de les aider, baissa sa lance et d'un coup violent jeta à terre avec sa monture le premier adversaire qu'il vit. Puis il en atteignit un second, et bien qu'il y eût brisé son glaive, il parvint à l'abattre à son tour. Et, mettant la main à l'épée, il donna de gauche et de droite des coups terribles et de haute prouesse, si bien que tous les assistants lui accordaient déjà le prix du tournoi.

Pourtant, il ne put venir à bout de ses adversaires, qui se montraient d'une endurance stupéfiante; il les frappait et les martelait comme un morceau de bois, sans qu'ils parussent se ressentir de ses coups; au lieu de reculer, ils ne cessaient de gagner du terrain. A la fin ils le fatiguèrent si bien qu'il ne pouvait plus tenir son épée, et pensait que jamais il n'aurait plus la force de porter ses armes. Ils le prirent donc, et l'emmenèrent dans la forêt tandis que, privés de son aide, ses compagnons étaient vaincus. Ceux qui emmenaient Lancelot lui dirent : " Lancelot, vous voilà prisonnier en notre pouvoir; si vous voulez en sortir, il faut faire notre volonté. " Il le leur promit, puis s'en alla par un autre chemin que celui qu'il avait suivi.

En chevauchant, il se prit à penser que jamais il n'avait été mis en si misérable état, et qu'il ne lui était pas encore advenu d'aller à un tournoi qu'il n'en fût vainqueur. A cette pensée, il fut tout marri et se dit que tout lui montrait qu'il était le plus pécheur des hommes, puisque ses fautes et sa malaventure lui avaient ôté la vue et la force. Pour la vue, il s'en était aperçu lorsqu'il n'avait pu voir le Saint-Graal. Et pour la force, la preuve en était ce tournoi, puisque jamais il n'avait lutté, quel que fût le nombre de ses adversaires, sans les mettre en fuite de bon ou de mauvais gré, car lui était infatigable.

Il s'en alla ainsi, tout dolent, jusqu'à ce que la nuit le surprît en une profonde vallée. Et, voyant qu'il n'en sortirait pas ce soir, il mit pied à terre sous un grand peuplier, dessella son cheval, s'allégea de son heaume et de son haubert, abattit sa visière, puis se coucha sur l'herbe et s'endormit sans peine, plus las qu'il n'avait été de sa vie.

Dans son sommeil, il aperçut un homme, qui paraissait fort sage et qui lui dit avec colère : " Hé ! homme de médiocre foi et de pauvre croyance, pourquoi as-tu

si aisément changé de sentiment à l'égard de ton ennemi mortel ? Si tu n'es sur tes gardes, il te fera choir
au puits profond d'où nul ne revient. " Sur ces mots,
il disparut sans que Lancelot sût comment; il demeura
très inquiet de ce discours, et pourtant il ne s'éveilla
pas avant que parût le jour. Il se leva alors, fit le signe
de la croix sur son front, se recommanda à Notre
Seigneur; puis il regarda tout alentour sans y découvrir son cheval; mais, après l'avoir bien cherché, il
le retrouva, le sella et monta.

Sur le point de s'éloigner, il vit à droite du chemin
une chapelle où vivait une recluse que l'on tenait
pour une des meilleures dames du pays. A cette vue,
il songea qu'il était vraiment infortuné et que ses
péchés le détournaient de tout bien : n'était-il pas venu
là, la veille, assez tôt pour pouvoir demander conseil
sur son existence ? Il s'approcha donc, mit pied à terre
à l'entrée de la chapelle, attacha son cheval à un arbre,
ôta son écu, son heaume et son épée qu'il déposa à la
porte.

Lorsqu'il fut entré, il vit que sur l'autel les ornements
de Sainte Église étaient prêts à être revêtus, et qu'un
chapelain, agenouillé au pied de l'autel, disait ses
oraisons; ce prêtre ne tarda pas à se vêtir de l'armure de
Notre Seigneur et commença l'office de la glorieuse
Mère de Dieu. Quand il l'eut chanté, la recluse, qui
voyait l'autel par un petit guichet, appela Lancelot,
parce qu'il lui sembla que ce chevalier errant avait
besoin de son conseil. Il s'approcha, elle lui demanda
qui il était, et de quel pays, et il répondit à toutes ses
questions. Puis il lui conta l'histoire du tournoi, la défaite
que lui avaient infligée les cavaliers aux blanches
armes, les paroles qu'il avait entendues, et enfin le
songe de la nuit passée. Elle lui dit aussitôt :

" Lancelot, Lancelot, tant que vous fûtes chevalier
des chevaleries terriennes, vous étiez l'homme le plus

merveilleux et le plus hardi du monde. Or maintenant que vous vous êtes entremis de chevalerie céleste, s'il vous advient d'étranges aventures, ne vous étonnez pas. Je vous dirai cependant la signifiance de ce tournoi, car en vérité tout ce que vous vîtes ne fut rien que signifiance de Jésus-Christ. C'était bien, toutefois, sans erreur ni tromperie, un tournoi de chevaliers terrestres, mais le sens de leur combat était plus grand qu'eux-mêmes ne le savaient. Avant tout je vous dirai pour qui fut engagé ce tournoi, et qui étaient les chevaliers. On engagea ce combat pour savoir qui aurait le plus de chevalerie, ou Élyézer, fils du roi Pellés, ou Argustes, fils du roi Herlen, et pour distinguer les deux camps Élyézer fit prendre à ses gens des armes blanches. Lorsque la joute s'engagea, les noirs furent vaincus, malgré votre aide et quoique vous fussiez les plus nombreux.

" Voici ce que cela veut dire. Le jour de la Pente-côte, les chevaliers terrestres et les chevaliers célestes commencèrent un tournoi, c'est-à-dire qu'ils s'enga-gèrent ensemble dans la Quête. Les chevaliers qui sont en péché mortel, soit les terriens, et les célestes, les vrais chevaliers, les prud'hommes qui n'étaient pas souillés de péché, commencèrent la Quête du Saint-Graal. Ce fut là le tournoi. Les terrestres, qui avaient la terre aux yeux et au cœur, prirent des armes noires, en gens qui étaient couverts d'horribles péchés. Les célestes en prirent de blanches, armes de virginité et de chasteté où il n'y a ni tache ni noirceur. Quand fut commencé ce tournoi, et donc cette Quête, tu vis face à face les pécheurs et les prud'hommes et il te sembla que les pécheurs étaient vaincus. Comme tu étais du parti des pécheurs, c'est-à-dire, comme tu étais en péché mortel, tu te rangeas avec eux et t'en pris aux prud'hommes. Bien t'en advint, lorsque tu voulus jouter contre Galaad, ton fils : ce fut lui, avec

Perceval, qui abattit ta monture, puis ils te prirent
et t'emmenèrent dans la forêt. Avant-hier, lorsque tu
te mis en la Quête et que le Saint-Graal t'apparut, tu
te trouvas être si vil et souillé de péchés que tu ne
pensais pas que jamais tu pourrais porter les armes et
que Notre Sire voulût faire de toi son chevalier servant. Mais maintenant tu as été pris par les prud-
d'hommes, les ermites et les religieuses qui t'ont mis
dans la voie de Notre Seigneur : elle est pleine de vie
et de verdure comme était la forêt. Ils t'ont conseillé
ce qui était profitable à ton âme. Quand tu les eus
quittés, tu ne repris pas le même chemin, c'est-à-dire
que tu ne recommenças pas à pécher mortellement.
Toutefois, dès qu'il te souvint de la vaine gloire du
monde et de l'orgueil auquel tu t'étais accoutumé,
tu fus très chagrin de n'avoir pas vaincu, chose dont
Notre Seigneur dut s'irriter contre toi. Il te le montra
bien en ton sommeil, lorsqu'il vint te dire que tu étais
de médiocre foi et de pauvre croyance, et t'avertit
que l'Ennemi te ferait choir au profond puits d'enfer,
si tu n'y prenais garde.

" Je t'ai dit la signifiance du tournoi et de ton
songe, afin que ni par amour de la gloire ni autrement
tu ne sortes de la vraie voie. Ayant commis tant de
fautes envers ton Créateur, sache que, si tu ne fais
ce que tu dois, il te laissera te fourvoyer de péché en
péché jusqu'à ce que tu tombes dans les peines éternelles de l'enfer. "

La dame se tut, et Lancelot répondit : " Dame,
vous en avez tant dit, vous et le prud'homme, que
si je retombais en péché mortel, on me devrait blâmer
plus que nul autre pécheur. — Dieu vous octroie,
par sa miséricorde, dit-elle, de n'y pas retomber ! "
Puis elle ajouta : " Lancelot, cette forêt est très vaste
et on risque de s'y égarer; un chevalier pourrait la
parcourir des journées entières sans rencontrer ni

maison ni refuge. Dites-moi donc où vous avez mangé aujourd'hui, et si vous n'avez pas mangé, je vous donnerai ce que me prête la charité de Dieu. " Il dit que ni aujourd'hui ni hier il n'avait mangé. Elle fit apporter le pain et l'eau. Lancelot entra dans la maison du chapelain et prit la charité que Dieu lui envoyait. Puis il s'en alla, après avoir recommandé la dame à Dieu, et chevaucha jusqu'au soir.

Il passa la nuit sur un roc élevé, sans compagnie de personne, sinon de Dieu, car il fut longtemps en prières et oraisons, puis il dormit. Le lendemain, quand le jour parut, il fit le signe de la croix sur son front, se prosterna sur les coudes et les genoux vers l'orient et fit sa prière comme la veille. Puis il sella son cheval, monta et reprit son chemin jusqu'à une vallée profonde et belle, entre deux merveilleux rochers. Il avait de tristes pensées, en regardant à ses pieds la rivière appelée Marcoise, qui divisait la forêt en deux parts, car il voyait qu'il fallait en traverser le courant, profond et périlleux, ce qui l'effrayait fort. Mais il mit en Dieu son espérance et sa foi, et, chassant son anxiété, se dit qu'avec l'aide de Notre Seigneur il passerait bien.

Cependant il lui advint une étrange aventure : il vit sortir de l'eau un chevalier portant des armes plus noires que les mûres et monté sur un grand cheval noir. Sans mot dire, il frappa la monture de Lancelot d'un grand coup de glaive et la tua, mais sans toucher au cavalier. Puis il disparut si vite qu'en un instant Lancelot n'en vit plus trace. Lancelot, voyant son cheval tué sous lui, ne fut pas trop dolent, puisqu'il plaisait ainsi à son Seigneur. Sans détourner les yeux, il reprit sa route armé comme il l'était et arriva au bord de l'eau, mais, ne sachant comment passer, il quitta heaume et écu et épée et glaive, se coucha sur un rocher et dit qu'il attendrait là que Notre Seigneur lui envoie de l'aide.

Ainsi, voilà Lancelot enclos de trois côtés, de l'un par l'eau, de l'autre par les rocs, du troisième par la forêt. Mais il a beau regarder de toutes parts, il n'y voit pas son salut terrestre. Car s'il monte aux rochers, et qu'il ait besoin de manger, il n'y trouvera rien qui apaise sa faim, à moins que Notre Sire n'intervienne. Et s'il entre en la forêt, qui est la plus impénétrable qu'il ait vue, il s'y égarera et y demeurera longtemps sans que secours lui vienne. Et si c'est dans l'eau, comment en réchapperait-il ? Elle est si noire et profonde qu'il ne pourra y prendre pied. Ces trois choses le contraignent à rester sur la rive en prières et oraisons, demandant à Notre Seigneur de venir le réconforter afin qu'il ne tombe pas en tentation par la ruse du diable, et ne soit amené au désespoir.

Mais ici le conte cesse de parler de lui et retourne à messire Gauvain.

Aventures de Gauvain

Or dit le conte que messire Gauvain, quand il eut quitté ses compagnons, chevaucha longtemps sans trouver aucune aventure qu'il vaille la peine de rappeler. Et il en allait de même des autres compagnons, qui rencontraient dix fois moins d'aventures que d'habitude; aussi la Quête les ennuyait-elle. Messire Gauvain, qui erra ainsi sans rencontre de la Pentecôte à la Sainte-Madeleine, en fut fort surpris, car il pensait qu'en la Quête il y aurait plus d'aventures merveilleuses qu'ailleurs. Un jour il retrouva Hestor des Mares qui chevauchait tout seul, et ils se reconnurent avec joie. Mais ils se plaignirent l'un à l'autre de n'avoir à raconter aucun exploit extraordinaire. Hestor dit que plus de vingt compagnons de la Quête, qu'il avait vus depuis quinze jours, lui avaient tous fait les mêmes plaintes. " Et de monseigneur Lancelot, dit messire Gauvain, savez-vous quelque nouvelle? — Non, fit Hestor, on n'en parle pas davantage que s'il était englouti aux abîmes. Aussi suis-je fort en peine de lui, et crains qu'il ne soit captif. — Mais Galaad, et Perceval, et Bohort, en savez-vous quelque chose? — Non point, dit Hestor, tous quatre semblent si perdus qu'on n'en voit plus trace. — Dieu les conduise, reprit messire Gauvain. Car s'ils échouent aux aventures du Saint-Graal, nul autre n'y réussira. Mais je crois qu'ils les mèneront à chef, eux qui sont les meilleurs prud'hommes de la Quête. "

Hestor dit enfin : " Sire, nous avons l'un et l'autre chevauché tout seuls, sans rien trouver. Allons donc ensemble, pour voir si nous aurons plus de chance ainsi. " Gauvain y consentit et, s'éloignant des routes d'où l'un et l'autre venaient, ils prirent un sentier à travers la plaine.

Huit jours ils allèrent sans rien trouver, mais il leur advint enfin d'entrer dans une forêt étrange et vaste, où ils ne virent homme ni femme. Et vers le soir ils aperçurent, entre deux rochers, sur une montagne, une chapelle antique, tout effondrée, où, semblait-il, il ne pouvait y avoir personne. Ils y mirent pied à terre, et déposèrent leurs écus et leurs lances au long du mur, ôtèrent à leurs chevaux le mors et la selle, et les laissèrent paître sur la montagne. Puis ils quittèrent leurs épées et se mirent en prières devant l'autel comme doivent faire de bons chrétiens. Ensuite ils allèrent s'asseoir sur un banc qui se trouvait dans le chœur et s'entretinrent de mainte chose, mais point de manger, car ils savaient qu'ils s'en tourmenteraient vainement en ce lieu. Il y faisait très noir, parce qu'il n'y avait ni cierge ni lampe allumée, et ils ne tardèrent pas à s'endormir.

Chacun d'eux eut en son sommeil une vision qu'il faut bien rapporter en ce conte pour la grande signification qui s'y cache. Messire Gauvain, pour sa part, se vit dans une prairie pleine d'herbe verte et de fleurs, avec un râtelier où mangeaient cent cinquante taureaux orgueilleux, dont la robe était tachetée, sauf trois d'entre eux. L'un de ceux-là n'était ni vraiment tacheté ni tout à fait sans tache; les deux autres d'une blancheur parfaite, et tous trois étaient liés par un joug solide. Tous les taureaux disaient : " Allons ailleurs quétir une meilleure pâture. " Ils s'en allaient, quittant la prairie pour les landes, et y demeuraient longtemps. Au retour, il en manquait plusieurs et les autres étaient

si maigres et si las qu'à peine se tenaient-ils debout.
Quant aux trois taureaux sans tache, un seul était
revenu. Devant le râtelier, un grand combat s'engageait
entre eux et, faute de nourriture, ils s'enfuyaient
de-ci de-là.

Quant au songe d'Hestor, il fut tout autre. Il
croyait se voir avec Lancelot, descendant d'un siège
et montant sur deux forts chevaux. " Allons, disaient-
ils, en quête de ce que nous ne trouverons jamais. "
Ils erraient longtemps et à la fin Lancelot était abattu
de son cheval par un homme qui le dépouillait, puis
le revêtait d'une robe couverte de houx et le faisait
monter sur un âne. Il s'en allait ainsi et parvenait
à une fontaine, la plus belle qu'il eût jamais vue,
mais quand il tentait d'y boire elle se reculait et
disparaissait. Il retournait alors au lieu d'où il était
parti. Hestor, lui, après avoir longuement erré, arrivait à la maison d'un homme riche qui fêtait des noces
magnifiques. Il frappait à la porte, criant : " Ouvrez !
Ouvrez ! " Le seigneur lui répondait : " Sire chevalier,
cherchez un autre gîte, car nul n'entre ici monté
comme vous l'êtes. " Hestor s'en retournait tout
triste, au siège qu'il avait quitté.

Hestor fut si troublé par ce songe qu'il s'éveilla
et commença à s'agiter comme un homme qui ne
peut dormir. Et messire Gauvain, éveillé de son
côté par le songe, lui dit lorsqu'il l'entendit remuer :
" Sire, dormez-vous ? — Non, sire, un songe étrange
m'a tiré du sommeil. — Moi de même, fit Gauvain,
et je n'aurai pas de paix que je n'en sache la vérité.
— Ni moi, dit Hestor, tant que je n'aurai des nouvelles
de Lancelot mon frère. "

Tandis qu'ils parlaient, ils virent venir par la
porte de la chapelle une main, qui apparaissait jusqu'au
coude et qui était recouverte d'une soie vermeille.
Elle portait au poignet un mors assez peu somptueux,

et tenait un gros cierge dont la flamme était très vive. La main passa devant eux, entra dans le chœur et disparut. Puis une voix leur dit : " Chevaliers de pauvre foi et de mauvaise croyance, les trois choses que vous venez de voir vous manquent, et c'est pourquoi vous ne pouvez réussir aux aventures du Saint-Graal. " Tout ébahis, ils se turent longtemps, puis messire Gauvain dit à Hestor : " Avez-vous compris cette parole ? — Certes non, fit Hestor, et pourtant je l'ai bien entendue. — Nous en avons tant vu, endormis ou éveillés, reprit Gauvain, que nous devrions nous mettre en quête d'un ermite qui nous expliquerait le sens de nos songes. Et nous suivrons ses avis, si nous ne voulons pas à l'avenir perdre nos peines comme par le passé. " Hestor approuva. Cette nuit-là, dans la chapelle, les deux compagnons ne dormirent plus, obsédés chacun par ce qu'ils avaient vu dans leur songe.

Le jour venu, ils se mirent en quête de leurs chevaux, qu'ils sellèrent, et bientôt ils eurent gagné la vallée où ils rencontrèrent un écuyer, tout seul, qui chevauchait un roncin. Après échange de salut : " Bel ami, dit messire Gauvain, pourriez-vous nous indiquer près d'ici un ermitage ou un monastère ? — Oui, dit le valet, en leur montrant un petit sentier sur la droite. Ce chemin vous mènera droit à un ermitage de la montagne. Vous ne pourrez y monter qu'à pied, car il est très escarpé. Mais au bout, vous trouverez le plus sage et le plus saint des ermites de ce pays. — Nous te recommandons à Dieu ", dit messire Gauvain. Le valet s'en fut et ils poursuivirent leur chemin.

Mais bientôt ils rencontrèrent dans la vallée un chevalier armé qui du plus loin qu'il les vit leur cria : " En garde ! — Par Dieu, dit messire Gauvain, depuis que j'ai quitté Camaalot, personne ne m'a offert de

combattre. Si celui-ci le veut, il l'aura. — Sire, dit
Hestor, laissez-moi combattre, s'il vous plaît. — Certes
non, dit Gauvain. Mais s'il m'abat, peu me chaut que
vous le combattiez après moi. " Il appuie la lance sur
le fautre, passe l'écu à son bras et charge le chevalier
qui accourt aussi vite que le lui permet son cheval.
Si rudes sont les coups qu'ils se portent que les
écus sont percés, les hauberts rompus, et que l'un
et l'autre sont blessés. Messire Gauvain l'est au côté
gauche, mais le mal est sans gravité. Le chevalier,
par contre, est traversé de part en part par la lance.
Désarçonnés tous les deux, leurs lances se brisent
dans la chute; et le chevalier reste enferré, blessé à
mort, incapable de se relever.

Messire Gauvain, lui, s'est redressé promptement,
et l'écu devant le visage, l'épée au poing, il fait vaillante
figure. Mais voyant que l'autre ne bouge pas, et pensant
bien qu'il est blessé à mort : " Messire chevalier, dit-il,
il vous faut combattre, ou je vous tue. — Ah ! sire
chevalier, c'est déjà fait, sachez-le. Aussi bien je vous
prie d'accéder à ma demande. Portez-moi à une
abbaye qui est près d'ici, et obtenez pour moi les
sacrements et les prières que mérite un chevalier.
— Sire, dit Gauvain, je ne connais pas de monastère
dans ces parages. — Ah ! sire, mettez-moi sur votre
cheval, et je vous mènerai à une abbaye assez proche. "
Messire Gauvain confie son écu à Hestor, et prend
le chevalier devant lui sur son cheval.

Quand ils arrivèrent à l'abbaye, dans une vallée,
ils appelèrent, on leur ouvrit, et l'on descendit le
chevalier que l'on coucha aussi commodément que
possible. Aussitôt il demanda son Sauveur et, le
voyant venir, se mit à pleurer très fort, tendant les
bras; il se confessa devant tous des péchés dont il
se sentait coupable, et le prêtre lui donna *Corpus
Domini* qu'il reçut très dévotement. Puis il requit

messire Gauvain de lui retirer le morceau de lance. Gauvain lui demanda quel était son nom, son pays. " Sire, dit-il, je suis de la maison du Roi Arthur, et chevalier de la Table Ronde. Mon nom est Yvain l'Avoltre, je suis le fils du roi Urien. Avec mes autres compagnons j'étais parti à la Quête du Saint-Graal. Mais voici que vous m'avez tué, par la volonté de Dieu ou à cause de mes péchés. Que Dieu vous le pardonne aussi volontiers que je le fais. " Grande fut la peine de messire Gauvain. " Par Dieu, quelle mésaventure ! Ah ! Yvain, quel regret aurai-je de vous ! — Sire, qui donc êtes-vous ? — Je suis Gauvain, le neveu du Roi Arthur. — Je ne regrette rien, si je meurs de la main d'un prud'homme tel que vous. Par Dieu, quand vous serez à la cour, saluez pour moi tous les chevaliers que vous retrouverez vivants, car je sais bien qu'il en mourra beaucoup dans la Quête, et dites-leur, au nom de notre fraternité, de ne pas m'oublier dans leurs prières et de demander à Dieu qu'il sauve mon âme. " Hestor et Gauvain se mirent à pleurer. Puis Messire Gauvain prit le fer de lance et le retira de la poitrine d'Yvain, mais l'âme de celui-ci dans le sursaut de la souffrance quitta son corps, et Yvain mourut dans les bras d'Hestor. Très affligés, ils le firent dignement ensevelir en un drap de soie que les frères apportèrent quand ils surent que le mort était fils de roi. Il fut enfoui devant le maître-autel, et on lui fit une belle tombe où furent inscrits son nom et celui de son vainqueur.

Alors partirent messire Gauvain et Hestor; pleins de tristesse et d'amertume, car ils voyaient bien dans l'aventure leur infortune. Ils chevauchèrent tant qu'ils se retrouvèrent au pied du haut ermitage. Attachant leurs chevaux à des chênes, ils prirent l'étroit sentier qui grimpait sur la colline, et le trouvèrent si dur qu'ils arrivèrent très las au sommet, où ils virent

l'ermitage. Nascien était le nom du prud'homme qui
vivait là, dans une pauvre maison près d'une pauvre
chapelle. Ils le trouvèrent dans un petit jardin près
de celle-ci, vieil homme qui cueillait pour son repas
des orties, car il ne prenait plus d'autre nourriture
depuis longtemps. Dès qu'il vit ces hommes armés,
il comprit qu'ils étaient des chevaliers errants engagés
dans la Quête du Saint-Graal. Il laissa sa besogne et
s'approcha d'eux en les saluant. Eux s'inclinèrent,
lui rendant respectueusement son salut.

" Beaux sires, dit-il, quelle aventure vous a conduits
jusqu'ici ? — Sire, dit messire Gauvain, notre grand
désir et besoin de vous parler, pour être édifiés sur
ce qui nous trouble et éclairés sur ce qui nous trompe. "
Quand il entendit Gauvain parler de cette manière,
l'ermite pensa qu'il était très averti des choses de ce
monde : " Sire, dit-il, je vous garantis tout ce que je
sais, tout ce que je peux. "

Il les conduisit dans sa chapelle, et leur demanda
leurs noms, qu'ils lui dirent. Puis il les pria de lui
faire part de leur embarras. " Sire, dit Gauvain, nous
avons chevauché hier dans une forêt sans y rencontrer
personne, jusqu'à une chapelle de la montagne où
nous avons cherché gîte et où nous avons dormi.
Dans mon sommeil, un rêve étrange me fut donné. "
Il le lui conta, puis Hestor le sien, et ils parlèrent
aussi de cette main qu'ensuite ils avaient vue dans leur
veille, et de ce qu'avait dit la voix.

" Beau sire, dit le prud'homme, il y avait au
pré que vous vîtes un râtelier. Par ce râtelier nous
devons comprendre la Table Ronde. De même que
le râtelier est séparé en compartiments, de même
est, en effet, la Table Ronde, où de petites colonnes
séparent les sièges les uns des autres. Le pré, c'est
l'humilité et la douceur fraternelle, toujours dans
toute leur force. On ne peut les vaincre, et c'est

pourquoi la Table Ronde y fut fondée, dont les chevaliers doivent leur force à la douceur et à la fraternité.
Au râtelier mangeaient cent cinquante taureaux. Ils
y mangeaient et ainsi n'étaient-ils pas vraiment dans
le pré. Sinon ils auraient gardé leur cœur dans l'humilité et la douceur. Ils étaient orgueilleux, dites-vous, et
tous, sauf trois, tachetés. C'est qu'ils sont les compagnons
de la Table Ronde, si gravement tombés dans le péché
par leur luxure et orgueil qu'ils ne peuvent le dissi-
muler dans leur cœur, mais le trahissent dans ces taches
et ces laides choses que vous avez vues sur les taureaux. Trois d'entre eux étaient sans tache. Cela veut
dire qu'ils étaient sans péché, et les deux vraiment
blancs sont Galaad et Perceval, qui sont parfaits en
tout et sans aucune souillure. Le troisième, où il y
avait quelque apparence de tache, c'est Bohort qui
jadis perdit sa virginité, mais se fit pardonner sa faute
par son repentir et sa chasteté. Les trois taureaux
étaient liés par le cou : c'est que la virginité est si
fortement implantée en eux qu'ils ne peuvent lever
le front et s'ouvrir à l'orgueil. " Allons quérir ailleurs
une meilleure pâture ", disaient-ils tous. Les chevaliers
de la Table Ronde dirent le jour de la Pentecôte :
" Allons à la Quête du Saint-Graal, et ainsi nous
" aurons part aux nourritures célestes que le Saint-
" Esprit envoie à ceux qui s'asseyent à la table du
" Saint-Graal. " Ils quittèrent la cour, mais ce fut
pour la larde et non pour le pré. Car ils ne se confes-
sèrent pas avant le départ, comme le doivent ceux
qui se vouent au service de Notre Seigneur. Ils ne
vinrent pas à l'humilité ni à la douceur que représente
le pré, mais allèrent dans la lande, dans la gâtine,
là où ne poussent ni fleurs ni fruits, en enfer. Au
retour plusieurs manquaient, n'est-ce pas ? Et ceux
qui revenaient étaient si maigres et si las qu'à peine
pouvaient-ils se tenir debout ? Cela signifie qu'ils

seront si aveuglés par le péché qu'ils se seront tués
les uns les autres, et que nulle vertu ne les soutiendra,
et qu'ils seront chargés de toutes souillures. Des
trois immaculés, un seul reviendra, non certes pour
les nourritures du râtelier, mais pour annoncer la
bonne pâture, que les pécheurs ont perdue. Tandis
que les deux autres resteront, retenus par la suavité
des nourritures du Saint-Graal. De la fin de votre
songe, je ne vous dirai rien, car nul avantage n'en
sortirait, et on pourrait vous en détourner fâcheuse-
ment. — Sire, dit Gauvain, je m'en accommo-
derai puisqu'il vous plaît. Et je vous le dois bien,
car vous m'avez si parfaitement expliqué ce que je
soupçonnais que je vois clairement la vérité de mon
songe. "

Le prud'homme s'adresse alors à Hestor :

" Hestor, dit-il, vous avez rêvé qu'avec Lancelot
vous quittiez un siège. Un siège signifie la grandeur
et la seigneurie, et celui dont vous descendiez, c'est
le grand crédit et le grand respect dont vous jouissiez
quand vous étiez à la Table Ronde. Mais vous les
avez laissés en quittant la cour du roi Arthur. Vous
prîtes alors deux grands chevaux. Ce sont l'Orgueil
et le Faste, ils appartiennent à l'Ennemi. Et vous
disiez : " Allons en quête de ce que nous ne trouve-
" rons jamais. " Ce que vous ne trouverez jamais,
c'est le Saint-Graal et les secrètes choses de Notre
Seigneur, car vous n'en êtes pas dignes. Puis, Lancelot
est tombé de son cheval. Cela signifie qu'il se sépara
de l'orgueil et fit vœu d'humilité. Sais-tu qui l'arracha
à l'orgueil ? Jésus-Christ, celui-là même qui chassa
l'orgueil du ciel. Il a dépouillé Lancelot de ses péchés,
et il se vit nu de toute vertu chrétienne, et il implora
miséricorde. Si bien que Notre Seigneur lui a donné
une robe de douceur et d'humilité, cette robe de houx
que tu as vue : une haire. Ensuite il lui fit chevaucher

un âne, qui est la bête d'humilité, puisque Notre Seigneur l'a prise pour monture quand il vint dans sa ville de Jérusalem. Lui le roi des rois, le maître de toutes les richesses, il ne voulut pour l'édification des riches comme des pauvres que la bête la plus sotte et la plus vilaine. Vous avez vu Lancelot chevaucher cette bête, dans votre rêve. Puis il arriva à une fontaine, la plus belle qu'il vît jamais, et il mit pied à terre pour y boire. Mais quand il se fut baissé, la fontaine se retira. Comprenant qu'il ne pourrait goûter de son eau, il revint au siège qu'il avait quitté tout d'abord. Cette fontaine que l'on ne peut épuiser, c'est le Saint-Graal, la grâce du Saint-Esprit, la douce pluie, la douce parole de l'Évangile où le cœur vraiment repenti trouve la plus grande douceur : plus il la savoure, plus il en a le désir. Et plus elle se répand, plus elle se donne, plus aussi elle est abondante, méritant à bon droit d'être dite une fontaine. Si Lancelot est descendu quand il fut devant la fontaine, c'est qu'il s'abaissera devant le Saint-Graal, c'est qu'il s'humiliera à cause de ses péchés. Mais quand il s'agenouillera pour boire et pour être nourri de la haute grâce du Saint-Graal, celui-ci se dérobera. Lancelot en effet perdra devant le Saint Vaisseau l'usage de ses yeux qu'il a tant souillés à regarder les viles choses terrestres, et le pouvoir de son corps qu'il a mis si longtemps au service de l'Ennemi. Cette vengeance durera vingt-quatre jours, pendant lesquels il ne mangera ni ne boira, ni ne parlera ni ne remuera aucun membre, croyant rester toujours dans la félicité où il se trouvait quand il perdit la vue. Puis il dira une partie de sa vision, et il s'en retournera à Camaalot.

" Et vous, toujours chevauchant le grand destrier, toujours en péché mortel, et d'orgueil et d'envie, et de bien d'autres vices encore, vous vous égarerez de-ci de-là jusqu'à venir à la maison du Roi Pêcheur,

où les vrais chevaliers et les prud'hommes fêteront
leur haute découverte. Mais quand vous vous croirez
autorisés à entrer, le roi vous dira qu'il n'a cure
d'hommes aussi haut montés que vous, ce qui signi-
fiera votre orgueil, le péché mortel. Alors vous retour-
nerez à Camaalot, sans avoir rien gagné dans la Quête.
Voilà ce qui vous attend.

" Mais il faut aussi que vous sachiez clairement
ce que signifie la main qui est passée devant vous
avec un cierge et un mors, trois choses dont, selon
la voix, vous êtes privés. Par la main il faut comprendre
la charité, et par la soie vermeille la grâce du Saint-
Esprit dont la charité est toujours embrasée. Qui a
la charité dans son cœur est brûlant de l'amour de
Notre Seigneur, de Jésus-Christ. Par le mors il faut
comprendre l'abstinence. De même en effet qu'avec
le mors l'homme mène son cheval où il veut, de même
l'abstinence préserve le chrétien de tomber en péché
mortel. Quant au cierge que la main portait, il signifie
la vérité de l'Évangile. C'est Jésus-Christ, qui rend
la lumière à tous ceux qui renoncent au péché et
reviennent vers le Seigneur. Quand donc charité,
abstinence et vérité apparurent devant vous, c'était
Dieu qui venait dans sa demeure. Mais il l'avait
édifiée pour que la vérité y fût annoncée, et non pour
que de vils et impurs pécheurs y entrassent. Aussi
bien, quand il vous vit, il s'en alla en vous disant :
" Chevaliers de pauvre foi et de mauvaise croyance,
" ces trois choses vous manquent : charité, abstinence,
" vérité, et vous ne pourrez donc pas prendre part aux
" aventures du Saint-Graal. " Je vous ai dit maintenant le sens de vos songes, et aussi celui de la
main.

— Certes, dit messire Gauvain, vous nous l'avez
si bien expliqué que tout me semble clair, maintenant.
Mais je vous prie de nous dire pourquoi nous ne

rencontrons plus autant d'aventures qu'autrefois.
— En voici la raison, dit le prud'homme. Les aventures
qui adviennent maintenant sont les signes et les appa-
ritions du Saint-Graal, et ceux-ci ne se montreront
jamais aux hommes enveloppés de péché. Vous ne les
verrez donc pas, déloyaux pécheurs que vous êtes.
Et ne croyez pas que les aventures d'à présent soient
de massacrer des hommes ou d'occire des chevaliers.
Ce sont des choses spirituelles, plus grandes et de bien
plus de valeur. — Sire, dit Gauvain, il semble donc
que, puisque nous sommes en état de péché mortel,
nous irions en vain plus avant dans cette Quête. —
Certes, dit le prud'homme, il y en a beaucoup qui n'y
trouveront que de la honte. — Sire, dit Hestor,
s'il fallait vous en croire, nous retournerions à
Camaalot ?
— Je vous le conseille, dit le prud'homme. Et encore,
tant que vous serez en état de péché mortel, n'y ferez-
vous rien qui puisse être à votre honneur. " Sur ces
paroles ils se séparèrent. Mais, quand les chevaliers
se furent éloignés de quelques pas, le prud'homme
rappela monseigneur Gauvain.

" Gauvain, lui dit-il, tu as été fait chevalier il
y a bien longtemps, et jamais depuis tu n'as servi
ton Créateur. Maintenant tu es un vieil arbre, qui
n'a plus feuilles ni fruits. Ne vas-tu pas veiller à en
donner à Dieu au moins la moelle et l'écorce, puisque
l'Ennemi en a eu la fleur et le fruit ? — Sire, dit Gauvain,
si j'avais loisir de converser avec vous, je le ferais
volontiers. Mais voyez mon compagnon, là-bas, qui
descend de la colline. Il faut que je le rejoigne. Je reviendrai, n'en doutez pas, dès que j'en aurai le temps,
car j'ai grand désir de vous parler privément. " Ils se
séparèrent, et les deux chevaliers dévalent de la colline
et retrouvent leurs chevaux. Ils chevauchèrent jusqu'au soir, puis gîtèrent chez un forestier qui leur fit le

meilleur accueil. Le lendemain ils reprirent leur chemin, et chevauchèrent longtemps sans rencontrer aventure.

Mais ici le conte cesse de parler d'eux et revient à monseigneur Bohort de Gaunes.

Aventures de Bohort

Le conte rapporte que Bohort, après avoir quitté Lancelot, chevaucha jusqu'à l'heure de none. Il rencontra alors un homme de grand âge, vêtu de robe de religion et monté sur un âne, qui s'en allait tout seul. " Sire, Dieu vous garde ! " dit Bohort. Et l'autre, voyant qu'il était un chevalier errant, lui rendit son salut. Bohort lui demanda d'où il venait ainsi tout seul. " Je suis allé voir un de mes serviteurs, qui est malade. Et vous, qui êtes-vous et où allez-vous ? — Je suis un chevalier errant, dit Bohort, et je suis parti pour une Quête où je voudrais bien que Dieu me conseillât. C'est la plus haute Quête qui fut jamais entreprise, la Quête du Saint-Graal, et celui qui l'achèvera aura le plus grand honneur qu'on puisse imaginer.

— Certes, fit le prud'homme, vous dites vrai, et cet honneur sera mérité, puisqu'il sera le plus loyal serviteur de la Quête. Il n'y entrera pas souillé comme ceux qui y sont allés sans amender leur vie; voyez combien ils sont fous. Ils savent bien, et l'ont ouï dire mainte fois, que nul ne peut venir à son Créateur sinon par la porte de netteté, qui est la confession; car nul ne peut être purifié et nettoyé si ne le visite la vraie confession, qui chasse l'Ennemi. Lorsqu'un chevalier, ou un homme, quel qu'il soit, pèche mortellement, il reçoit l'Ennemi, il le mange et désormais ne l'empêchera plus d'être toujours en lui. Mais au bout de dix ans, ou de vingt, ou de n'importe quel temps, s'il va à confesse, il le vomit, le rejette de son corps, et y héberge un autre hôte, qui lui fait honneur; c'est Jésus-Christ, qui a prêté longtemps à la chevalerie terrienne la nourriture du corps; mais maintenant il se montre plus généreux et plus doux, puisqu'il offre aux chevaliers la nourriture du Saint-Graal, qui repaît l'âme en même temps qu'elle soutient le corps. C'est la douce nourriture qu'il dispensa au peuple d'Israël dans le désert. Il est donc plein de bonté envers eux, puisqu'il leur promet de l'or au lieu de plomb. Mais, de même que la nourriture terrestre s'est changée en céleste, il convient que ceux qui jusqu'ici furent terriens, c'est-à-dire pécheurs, deviennent célestes en abandonnant leur souillure pour venir à confession et repentance. Qu'ils se fassent chevaliers de Jésus-Christ, portant son écu qui est de patience et d'humilité, le seul qu'il eût pour se défendre de l'Ennemi lorsqu'il vainquit sur la Croix où il souffrit la mort pour ôter ses chevaliers de la mort d'enfer et du servage où ils étaient. C'est par cette porte de la confession, qui seule mène à Jésus-Christ, qu'il faut entrer dans la Quête, en changeant d'être comme fut changée la nourriture. Quiconque choisira une autre porte et se donnera grand mal sans aller d'abord à confesse, s'en reviendra sans avoir goûté à la nourriture promise. Il arrivera pis encore à ces quêteurs indignes : parce que, sans l'être, ils prendront rang de chevaliers du ciel, parce qu'ils se donneront pour compagnons de la Quête mais ne le seront pas vraiment, ils seront souillés et mauvais plus que je ne saurais dire. Les uns commettront l'adultère, d'autres la fornication, d'autres l'homicide. Ainsi, par leurs péchés, et par le piège du diable, ils seront tournés en dérision et exposés à l'injure; on les verra revenir à la cour sans avoir rien trouvé, sinon ce que l'Ennemi donne à ses serviteurs, la honte et le déshonneur qu'ils récolteront en abondance. Sire chevalier, je vous ai dit tout ceci parce que vous avez entrepris la Quête du Saint-Graal. Et je ne vous conseille point d'y persévérer, si vous n'êtes tel que vous ayez le droit d'en être.

— Sire, dit Bohort, il me semble, à ce que vous dites, qu'ils en seront tous compagnons, mais cela ne dépend pas d'eux seuls. Car nul ne peut entrer en ce service, qui est le service même de Jésus-Christ, sinon par confession. Qui y entrerait autrement y échouerait, quand même il ferait les plus belles trouvailles. — Vous dites vrai ", répondit le prud'homme.

Bohort lui demanda s'il était prêtre. " Oui, dit-il. — Je vous prie donc, reprit Bohort, au nom de la sainte charité, de me conseiller comme un père conseille son fils, c'est-à-dire le pécheur qui se confesse à lui. Le prêtre n'est-il pas en place de Jésus-Christ, qui est le père de tous ceux qui croient en lui ? Conseillez-moi donc au profit de mon âme et pour l'honneur de la chevalerie. — Vous me demandez une grande chose, dit le prud'homme; si je refusais et que vous tombiez ensuite en péché mortel ou en erreur, vous pourriez m'en accuser au grand Jour d'épouvante devant la face de Jésus-Christ. Je vous conseillerai donc de mon mieux. " Il lui demanda son nom, et Bohort répondit qu'il était Bohort de Gaunes, fils du roi Bohort et cousin de monseigneur Lancelot du Lac.

Le prud'homme répondit : " Bohort, si la parole de l'Évangile était conservée en votre cœur, vous seriez vrai et bon chevalier. Ainsi que le dit Notre Sire, le bon arbre fait le bon fruit, et vous êtes le fruit d'un très bon arbre. Votre père, le roi Bohort, fut un des meilleurs hommes que j'aie connus, roi pieux et humble. Et votre mère, la reine Éveine, fut une excellente femme. Tous deux ensemble, par le lien du mariage, n'étaient qu'un seul arbre et une même chair. Issu de cet arbre, vous devriez être bon. — Sire, dit Bohort, un homme peut bien être issu d'un mauvais arbre, c'est-à-dire de mauvais père et de mauvaise mère, son amertume se change en douceur sitôt qu'il reçoit le saint chrême, la sainte onction. Aussi me semble-t-il que la bonté ne dépend ni de père ni de mère, mais du cœur de l'homme. Le cœur est l'aviron qui mène la nef où il veut, à bon port ou à perdition. — L'aviron, fit le prud'homme, a un maître qui le tient et le gouverne à son gré; il en est de même du cœur humain. Ce qu'il fait de bien lui vient de la grâce du Saint-Esprit, et ce qu'il fait de mal est instigation de l'Ennemi. "

Ils s'entretinrent ainsi jusqu'à ce qu'ils arrivassent près d'un ermitage. Le prud'homme invita Bohort à l'y suivre, disant qu'il lui donnerait le gîte pour la nuit et que le lendemain matin il l'entretiendrait en privé. Bohort y consentit bien volontiers. Ils trouvèrent là un clerc, qui dessella le cheval de l'hôte, en prit soin et désarma Bohort. Puis le prud'homme le convia à entendre les vêpres qu'il chanta à la chapelle. A table, il lui donna le pain et l'eau, et lui dit : " Sire, les chevaliers du ciel doivent se soutenir de telle nourriture, non point de mets grossiers qui mènent l'homme à la luxure et au péché mortel. Et si je pensais que vous me l'accordiez, je vous ferais une prière. " Bohort lui demanda ce que c'était. " Quelque chose, dit le prud'homme, qui vous sera un soutien de l'âme et du corps. " Bohort lui promit de consentir. " Grand merci, fit le prud'homme. Savez-vous ce que vous venez de me promettre ? Que vous ne prendriez point d'autre nourriture jusqu'à ce que vous soyez à la table du Saint-Graal. — Mais, dit Bohort, savez-vous si j'y serai jamais ? — Je sais, dit-il, que vous y prendrez place, troisième des compagnons de la Table Ronde. — Je vous donne donc ma parole de loyal chevalier que je ne prendrai que pain et eau jusqu'à ce que je sois à la table que vous dites. " Le prud'homme le remercia d'accepter cette abstinence pour l'amour du vrai Crucifié.

Bohort dormit cette nuit-là sur l'herbe verte que le clerc ramassa près de la chapelle. Le lendemain, il se leva dès que le jour parut. Le prud'homme lui dit : " Sire, voici une cotte blanche que vous revêtirez au lieu de votre chemise. Ce sera signe de pénitence et châtiment de la chair. " Bohort l'endossa dans l'intention que lui prescrivait le prud'homme; il mit par-dessus une robe vermeille, puis se signa, entra dans la chapelle et se confessa de tous les péchés dont il se sentait coupable envers son Créateur. Le prud'homme, cependant, le trouva de si bonne vie et si religieuse qu'il s'en émerveilla et sut que jamais il n'avait cédé à la corruption de la chair, sauf lorsqu'il engendra Élyan le Blanc; il pouvait en rendre grâce à Notre Seigneur. Quand le prud'homme lui eut donné l'absolution et enjoint la pénitence convenable, Bohort demanda à recevoir son Sauveur, afin d'en être mieux assuré quoi qu'il arrivât, puisqu'il ne savait s'il mourrait en cette Quête ou en réchapperait. Le prêtre l'invita à patienter jusqu'à ce qu'il eût ouï la messe. Ce qu'il fit.

Le prud'homme chanta ses matines et, s'étant revêtu, dit la messe. Lorsqu'il eut fait la bénédiction, il prit *Corpus Domini* et fit signe à Bohort de s'approcher. Bohort s'agenouilla et le prêtre lui dit : " Bohort, vois-tu ce que je tiens ? — Oui, Sire, je vois que vous tenez, en semblance de pain, mon Sauveur et ma rédemption; je ne le verrais pas sous cette apparence, si mes yeux, qui sont terrestres et ne peuvent voir les choses spirituelles, pouvaient le voir autrement. Or je ne doute point que ce ne soit vraie chair et vrai homme et entière déité. " Puis il se mit à pleurer très fort, et le prêtre lui dit : " Tu serais bien fol si, ayant reçu ce que tu

viens de dire, tu ne lui faisais loyale compagnie
jusqu'à la fin de tes jours. — Sire, dit Bohort, tant
que je vivrai je serai son sergent et resterai sous son
commandement. " Le prud'homme le lui donna donc,
et il le reçut en grande dévotion, si heureux qu'il ne
pensait pas pouvoir désormais éprouver aucun chagrin, quoi qu'il pût advenir.

Il resta longtemps agenouillé, puis vint dire au
prud'homme qu'il était temps qu'il repartît. Le prêtre
lui répondit qu'il pouvait s'en aller quand il voudrait
puisqu'il était armé maintenant comme doit l'être
un chevalier du ciel, et protégé contre l'Ennemi le
mieux qu'il se pouvait. Bohort s'arma. Il recommanda
à Dieu le prud'homme qui lui demanda de prier pour
lui lorsqu'il serait devant le Saint-Graal, tandis que
de son côté Bohort lui disait de prier Notre Seigneur
qu'il ne le laissât pas succomber aux tentations de
l'Ennemi.

Bohort chevaucha jusqu'à none. Un peu après
cette heure, il vit un grand oiseau voler longtemps
au-dessus d'un vieil arbre desséché, sans feuilles et
sans fruits, puis se poser sur cet arbre où ses oisillons
se trouvaient, tous morts. Les voyant sans vie, il se
frappait la poitrine du bec à en faire jaillir le sang.
Et eux, dès qu'ils sentaient le sang chaud, reprenaient
vie. Bohort fut très étonné de cette aventure et ne sut
ce qu'elle signifiait; mais il devinait bien qu'elle avait
une signifiance merveilleuse. Il attendit longtemps,
pour voir si le grand oiseau relèverait la tête, mais
c'était chose impossible, car il était déjà mort. Alors,
Bohort reprit sa route et chevaucha jusqu'après
vêpres.

Au soir, il parvint, selon qu'aventure le menait,
à une forte et haute tour, où il demanda le gîte. On
le lui accorda volontiers. Ils le désarmèrent dans une
chambre et le menèrent dans une salle où il trouva

la dame de céans. Elle était belle et jeune, mais pauvrement vêtue. Quand elle vit Bohort, elle vint au-devant de lui pour lui souhaiter la bienvenue, reçut son salut aimablement et le fit asseoir auprès d'elle avec une très grande courtoisie. Lorsque vint l'heure du repas, on mit sur la table des viandes abondantes. Bohort se dit qu'il n'y toucherait point et, appelant un valet, lui demanda de l'eau, qu'on lui apporta dans un hanap d'argent. Bohort le mit devant lui et fit trois soupes. Mais la dame lui dit : " Sire, ces mets ne vous plaisent-ils point ? — Si fait, dame, dit-il, et pourtant je ne mangerai pas autre chose que ce que vous voyez. " Elle n'en parla pas davantage, de crainte de lui déplaire. Et lorsqu'on eut fini le repas, tout le monde se leva pour aller aux fenêtres de la salle, où Bohort s'assit auprès de la dame.

Cependant, un valet entra et dit : " Dame, les choses vont mal. Votre sœur a pris deux de vos châteaux avec tous les gens qui étaient à vous; et elle vous mande qu'elle ne vous laissera pas un pied de terre si demain, à l'heure de prime, vous n'avez trouvé un chevalier qui combatte pour vous contre Priadan le Noir, son seigneur. " La dame se prit à se lamenter, disant : " Ah Dieu ! pourquoi m'avez-vous donné des terres si j'en devais être déshéritée, et sans raison ? " Bohort demanda de quoi il s'agissait. " C'est, dit-elle, la chose la plus étrange du monde. Le Roi Amang qui eut jadis tout ce pays en son pouvoir, aima jadis une dame, qui est ma sœur mais bien plus âgée que moi, et lui donna tout pouvoir sur sa terre et ses gens. Tant qu'elle fut auprès de lui, elle établit des coutumes mauvaises, détestables et sans droiture, et mit à mort une foule de ses sujets. Lorsqu'il vit qu'elle agissait si mal, le Roi la chassa de ses terres et me donna à gouverner tout ce qu'il avait. Mais dès qu'il fut mort, elle se mit en guerre contre moi, m'enleva une grande partie de mes biens, et mit de son parti beaucoup de mes vassaux. Encore n'est-elle point satisfaite et proclame-t-elle qu'elle me dépouillera de tout. Cela lui a si bien réussi qu'elle ne m'a laissé que cette tour, et que je la perdrai encore si personne ne combat demain pour moi contre Priadan le Noir, qui soutient sa querelle. — Dites-moi donc, fit Bohort, qui est ce Priadan. — C'est le champion le plus redouté de ce pays, et un homme de grande prouesse. — La bataille, reprit-il, est donc pour demain ? — Oui. — Alors, mandez à votre sœur et à ce Priadan que vous avez trouvé un chevalier, que la terre vous appartient puisque le Roi Amang vous la donna, et qu'elle n'y a point droit puisque son seigneur l'en chassa. "

Dans sa grande joie, la dame dit : " Sire, vous êtes le bienvenu en ce jour. Que Dieu vous donne la force de soutenir ma querelle dans la mesure où elle est juste ! Car je n'en demande pas davantage ! " Bohort l'assura qu'elle ne perdrait pas son dû tant qu'il serait en vie. Et elle manda à sa sœur que son chevalier était prêt à faire tout ce que décideraient les chevaliers du pays. On fixa donc le duel au lendemain.

Bohort passa la nuit en grande joie. La dame lui fit préparer un lit splendide et, quand on l'eut déchaussé, on le mena à une grande et belle chambre. Mais lorsqu'il voit la couche qu'on lui a apprêtée, il renvoie tout le monde, éteint les chandelles, puis, s'étendant sur la terre dure et mettant un coffre sous sa tête, il prie Dieu de l'aider contre ce chevalier qu'il lui faudra combattre par droiture, pour maintenir la loyauté et faire cesser l'injuste violence.

Dès qu'il se fut endormi après ses oraisons, il crut voir devant lui deux oiseaux, dont l'un était de la taille d'un cygne, et aussi blanc, tandis que l'autre, plus petit, était d'un noir admirable. Il lui parut que c'était une

corneille, mais d'un plumage magnifique. L'oiseau
blanc s'approchait et lui disait : " Si tu voulais me
servir, je te donnerais toutes les richesses du monde,
et je te ferais aussi beau et aussi blanc que moi. " Bohort
lui demandait qui il était. " Ne le vois-tu pas ? disait
l'oiseau. Je suis si blanc et si beau, et j'ai plus de pouvoir que tu ne penses. " Bohort ne répondait rien,
l'oiseau blanc s'en allait et le noir s'approchait, disant :
" Il faut que tu me serves demain, sans me prendre en
dégoût parce que je suis noir. Sache que ma noirceur
vaut mieux que la blancheur d'autrui. " Puis les deux
oiseaux disparaissaient.

Après ce songe, Bohort en eut un autre. Il crut entrer
dans une grande et belle maison, qui semblait être
une chapelle. Il y trouvait un homme assis sur un siège;
à sa gauche, loin de lui, on voyait une poutre si pourrie
et vermoulue qu'à peine elle se tenait debout : à droite
deux fleurs de lys dont l'une s'approchait de l'autre
pour lui ôter sa blancheur. Mais le prud'homme les
séparait, et bientôt un arbre sortit de chaque fleur,
portant quantité de fruits, tandis que le prud'homme
disait : " Bohort, ne serait-ce pas folie que de laisser
périr ces fleurs pour secourir ce bois pourri et l'empêcher de choir à terre ? — Certes, sire, disait Bohort;
car cette poutre ne vaut pas grand'chose, et ces fleurs
sont merveilleuses. — Garde-toi donc, reprenait
le prud'homme, de laisser périr les fleurs pour sauver
la poutre, si jamais telle aventure t'arrive. Car si
une trop grande ardeur les surprend, elles se flétri-
ront. " Bohort promettait de s'en souvenir si cela se
réalisait.

Il ne savait ce que signifiaient ces songes qui lui
pesèrent tant qu'il s'éveilla, fit le signe de la croix sur
son front, se recommanda à Notre Seigneur, et attendit
l'aube. Quand le jour fut clair, il monta sur le lit et s'y
retourna plusieurs fois pour qu'on ne pût s'apercevoir

qu'il n'y avait pas couché. La dame de céans vint le saluer, puis le mena à la chapelle où il entendit matines et l'office du jour.

Un peu avant l'heure de prime, il sortit de l'église et se rendit dans la salle où s'étaient rassemblés nombre de chevaliers et de serviteurs. La dame lui dit de manger avant de revêtir son armure, et qu'il en serait plus dispos. Mais il répondit qu'il ne mangerait rien avant la fin du combat. " Il ne vous reste donc qu'à vous préparer, lui dirent alors ceux de céans. Car nous pensons que Priadan est déjà armé et sur le lieu du combat. " On lui apporta ses armes. Et quand il fut prêt, et à cheval, il demanda à la dame et à ses compagnons de le mener au terrain où aurait lieu la rencontre. Elle monta à cheval et ils s'en furent tous, jusqu'à une prairie au fond d'un val où ils aperçurent beaucoup de gens, lesquels attendaient Bohort et la dame pour laquelle il devait combattre. Ils descendirent de la colline. Quand les deux dames s'aperçurent, elles s'avancèrent l'une vers l'autre. " Je me plains de vous, madame, dit la plus jeune, et à bon droit. Car vous m'avez pris le bien que le Roi Amang m'a dûment légué, et sur lequel vous n'avez nul titre, puisqu'il vous a déshéritée de sa bouche. " L'autre répondit qu'elle n'avait jamais été déshéritée, et qu'elle était prête à le prouver, si on osait encore le soutenir. Quand elle vit qu'il fallait en venir là : " Messire, dit la jeune sœur à Bohort, que pensez-vous de la cause de cette demoiselle ? — Il me semble, dit-il, qu'elle vous fait une guerre injuste et déloyale, comme tous ceux qui la soutiennent. J'ai tant appris de vous, et d'autres personnes, que je sais bien qu'elle a tort, et vous raison. Et si un chevalier veut prétendre qu'elle a raison, je suis prêt à le faire renoncer. " Le chevalier s'avança, disant qu'il ne se souciait absolument pas de ces menaces, et qu'il était prêt à défendre la dame. " Je suis,

dit Bohort, prêt à combattre pour que cette dame que
voici garde la terre dont le roi lui a fait don. ”

Alors, les uns par ici, les autres par là, tous les
assistants quittent le champ de la rencontre. Les deux
chevaliers eux-mêmes s'éloignent, puis se jettent au
galop l'un sur l'autre, et se frappent si durement que
leurs écus sont percés et que leurs hauberts sont rompus. Si les deux lances n'avaient volé en éclats, ils
fussent morts tous les deux. Mais ils se heurtent si
fort qu'ils se jettent l'un l'autre à terre par-dessus la
croupe de leurs chevaux. Ils se relèvent aussitôt, car
ils sont de grande prouesse. Et l'écu devant la tête,
ils tirent l'épée et se portent de grands coups là où
ils espèrent se blesser. Par en haut, par en bas, ils déchi-
quettent leurs boucliers, ils brisent les hauberts aux
hanches et sur les bras, ils se blessent profondément,
faisant jaillir le sang sous les claires épées tranchantes.
Bohort rencontre dans le chevalier une bien plus grande
résistance qu'il ne pensait. Et pourtant il sait bien que
sa cause est juste, et cela lui donne confiance. Il supporte les coups du chevalier, rapides et nombreux,
le laissant se fatiguer. Puis, quand il le voit hors d'ha-
leine, il l'attaque, aussi prompt et frais que s'il n'eût
pas reçu un seul coup. Il lui donne de grands coups de
son épée et en peu de temps l'accable, tant il a reçu
de coups et perdu de sang. Bohort, qui le voit épuisé,
le presse de plus en plus et l'autre recule tant, et en
vacillant, qu'il tombe à la renverse. Bohort le prend
par le heaume, qu'il arrache, et le frappe de la garde de
l'épée sur la tête, si durement que le sang jaillit et que les
mailles du haubert sont enfoncées dans la chair. Puis il
lui dit, en feignant de vouloir lui couper la tête, qu'il
le tuera, s'il ne s'avoue pas vaincu. L'autre a peur
de la mort et il crie merci. “ Ah ! dit-il, noble chevalier,
au nom de Dieu, aie pitié de moi, ne me tue pas ! Et je
te jure que jamais plus de ma vie je ne combattrai

la jeune dame. " Bohort le laisse. Lorsque la
sœur aînée voit que son champion est vaincu, elle
s'enfuit aussi vite qu'elle peut, elle a grand'honte.
Bohort cependant s'est approché des vassaux, et leur
dit qu'il les tuera s'ils ne consentent pas à rendre les
terres. Beaucoup rendent hommage à la jeune dame, et
les autres sont tués, dépouillés ou chassés. Ainsi la
dame retrouva-t-elle par la vaillance de Bohort la
grandeur où le roi l'avait portée. Bien que sa sœur
ne cessât jamais, pour autant qu'elle le put, de lui chercher noise par jalousie.

Le pays ainsi pacifié, Bohort s'en fut; et chevauchant dans la forêt, il pensait à ce qu'il avait vu en rêve,
désirant fort que Dieu le conduisît en un lieu où il en
pût apprendre le sens. Le premier soir, il logea chez
une dame veuve, qui le reçut fort bien, avec une grande
joie quand elle eut appris qui il était.

Le lendemain, il lui advint dans la forêt une aventure
merveilleuse. Car, à un carrefour, il rencontra deux
chevaliers qui emmenaient sur un grand cheval de
somme son frère Lyonnel, tout nu sauf les braies, les
mains liées sur la poitrine; et, tenant chacun une poignée d'épines, ils le battaient si rudement que le sang
lui coulait, de plus de cent plaies, par-devant et par-
derrière. En homme de grand courage, Lyonnel souf-
frait tout sans un mot, comme s'il n'eût rien senti. Au
moment où il voulait voler à son secours, Bohort vit
non loin de là un chevalier armé qui entraînait de force
une belle demoiselle et faisait mine de la cacher au
plus épais des fourrés pour qu'on ne pût la trouver si
quelqu'un se mettait à sa poursuite. Tout effrayée,
elle criait : " Sainte Marie, secourez votre pucelle ! "
Lorsqu'elle aperçut Bohort qui chevauchait tout seul,
elle pensa qu'il était des chevaliers errants de la Quête
et l'appela de toutes ses forces : " Ah ! chevalier, sur
la foi que tu dois à Celui dont tu es le serviteur et

l'homme lige, je te conjure de m'aider et de ne pas me laisser outrager par ce ravisseur ! "

Cet appel jeta au cœur de Bohort un grand trouble, et il ne sut plus que faire : s'il laissait emmener son frère par ceux qui l'avaient en leur pouvoir, sans doute ne le reverrait-il jamais; mais s'il ne secourait cette pucelle, elle serait déshonorée et vouée à la honte par sa faute. Il leva les yeux au ciel et dit en pleurant : " Beau doux père Jésus-Christ, dont je suis l'homme lige, protège mon frère afin que ces gens ne le mettent point à mort. Quant à moi, par pitié pour vous et par compassion, je garderai cette pucelle de l'affront que ce chevalier semble vouloir lui faire. " Il éperonna son cheval si rudement que le sang jaillit de ses flancs, et s'élança contre le chevalier en criant : " Sire, laissez cette dame, ou vous êtes un homme mort ! " A ces mots, le chevalier déposa sa captive à terre, prit son écu, tira son épée et fit front à Bohort, qui d'un coup de glaive lui perça écu et haubert, si bien qu'il se pâma. Bohort revint à la demoiselle et lui dit : " Vous voilà délivrée. Que voulez-vous que je fasse encore pour vous ? — Sire, dit-elle, puisque vous m'avez sauvée du déshonneur, menez-moi là où ce chevalier me prit. " Il répondit qu'il le ferait volontiers, fit monter la pucelle sur le cheval du blessé, et suivit avec elle le chemin qu'elle indiqua. Au bout d'un instant, elle dit : " Sire chevalier, vous avez fait mieux encore que vous ne pensez en me secourant. Si ce chevalier m'eût dépucelée, cinq cents hommes seraient morts, que voici sauvés. " Bohort demanda qui était son ravisseur. " C'est un de mes cousins germains, dit-elle, que l'Ennemi, par je ne sais quelle ruse diabolique, avait incité à m'enlever de chez mon père et à m'entraîner dans cette forêt pour me ravir mon honneur. S'il y eût réussi, il eût été honni de corps et fût tombé en péché mortel, et moi, j'eusse perdu mon honneur à jamais. "

Cependant, ils virent venir à eux douze chevaliers
armés qui étaient à la recherche de la demoiselle.
Ils lui firent joyeux accueil, et elle les pria de
de garder auprès d'eux ce chevalier qui, avec l'aide
de Dieu, l'avait sauvée. Ils lui dirent donc, en prenant son cheval par le mors : " Sire, venez avec nous,
car vous nous avez rendu un tel service que nous aurons grand'peine à vous en récompenser. — Beaux
seigneurs, répondit Bohort, je n'irai point, car j'ai trop
à faire ailleurs. Ne vous en offensez point, et sachez
que je vous suivrais volontiers si l'on n'avait grand
besoin de moi pour empêcher une perte si douloureuse que nul, hormis Dieu, ne la pourrait réparer. "
A cette nouvelle, ils n'osèrent pas insister. Ils le recommandèrent à Dieu, et la demoiselle le pria de venir la
voir dès qu'il en aurait le loisir. Il répondit qu'il s'en
souviendrait si l'aventure le menait de ce côté. Puis ils
se séparèrent.

Bohort s'en alla du côté où il avait vu s'éloigner
Lyonnel, son frère. Il regarda en amont et en aval
aussi loin que la forêt le permettait, et tendit l'oreille,
mais, n'entendant rien qui lui donnât l'espoir de retrouver Lyonnel, il suivit le chemin où il l'avait vu
disparaître. Au bout d'un assez long temps, il joignit un
homme vêtu de robe de religion, monté sur un cheval
plus noir que mûre, qui, entendant Bohort approcher, lui dit : " Chevalier, que cherchez-vous ? — Sire,
répondit-il, je cherche mon frère que j'ai vu battre et
emmener par deux chevaliers. — Ah ! Bohort ! si je
ne craignais de trop vous affliger et de vous jeter au
désespoir, je vous dirais ce que j'en sais et vous le ferais
voir. "

A ces mots, Bohort pensa que son frère était mort
et se mit à pleurer amèrement. Quand il put parler,
il dit : " Ah ! sire, s'il ne vit plus, menez-moi où est
son corps, je le ferai enterrer avec les honneurs dus

à un fils de roi; car il est bien vrai qu'il fut fils de prud'homme et de prude femme. — Regarde donc, dit l'homme, et tu le verras. " Bohort vit alors, étendu sur le sol, le cadavre tout sanglant d'un homme qui venait d'être tué, et il lui sembla reconnaître son frère. Sa douleur fut telle qu'il ne put rester en selle, mais tomba à terre et y demeura longtemps en pâmoison. Lorsqu'il se releva, il dit : " Ah ! beau sire, qui vous a traité ainsi ? Plus jamais je n'aurai de joie, si Celui qui vient visiter les pécheurs dans le trouble et l'angoisse ne me réconforte. Mon doux frère, puisque désormais notre compagnonnage est fini, que Celui que j'ai pris pour maître et compagnon soit mon guide et mon sauveur en tous périls ! Car à présent que vous avez quitté ce monde, je n'ai plus de souci que de mon âme."

Puis il prit le corps, le hissa sur la selle de son cheval aussi aisément, pensa-t-il, que s'il n'eût rien pesé, puis dit à l'homme qui était là : " Sire, pour l'amour de Dieu, dites-moi s'il y a près d'ici un moutier ou une chapelle où je puisse enterrer ce chevalier ? — Oui, dit l'autre. Il y a tout près une chapelle au pied d'une tour, où vous pourrez l'enterrer. — Pour l'amour de Dieu, veuillez m'y conduire. — Volontiers, dit-il. Suivez-moi. " Bohort sauta sur la croupe de son cheval, portant devant lui, croyait-il, le corps de son frère. Ils ne chevauchaient pas depuis longtemps lorsqu'ils virent une haute et forte tour, au pied de laquelle il y avait une maison délabrée en forme de chapelle. Ils mirent pied à terre, entrèrent, et déposèrent le corps sur un grand tombeau de marbre qui se trouvait là. Bohort regarda de toutes parts sans découvrir ni eau bénite ni croix ni aucun véritable emblème de Jésus-Christ. " Laissons-le ici, dit l'homme; allons prendre gîte dans la tour et demain matin je reviendrai dire l'office pour votre frère. — Comment ? fit Bohort. Etes-vous donc prêtre ? — Oui, dit-il. — Alors, reprit

Bohort, je vous prie de me dire la vérité d'un songe
que je fis cette nuit en mon sommeil, et d'une autre
chose dont je suis en doute. — Dites ", fit l'autre.
Bohort lui parla de l'oiseau qu'il avait vu dans la forêt,
des deux autres oiseaux, blanc et noir, enfin du bois
pourri et des fleurs blanches. " Je vais, dit l'homme,
t'en expliquer une partie maintenant, et l'autre demain.

" L'oiseau qui ressemblait à un cygne signifie une
demoiselle qui t'aime d'amour depuis longtemps et
qui viendra bientôt te prier d'être son ami. Que tu
lui aies opposé un refus veut dire que tu l'éconduiras
et qu'elle s'en ira mourir de chagrin si tu ne la prends
en pitié. L'oiseau noir est le grand péché qui te la fera
éconduire : tu ne le feras point, en effet, par crainte de
Dieu ou par vertu, mais afin qu'on te croie chaste et
pour acquérir la vaine gloire du monde. Cette chasteté
sera si funeste que ton cousin Lancelot en mourra, tué
par les parents de la demoiselle, qui de son côté périra
de dépit. On dira donc avec raison que tu seras leur
meurtrier à tous deux, comme tu as été déjà celui de
ton frère, parce que, au lieu de le secourir, tu t'en allas
protéger la pucelle, ce qui n'était pas ton fait. Dis-moi
quelle eût été la pire perte : qu'elle fût dépucelée ? ou
bien que mourût ton frère, qui était l'un des bons
chevaliers du siècle ? Ah ! certes, il vaudrait mieux
que toutes les demoiselles du monde fussent dépu-
celées ! "

Lorsqu'il s'entendit blâmer par cet homme qu'il
croyait de si bonne vie, Bohort ne sut que dire. Et
l'autre lui demanda : " As-tu compris le sens de ton
songe ? — Oui, dit Bohort. — Donc, le sort de Lancelot, ton cousin, est entre tes mains. Selon que tu le
voudras, il peut ou périr ou être sauvé. — Ah ! répondit
Bohort, il n'est rien que je ne fisse plutôt que de faire
périr monseigneur Lancelot. — On le verra en son
temps ", répondit l'homme.

Puis il le mena à la tour, où ils trouvèrent des chevaliers, des dames et des pucelles qui lui dirent tous : " Bohort, soyez le bienvenu ! " Ils le désarmèrent et, lorsqu'il fut en justaucorps, ils lui mirent sur les épaules un splendide manteau fourré d'hermine, le firent asseoir sur un lit blanc, et l'exhortèrent tant à se réjouir qu'il en oublia une part de sa douleur. Tandis qu'ils le consolaient ainsi, une demoiselle parut, si belle et si avenante qu'elle semblait parée de toute la beauté terrestre, et vêtue comme si elle eût pu choisir entre toutes les belles robes du monde. " Sire, dit un chevalier, voici la dame à qui nous appartenons, la plus belle et la plus riche du monde, et celle qui vous a le plus aimé. Il y a longtemps qu'elle vous attendait et refusait de prendre un autre ami. " Bohort, tout ébahi de ces paroles, salua la dame, qui lui rendit son salut et s'assit à ses côtés. Ils parlèrent de maintes choses; elle finit par le prier d'être son ami, puisqu'elle l'aimait plus qu'homme au monde, et par lui promettre, s'il lui octroyait son amour, de le faire plus puissant que ne fut aucun de ses ancêtres.

A ces mots, Bohort se sentit fort troublé, car il ne voulait point rompre sa chasteté. Et il ne sut que répondre. La dame lui dit : " Qu'est-ce donc, Bohort ? Ne voulez-vous point faire ce que je vous demande ? — Dame, répondit-il, il n'y a pas au monde de femme si puissante soit-elle, pour qui je le fisse. Et l'on ne devrait pas m'y inviter en ce moment où mon frère gît ici même, tué je ne sais de quelle façon. — Ah ! Bohort, reprit-elle, n'y pensez pas ! Il faut que vous m'entendiez. Sachez bien que, si je ne vous aimais davantage que jamais femme n'aima un homme, je ne vous ferais pas cette prière; car la coutume ni les convenances ne permettent qu'une femme soit la première à le demander, quel que puisse être son amour. Mais le grand désir que j'ai toujours eu de vous contraint

mon cœur et me commande d'avouer ce que j'ai toujours tenu secret. Je vous prie donc, beau doux ami,
de m'accorder ce que je sollicite, c'est-à-dire de coucher
cette nuit avec moi. " Bohort répondit qu'il ne le ferait
point. Elle, alors, donna les signes d'une grande douleur et parut être secouée de sanglots; mais elle n'en
fut pas plus avancée.

Lorsqu'elle vit qu'elle n'en sortirait pas victorieuse
elle dit : " Bohort, votre refus va me faire mourir sous
vos yeux. " Et, le prenant par la main, elle le mena
à la porte de la tour et lui dit : " Restez là, vous me
verrez mourir par amour de vous. — Par ma foi, dit-il,
je ne le verrai point. " Mais elle ordonna à ses gens de
le tenir, et elle monta sur les créneaux avec ses douze
demoiselles. L'une de celles-ci dit alors : " Ah ! Bohort
ayez pitié de nous toutes, et octroyez à notre dame ce
qu'elle requiert. Si vous ne le faites, nous nous laisse-
rons choir à l'instant de cette tour avec notre maîtresse, car nous ne souffririons pas de la voir morte.
Nous laisser périr pour si peu de chose serait bien la
plus grande déloyauté dont jamais chevalier se fût rendu
coupable ! " Il les regarda et, croyant vraiment qu'elles
étaient nobles dames, il les prit en compassion. Pourtant, il ne pensait pas qu'il valût mieux perdre sa propre
âme que de les voir toutes perdre les leurs; il leur dit
donc que, ni pour leur mort ni pour leur vie, il ne céde-
rait. Alors elles se précipitèrent du haut de la tour. A
cette vue, il fut tout ébahi, et, levant la main, il se
signa. Aussitôt il s'éleva autour de lui un tel fracas
qu'il se crut environné de tous les démons de l'enfer;
et de fait il y en avait plusieurs. Lorsqu'il regarda alentour, il ne vit plus ni la tour, ni la dame qui l'avait requis
d'amour, ni rien de ce qu'il voyait auparavant, mais
seulement ses armes et la maison où il croyait avoir
laissé son frère mort.

Il comprit que tout cela était un piège de l'Ennemi,

qui voulait la mort de son corps et la perdition de
son âme. Mais par la vertu de Notre Seigneur, il en
était réchappé. Levant les mains au ciel, il dit : " Beau
doux père Jésus-Christ, sois béni pour m'avoir donné
force et pouvoir de combattre l'Ennemi, et pour m'avoir
accordé la victoire en cette bataille. " Puis il s'en alla
où il pensait avoir laissé le corps de son frère, et n'y
trouva rien. Il en fut bien soulagé, car il ne crut plus
qu'il fût mort, mais plutôt qu'il n'avait vu qu'un
fantôme. Il reprit ses armes, monta en selle, et se hâta
de quitter ces lieux habités par l'Ennemi.

Quand il eut un peu chevauché, il entendit une
cloche sonner à sa gauche, et tout joyeux, il s'en alla
de ce côté, où il ne tarda pas à apercevoir une abbaye
enclose de bons murs. C'était une abbaye de moines
blancs. Il heurta à la porte. Ils ouvrirent et, le voyant
en armes, pensèrent qu'il était compagnon de la Quête.
On le mena dans une chambre pour le désarmer, et
on le reçut le mieux qu'on put. Il dit à un prud'homme
qui lui parut être prêtre : " Sire, pour l'amour de Dieu,
conduisez-moi auprès de celui de vos frères qui à
votre escient est le meilleur prud'homme. J'ai eu aujour-
d'hui une bien étrange aventure dont je voudrais me
confier à Dieu et à lui. — Sire chevalier, si vous nous
croyez, vous irez trouver notre abbé ; il est, de nous
tous, le plus prud'homme, de science et de bonne vie.
— Sire, dit Bohort, menez-moi à lui. " On le conduisit
à une chappelle, où on le laissa seul avec l'abbé. Bohort
le salua ; l'abbé s'inclina et lui demanda qui il était.
Bohort répondit qu'il était chevalier errant, et lui
conta toute son aventure. L'abbé lui dit alors :

" Sire chevalier, je ne sais qui vous êtes, mais je ne
pense pas qu'aucun chevalier de ce temps soit autant
que vous en la grâce de Notre Seigneur. Vous m'avez
dit votre histoire, mais je ne puis vous en dire mon
sentiment à loisir ce soir, car il est trop tard. Allez vous

reposer, et demain je vous conseillerai de mon mieux."

Bohort s'en alla, et l'abbé, qui pensait à ce qu'il lui avait raconté, recommanda aux frères de le servir de leur mieux. Cette nuit-là, Bohort fut mieux traité qu'il n'eût voulu. On lui apprêta chair et poisson, mais il n'en voulut pas prendre et se contenta de pain et d'eau, pour ne pas enfreindre la pénitence qui lui avait été imposée. Le lendemain, dès qu'il eut ouï matines et messe, l'abbé, qui ne l'avait pas oublié, vint à lui et lui souhaita le bonjour. Bohort le lui rendit. Puis l'abbé l'entraîna à part des autres, devant un autel, et lui demanda le récit de tout ce qui lui était advenu dans la Quête du Saint-Graal. Bohort lui narra mot à mot ce qu'il avait vu et entendu, éveillé ou endormi, et le pria de lui en dire la signifiance. L'abbé resta un peu à penser, puis commença :

" Bohort, après avoir reçu le Haut Maître, le Haut Compagnon, c'est-à-dire *Corpus Domini*, vous vous êtes mis en route pour voir si Notre Sire vous accorderait la grande révélation qui est réservée aux chevaliers de Jésus-Christ, aux vrais prud'hommes de cette Quête. Vous n'avez pas tardé à voir Notre Sire venir à vous sous forme d'oiseau et vous montrer la douleur qu'il souffrit pour nous. Je vais vous dire comment. Quand l'oiseau vint à l'arbre sans feuilles et sans fruits, il regarda ses oisillons, et aucun n'était vivant. Alors, il se frappa la poitrine du bec, le sang en jaillit, il mourut, et son sang rendit vie aux poussins. En voici la signifiance :

" L'oiseau est notre Créateur, qui fit l'homme à sa ressemblance. Quand l'homme fut bouté hors du paradis par son méfait, il vint sur la terre, où il trouva la mort; car il n'y avait point de vie. L'arbre sans feuilles et sans fruits signifie manifestement le monde, où n'existait alors que male aventure, pauvreté et souffrance. Les oiselets représentent l'humain lignage, tellement perdu en ce temps-là que tous allaient en enfer, les bons comme les méchants, et tous étaient égaux en mérites. Quand le Fils de Dieu vit cela, il monta sur l'arbre, c'est-à-dire sur la Croix, où il fut frappé du bec, soit de la pointe du glaive, et le sang lui jaillit du flanc droit. De ce sang reçurent vie les oisillons, ceux qui avaient fait ses œuvres : il les ôta d'enfer, où était et est encore toute mort, sans aucune vie. Ce bienfait que Dieu accorda au monde, à vous et à moi et aux autres pécheurs, il vous le montra sous l'apparence de l'oiseau, afin que vous ne redoutiez pas plus de mourir pour Lui qu'Il ne fit pour vous.

" Puis il vous mena chez la dame à qui le Roi Amang avait donné sa terre à garder. Par le Roi Amang, il faut entendre Jésus-Christ, qui est le roi du monde qui aime le plus, et en qui l'on trouve plus de douceur et compassion qu'en aucun homme terrien. L'autre dame, celle qui avait été chassée du pays, faisait à celle-ci une guerre sans merci. Vous avez livré combat et remporté la victoire. En voici la signifiance :

" Notre Sire vous avait montré qu'il avait répandu son sang pour vous; et vous avez combattu pour Lui. Ce fut bien pour Lui, car par cette dame nous entendons Sainte Église, qui tient la chrétienté dans la vraie foi, et qui est le patrimoine de Jésus-Christ. L'autre dame, qui avait été déshéritée et lui faisait la guerre, est l'Ancienne Loi, l'ennemie qui guerroie toujours contre la Sainte Église et les siens. Vous fîtes la bataille comme vous le deviez, en vrai chevalier de Jésus-Christ, tenu de défendre la Sainte Église. La nuit, Sainte Église vint vous voir sous l'aspect d'une femme attristée que l'on déshéritait à tort. Elle ne vint pas en robe de fête, mais de tristesse, c'est-à-dire en robe noire, et vous apparut tout assombrie par la peine que lui font ses enfants, les chrétiens pécheurs qui au lieu d'être ses fils sont ses fillâtres, et, au lieu de veiller sur elle comme sur leur mère, l'affligent jour et nuit.

" L'oiseau noir qui vous apparut, est Sainte Église,
qui dit : " Je suis noire, mais je suis belle, sachez que
" ma sombre couleur vaut mieux que la blancheur
" d'autrui. " Quant à l'oiseau blanc, qui ressemblait
à un cygne, c'était l'Ennemi. En effet, le cygne est
blanc en dehors et noir en dedans; c'est l'hypocrite,
qui est jaune et pâle, et qui, à en juger par l'apparence,
semble être serviteur de Jésus-Christ; mais en dedans
il est si noir, si affreusement souillé de péchés qu'il
trompe méchamment le monde. L'oiseau t'apparut
dans ton sommeil, mais aussi de jour. Sais-tu où ?
Ce fut lorsque l'Ennemi prit l'aspect d'un homme de
religion, qui te dit que tu avais laissé périr ton frère.
Il en mentit; ton frère est en vie. Mais il te le dit pour
te faire entendre folie, en te menant au désespoir et
à la luxure, afin de te jeter au péché mortel qui t'eût
fait échouer aux aventures du Saint-Graal.

" Il faut encore te montrer le sens du bois pourri
et des fleurs. Le bois sans force est Lyonnel, ton frère,
qui n'a en lui aucune vertu de Notre Seigneur pour le
soutenir. Il est tout pourri par les péchés mortels qu'il
a accumulés en lui de jour en jour. Les deux fleurs qui
étaient à droite désignent deux créatures vierges :
l'une est le chevalier que vous avez blessé hier, l'autre
la demoiselle que vous avez secourue. L'une des fleurs
se penchait vers l'autre pour lui ôter sa blancheur,
comme le chevalier tenta de dépuceler la demoiselle.
Mais le prud'homme les séparait, ce qui signifie que
Notre Sire, qui ne voulait pas leur perte, vous envoya
pour les séparer et sauver leur blancheur à tous deux.
Il vous dit : " Bohort, ce serait folie de laisser périr ces
deux fleurs pour sauver ce bois pourri. " Tu fis ce qu'il
te commandait, et il t'en sait gré. Car, lorsque la demoiselle vous appela à son secours, vous fûtes pris de pitié
et fîtes passer l'amour naturel après l'amour de Jésus-

Christ, laissant votre frère en péril pour protéger la
pucelle. Mais Celui que vous servez y fut à votre
place et fit si beau miracle, pour l'amour que vous
montrez au Roi des cieux, que les chevaliers qui emmenaient Lyonnel tombèrent morts. Votre frère se défit
de ses liens, prit les armes et le cheval de l'un d'eux
et retourna à la Quête. Vous en saurez la vérité bientôt.

" Enfin, les feuilles et les fruits que tu vis sortir
des fleurs, signifient que du chevalier naîtra encore une
lignée de vrais prud'hommes, et de la demoiselle
aussi. Si au contraire elle eût perdu son pucelage par
péché, Notre Sire en eût été affligé, parce que tous deux
auraient été damnés et perdus de corps et d'âme par
mort subite. Vous l'avez empêché, aussi doit-on vous
tenir pour bon et loyal sergent de Jésus-Christ. Et,
si vous étiez terrien, vous n'auriez pu avoir cette haute
aventure de délivrer les fidèles de Notre Seigneur,
libérant le corps de la peine terrestre et l'âme des douleurs d'enfer. Voilà. Je vous ai expliqué vos aventures.

— Sire, dit Bohort, vous dites vrai; vous me les
avez si bien expliquées que j'en serai meilleur pour le
reste de mes jours. — Je vous demanderai donc, dit
l'abbé, de prier pour moi, car je crois bien que Dieu vous
exaucera plus aisément que moi. " Bohort ne
répondit rien, tout honteux d'être considéré comme
un prud'homme par l'abbé.

Ils s'entretinrent longtemps encore, puis Bohort
recommanda l'abbé à Dieu et se mit en route. Il chevaucha jusqu'au soir, et prit son gîte chez une dame
veuve qui le reçut fort bien. Le lendemain matin il
repartit et parvint à un castel appelé Tubèle et sis en
une vallée. Près de là, il rencontra un valet qui courait
vers la forêt. Bohort lui demanda s'il était por-
teur de quelque nouvelle. " Oui, dit le valet. Il y
aura demain, devant de castel, un tournoi merveilleux.
— De quelles gens ? dit Bohort. — Du comte des

Plains, et d'une veuve, dame de céans. " Bohort résolut d'y assister, dans l'espoir d'y rencontrer quelqu'un
des compagnons de la Quête qui pourrait lui dire des
nouvelles de son frère, ou son frère lui-même, s'il était
dans la contrée et sain et sauf. Il alla donc à un ermitage qu'il voyait à l'orée d'un bois, et il y trouva son
frère Lyonnel, qui était sans armes à l'entrée de la
chapelle. Il y avait pris gîte pour être le lendemain
au tournoi. A la vue de son frère, Bohort, tout joyeux,
sauta à terre et lui dit : " Mon frère, depuis quand êtes-
vous ici ? " Lyonnel le reconnut à ces mots, mais lui
répondit sans se lever : " Bohort, Bohort, il s'en fallut
de peu, l'autre jour, que je ne fusse tué par votre faute,
quand les deux chevaliers m'emmenaient en me battant.
Au lieu de m'aider, vous êtes allé au secours de cette
demoiselle qu'entraînait un chevalier, et vous m'avez
laissé en péril de mort. Jamais mon frère ne commit
telle déloyauté, et pour ce méfait je ne vous promets
que la mort, puisque vous vous êtes mis au service de
la mort. Aussi bien, gardez-vous de moi : en quelque
lieu que je vous rencontre, dès que je serai armé,
sachez que vous ne pourrez attendre de moi que la
mort. "

A ces mots, Bohort fut tout attristé du courroux que
son frère avait contre lui. Il se jeta à genoux devant
lui, les mains jointes, et le supplia de lui pardonner
pour l'amour de Dieu. Lyonnel répondit qu'il n'en
ferait rien, mais qu'avec l'aide de Dieu il le tuerait
s'il pouvait en avoir le dessus. Puis, refusant de rien
entendre, il entra dans l'ermitage où il avait déposé
ses armes, et s'en revêtit en hâte. Une fois armé, il
sauta sur son cheval et dit à Bohort : " Gardez-vous
de moi ! Si Dieu m'aide, si je l'emporte sur vous, je
vous traiterai comme on doit traiter un félon. Car vous
êtes le plus déloyal félon qui ait jamais été fils d'un
prud'homme tel que fut le Roi Bohort, notre père.

Montez donc sur votre cheval, vous y serez plus à votre
avantage, et si vous ne le faites, je vous tuerai tel que
vous voilà à pied. La honte en sera pour moi et le
dommage pour vous, mais je ne me soucie point de
cette honte, et je préfère être blâmé de maintes gens
plutôt que de vous épargner le déshonneur que vous
devez avoir. ”

Quand Bohort voit qu'il va être contraint de se
battre, il ne sait que faire. Il pense bien qu'il ne doit pas
accepter cette bataille, mais, pour être moins en péril,
il montera en selle. Une fois encore il essaiera de trouver grâce. Il s'agenouille donc à terre, aux pieds du
cheval de son frère, et dit en pleurant tendrement :
“ Pour l'amour de Dieu, mon frère, ayez pitié de moi !
Pardonnez-moi ce méfait et ne me tuez pas ! Souvenez-
vous du grand amour qui doit être entre vous et moi ! ”

De tout ce que dit Bohort, Lyonnel ne se soucie
pas, tout échauffé qu'il est par l'Ennemi qui lui inspire
le désir de tuer son frère. Cependant Bohort est toujours à genoux devant lui, les mains jointes, criant
grâce. Quand Lyonnel voit qu'il ne se relèvera pas,
il pique des deux et frappe Bohort du poitrail de
son cheval, si rudement qu'il le renverse à terre et que
Bohort en tombant se blesse grièvement; et Lyonnel
lui passe sur le corps avec son cheval, lui brisant les
membres. Bohort se pâme de douleur à la pensée
qu'il va mourir sans confession. Et Lyonnel, après
l'avoir si mal traité qu'il ne peut plus se relever, descend à terre, résolu à lui couper la tête.

A l'instant où il va lui arracher son heaume, l'ermite,
un homme de très grand âge, accourt, ayant entendu
les paroles des deux frères. Lorsqu'il voit Lyonnel
sur le point de trancher la tête à Bohort, il se jette
sur Bohort et dit à Lyonnel : “ Ah ! franc chevalier,
tu seras en péché mortel, et pour lui, ce sera une bien
grande perte, car il est l'un des meilleurs chevaliers

du monde. — Sire, répond Lyonnel, si vous ne vous retirez de sur lui, je vous tuerai, et il n'en sera pas quitte pour autant ! — J'aime mieux, dit l'ermite, que tu me tues, plutôt que lui, car ma mort ne sera pas une perte aussi grande que la sienne. " Il serre donc Bohort dans ses bras. Lyonnel, alors, tire son épée du fourreau et frappe le prud'homme d'un tel coup qu'il lui brise la nuque. Et le vieillard est pris de l'angoisse de mort.

Mais Lyonnel, après cela, ne refrène point sa rage; il saisit son frère par le heaume et le délace pour lui couper la tête; il le tuerait si, par la volonté de Notre Seigneur, n'accourait Calogrenant, chevalier de la maison du Roi Arthur et compagnon de la Table Ronde. Il s'étonne fort à la vue de l'ermite tué, puis, levant les yeux, il voit Lyonnel qui a délacé le heaume de son frère et va le mettre à mort, et il reconnaît Bohort qu'il aimait de grand amour. Sautant à terre, il prend Lyonnel par les épaules, le tire en arrière et lui dit : " Qu'est-ce donc, Lyonnel ? Êtes-vous hors de sens, de vouloir tuer votre frère, qui est si bon chevalier ? Au nom de Dieu, nul qui soit prud'homme ne vous laisserait faire. — Comment ? fait Lyonnel, vous prétendez le secourir ? Si vous vous en mêlez, je le laisserai et m'en prendrai à vous. " Calogrenant le regarde, tout ébahi, et lui dit : " Comment, Lyonnel ? Est-ce vrai que vous vouliez le tuer ? — Je veux le tuer, et je le tuerai, et ni pour vous ni pour personne je n'y renoncerai. Il a de si grands torts envers moi qu'il mérite la mort. " Il se jette à nouveau sur Bohort, prêt à le frapper à la tête. Mais Calogrenant se met entre eux deux et dit que, s'il ose y porter la main, il aura à se battre contre lui-même.

Lyonnel prend son écu et demande à Calogrenant qui il est. Celui-ci se nomme; Lyonnel alors le défie, lui court sus, l'épée dégainée, et lui en donne un coup terrible. Calogrenant de son côté prend son écu et

dégaine son épée. Bon chevalier, et de grande force, il
se défend avec vigueur. La mêlée dure jusqu'à ce que
Bohort se lève sur son séant, si mal en point qu'il ne
pense pas retrouver ses forces avant des mois si Dieu
ne l'aide. Lorsqu'il voit Calogrenant aux prises avec
son frère, il est très angoissé, car si Calogrenant tue
Lyonnel sous ses yeux, il n'aura plus de joie de sa vie,
et si Lyonnel tue Calogrenant, c'est lui, Bohort, qui
en aura la honte, puisque Calogrenant n'a tiré l'épée
que pour le défendre. S'il le pouvait, il irait les séparer,
mais il n'a la force ni de se défendre ni d'assaillir autrui.
Il voit à la fin que Calogrenant a le dessous. C'est que
Lyonnel est de grande chevalerie et rude hardiesse;
déjà il lui a dépecé écu et heaume, et l'a si malmené qu'il
n'attend plus que la mort, ayant perdu tant de sang qu'à
grand'peine il se tient debout. Et il a peur de mourir.
Calogrenant voit alors Bohort dressé sur son séant
et lui crie : " Ah ! Bohort, venez me tirer de ce grand
péril où je me suis jeté pour vous secourir quand vous
étiez plus près de la mort que vous ne me voyez. Si
je succombe, tout le monde vous en blâmera. — Qu'importe ! fait Lyonnel, vous mourrez à ce coup, et nul ne
m'empêchera de vous tuer tous deux de cette épée ! "

A ces mots, Bohort se sent peu rassuré, car si Calogrenant succombe, il sait bien qu'il sera lui-même en
grand péril. Il parvient alors à se relever, prend son
heaume et le met sur sa tête. Voyant l'ermite mort, il
en est très affligé et prie Notre Seigneur de le prendre
en pitié, puisque jamais homme si sage ne mourut
pour si peu de chose. Mais Calogrenant l'appelle :
" Ah ! Bohort, me laisserez-vous mourir ? S'il vous
plaît que je meure, la mort me sera agréable, puisque
je ne pourrais mourir pour sauver un meilleur chevalier. " Lyonnel cependant le frappe de l'épée et fait
voler son heaume. Quand il se sent la tête nue et voit
qu'il n'échappera pas, il dit : " Ah ! doux père Jésus-

Christ, qui avez souffert que je me mette à votre service, mais que je n'ai pas servi aussi dignement que je devais, ayez pitié de mon âme ! Que cette douleur, que mon corps supportera pour le bien que je voulais faire, soit ma pénitence et le soulagement de mon âme ! " Tandis qu'il parle, Lyonnel l'abat à terre, et le corps s'étire dans les douleurs de la mort.

Quand il a tué Calogrenant, il n'est pas encore satisfait, et court à son frère. Il lui assène un tel coup qu'il le fait broncher, et Bohort, en qui l'humilité est si naturellement enracinée, le prie, pour l'amour de Dieu, de lui pardonner : " Car s'il advient, mon frère, que je vous tue, ou vous moi, nous mourrons en grand péché. — Que Dieu m'abandonne, dit Lyonnel, si jamais j'ai pitié de vous et si je vous ai à ma merci sans vous tuer ; car si je suis encore en vie, vous n'y êtes pour rien ! " Alors, Bohort tire son épée, et dit en pleurant : " Beau doux père Jésus-Christ, si je défends ma vie contre mon frère, ne me l'imputez pas à péché ! " Il lève son épée, mais comme il va frapper, une voix lui dit : " Fuis, Bohort, ne le touche pas, tu le tuerais. " Et entre eux deux descend un brandon de feu, en semblance de foudre, qui vient du ciel ; une flamme en sort, si ardente que leurs deux écus en sont brûlés. Ils en sont si effrayés qu'ils tombent tous deux à terre et restent longtemps pâmés. Quand ils se relèvent, ils se regardent durement ; entre eux, la terre est toute rouge du feu qui y avait été. Mais quand Bohort voit que son frère n'a aucun mal, il tend les mains au ciel et remercie Dieu de tout son cœur.

Il entend alors une voix qui lui dit : " Bohort, lève-toi et va-t'en d'ici. Quitte la compagnie de ton frère, achemine-toi vers la mer et ne t'attarde nulle part avant d'y être, car Perceval t'y attend. " Bohort s'agenouille et dit, les mains tendues vers le ciel : " Père des cieux, sois béni de m'appeler à ton service ! " Il

s'approche de Lyonnel qui est encore tout étourdi, et
s'adresse à lui : " Mon frère, vous avez mal fait de tuer
ce chevalier, notre compagnon, et cet ermite. Pour
l'amour de Dieu, ne partez pas d'ici avant que leurs
corps soient mis en terre et qu'on leur ait rendu les
honneurs auxquels ils ont droit. — Et vous ? dit Lyonnel. Que ferez-vous ? Attendrez-vous ici qu'ils soient
enterrés ? — Non, dit Bohort. Je m'en irai au bord de la
mer, où Perceval m'attend, ainsi que la voix divine me
l'a fait savoir. "

Il partit donc et chevaucha à grandes journées,
jusqu'à ce qu'il arrivât à une abbaye qui était au-
dessus du rivage. Il y passa la nuit et, dans son sommeil,
une voix lui dit : " Bohort, lève-toi et va tout droit
à la mer, où Perceval t'attend sur la grève. " Il sauta
sur ses pieds, fit le signe de la croix sur son front,
et pria Notre Seigneur de le conduire. Puis il prit
ses armes, vint à son cheval, lui mit la selle et le mors
et, ne voulant pas que ceux d'ici puissent savoir
qu'il s'en allait à pareille heure, il chercha une issue,
trouva une brèche dans le mur, et la passa à cheval.
Personne ne s'aperçut de son départ.

Parvenu à la rive, il y vit une nef toute couverte
de soie blanche. Il y monta en se recommandant
à Jésus-Christ, et aussitôt le vent, frappant la voile,
emmena la nef à si vive allure qu'elle sembla voler
sur les eaux. Quand il s'aperçut qu'il avait omis
d'embarquer son cheval, il s'y résigna. Il ne voyait
rien sur la nef, car la nuit était noire. Appuyé au bord,
il pria Jésus-Christ de le mener en un lieu où son âme
pût être sauvée. Puis il s'endormit jusqu'à l'aube.

Lorsqu'il s'éveilla, il vit sur la nef un chevalier
tout armé, sauf du heaume, qui était devant lui.
Quand il l'eut un peu regardé, il reconnut Perceval
le Gallois, et courut l'embrasser avec joie. Perceval,
tout surpris, ne sachant comment ce chevalier pouvait

être venu, lui demanda qui il était. " Comment ?
fit Bohort, ne me reconnaissez-vous point ? — Certes
non, dit Perceval, et je ne sais d'où vous venez,
si Notre Sire lui-même ne vous a fait entrer ici ? "
Bohort se mit à sourire de ces paroles, et quitta son
heaume. Alors, Perceval le reconnut. Il ne serait
pas aisé de raconter l'accueil qu'ils se firent. Bohort
dit sur quel avertissement il était venu jusqu'à la nef,
et Perceval lui narra ses aventures sur le rocher où
l'Ennemi, déguisé en femme, l'avait mené jusqu'au
péché mortel.

Ainsi les deux amis étaient réunis, comme Notre
Sire l'avait voulu, et attendaient les aventures que
Dieu leur enverrait, errant sur la mer, tantôt avançant
tantôt revenant, selon que le vent les menait. Ils parlaient de mainte chose et se réconfortaient l'un l'autre.
Perceval dit qu'il ne manquait plus que Galaad pour
que fût accomplie la promesse qui lui avait été faite.

Mais le conte cesse de parler d'eux et revient au
Bon Chevalier.

Aventures de Galaad

Or le conte dit que, quand le Bon Chevalier eut quitté Perceval après l'avoir protégé des vingt chevaliers qui l'attaquaient, il prit le grand chemin de la Forêt Gaste et erra plusieurs jours selon que le menait aventure. Il y accomplit maint exploit dont le conte ne fait point mention, parce qu'il y aurait trop à faire si on voulait les narrer tous. Quand le Bon Chevalier eut chevauché longtemps par le royaume de Logres, recherchant les lieux où il entendait dire qu'il y eût quelque aventure, il s'en alla vers la mer, suivant son bon plaisir. Il passa ainsi devant un castel où il y avait un merveilleux tournoi. Mais les assiégeants avaient déjà tant fait que ceux du dedans étaient en fuite, car les autres étaient bien meilleurs chevaliers.

Quand Galaad voit ceux du castel en si mauvais point qu'ils se font tuer à la poterne, il décide de leur venir en aide. Piquant son cheval des éperons et abaissant sa lance, il frappe le premier adversaire qu'il rencontre, le fait voler à terre et lui brise son glaive. Puis il met la main à son épée, dont il sait si bien se servir, se jette au plus fort de la mêlée, abat chevaux et chevaliers, et fait tant que tout le monde le tient pour grand prud'homme. Or messire Gauvain s'était rangé avec Hestor du côté des assiégeants; dès qu'ils virent l'écu blanc à la croix vermeille, ils se dirent l'un à l'autre : " Voici le Bon Chevalier ! Bien fou qui l'attaquera, car contre son épée nulle armure ne résiste ! " A cet instant, Galaad vint à monseigneur Gauvain comme l'aventure l'y portait, et le frappa si rudement qu'il lui fendit le heaume et la coiffe de fer. Messire Gauvain, qui crut mourir à ce coup, vola hors des arçons. Galaad ne put retenir son élan, atteignit le cheval devant l'arçon et, le tranchant aux épaules, l'abattit mort sous monseigneur Gauvain.

Quand Hestor voit Gauvain à pied, il recule; ce serait folie de faire face à un tel adversaire, et il se doit de l'aimer puisqu'il est son neveu. Galaad cependant a bientôt fait de sauver ceux qui allaient être déconfits et qui reprennent courage tandis que s'enfuient leurs ennemis, qui déjà se croyaient vainqueurs. Galaad les pourchassa longtemps. Puis, assuré qu'ils ne reviendraient pas à la charge, il disparut sans que personne sût où il avait passé. Mais tous lui accordaient la gloire de cette joute.

Messire Gauvain se sentait si rudement frappé qu'il se demandait s'il en réchapperait. Il dit à Hestor : " Voici avérée la parole que j'entendis le jour de la Pentecôte, à propos de l'épée à laquelle je portai la main. Il me fut annoncé qu'avant longtemps j'en recevrais un coup terrible, et c'est l'épée même dont vient de me frapper ce chevalier. La chose est bien advenue telle qu'elle me fut prédite. — Sire, fit Hestor, le chevalier vous a-t-il si grièvement blessé ? — Certes, reprit messire Gauvain, et je ne m'en tirerai que si Dieu me prête secours. — Que ferons-nous donc ? dit Hestor. Puisque vous voilà si mal en point, il me paraît que notre Quête est finie. — Sire, dit Gauvain, la vôtre non, mais la mienne. Pourtant je vous suivrai tant qu'il plaira à Dieu. "

Cependant, les chevaliers du château s'assemblèrent et la plupart furent très affligés quand ils surent que monseigneur Gauvain était si grièvement blessé.

Sans faute, il était l'homme du monde le plus aimé des nations étrangères. Ils le transportèrent au château, le désarmèrent et le couchèrent dans une chambre paisible, loin des gens. Puis ils mandèrent un médecin qui vit sa plaie et assura qu'en un mois il le guérirait si bien qu'il pourrait chevaucher et porter l'armure. Ils lui promirent que, s'il y parvenait, ils lui donneraient assez de biens pour qu'il fût riche le demeurant de sa vie. Ainsi messire Gauvain resta là, et avec lui Hestor qui ne voulait point le laisser qu'il ne fût guéri.

Le Bon Chevalier, en quittant le tournoi, chevaucha selon que le menait aventure et parvint le soir à deux lieues de Corbenyc. Comme il se trouvait devant un ermitage quand la nuit tomba, il frappa à la porte. L'ermite, reconnaissant un chevalier errant, lui souhaita la bienvenue, prit soin de son cheval, le fit désarmer et lui donna la même charité que Dieu lui avait octroyée. Et Galaad la reçut de bon cœur, lui qui de tout le jour n'avait mangé, puis il s'endormit sur une botte de foin qui était là.

Lorsqu'ils furent couchés, une demoiselle heurta à la porte et appela Galaad. L'ermite demanda qui voulait entrer à pareille heure : " Sire Ulfin, fit-elle, je suis une demoiselle qui désire parler à ce chevalier que vous hébergez. J'ai bien grand besoin de lui. " Le prud'homme éveilla Galaad et lui dit : " Sire chevalier, il y a là une demoiselle qui veut vous parler et qui semble avoir grand besoin de vous. " Galaad se leva et lui demanda ce qu'elle désirait. " Galaad, dit-elle, je désire que vous vous armiez, que vous montiez en selle, et que vous me suiviez. Je promets de vous montrer la plus haute aventure que vit jamais chevalier. " A cette nouvelle, Galaad vint prendre ses armes, sella son cheval, monta, recommanda l'ermite à Dieu, et dit à la demoiselle : " Menez-moi

où vous voudrez, je vous suivrai où il vous plaira
d'aller. " Elle partit de toute la vitesse de sa monture,
Galaad à sa suite, jusqu'à l'aube. Quand le jour fut
beau et clair, ils entrèrent dans une forêt qui s'étendait
jusqu'à la mer, et qu'on nommait Célibe. Ils y chevauchèrent tout le jour, sans boire ni manger.

Au soir, après vêpres, ils arrivèrent à un castel,
bâti dans une vallée riche de toutes richesses, environné
d'eau, de bonnes murailles et de profonds fossés.
La demoiselle y entra, suivie de Galaad; tous ceux
d'ici lui disaient : " Dame, soyez la bienvenue ",
lui faisant fête comme à leur souveraine. Elle leur
commanda de bien accueillir le chevalier le plus vaillant
du monde, et ils le désarmèrent. " Dame, dit-il, ne
resterons-nous pas ici ce soir ? — Nenni, fit-elle, nous
reprendrons notre route. " Ils se mirent à table, puis
allèrent dormir. Après un court sommeil, la demoiselle
appela Galaad : " Sire, levez-vous ! " On lui apporta
torches et chandelles pour qu'il pût endosser ses armes.
Et, une fois qu'ils furent montés en selle, la dame
mit devant elle un écrin d'une grande magnificence.
Ils s'éloignèrent vite du castel et chevauchèrent cette
nuit-là à très grande allure, si bien qu'ils arrivèrent
à la mer. Ils y virent la nef sur laquelle se trouvaient
Bohort et Perceval; les deux chevaliers ne dormaient
pas. Du plus loin qu'ils l'aperçurent, ils crièrent à
Galaad : " Sire, soyez le bienvenu ! Nous vous avons
tant attendu que, Dieu merci, vous voilà ! Hâtez-vous,
il est temps d'aller à la haute aventure que Dieu nous
a préparée. " Il demanda à ces chevaliers qui ils étaient
et pourquoi ils disaient l'avoir attendu, puis à la
demoiselle si elle descendrait. " Oui, sire, dit-elle,
et laissez ici votre cheval, j'y laisserai le mien. " Il
mit pied à terre, dessella son cheval et le palefroi de
la demoiselle, fit le signe de croix sur son front, se
recommanda à Notre Seigneur et entra dans la nef,

suivi de la demoiselle. Les deux compagnons leur
firent grande fête. Et voici que la nef s'en alla à vive
allure sur la mer, poussée par un fort vent. Au bout de
quelques instants, on ne vit plus de terre ni au loin
ni au près. Lorsque vint le jour, ils s'entre-recon-
nurent tous trois et pleurèrent de joie de s'être
retrouvés.

Bohort ôta son heaume; Galaad quitta le sien et
son épée, mais ne voulut pas se défaire de son haubert.
Puis il demanda à ses compagnons s'ils savaient d'où
venait cette nef, si belle par-dehors et par-dedans.
Bohort dit qu'il l'ignorait, et Perceval conta ce qu'il
savait : son aventure sur le rocher et le prud'homme
qui semblait un prêtre et l'y avait fait entrer. " Il m'a
bien dit que je ne tarderais pas à vous voir en ma
compagnie; mais de cette demoiselle il ne me parla
point. — Par ma foi, dit Galaad, je ne serais jamais
venu ici si elle ne m'y eût mené. J'y suis venu davantage
par elle que par moi-même, car je n'étais point sur
cette voie. Quant à vous deux, mes compagnons,
je ne pensais pas vous trouver jamais en un lieu aussi
étrange que celui-ci. " Tous trois se prirent à rire.

L'un à l'autre ils se contèrent leurs aventures, et
Bohort dit à Galaad : " Sire, si Lancelot votre père
était ici, je crois que rien ne nous manquerait. " Mais
Galaad répondit qu'il n'y pouvait être, puisque Dieu
ne le voulait pas.

A l'heure de none, ils devaient être bien loin du
royaume de Logres, car toute la nuit et toute la
journée la nef avait couru à pleines voiles. Ils arrivèrent
alors à une île sauvage, entre deux rochers, si cachée
au fond d'un golfe, que c'était merveille. Ils y aperçurent une autre nef, derrière une roche, où ils ne pouvaient arriver qu'à pied. " Beaux seigneurs, fit la
demoiselle, en cette nef est l'aventure pour laquelle
Notre Sire vous a réunis; il convient donc d'y aller. "

Ils y consentirent volontiers, sautèrent sur le rivage et aidèrent la demoiselle à descendre; puis ils amarrèrent leur bateau pour que le flot ne l'entraînât pas. Quand ils furent sur le rocher, ils s'avancèrent vers l'autre navire. Ils le trouvèrent bien plus splendide que celui qu'ils venaient de quitter, mais furent tout surpris de n'y découvrir ni homme ni femme. S'étant approchés pour mieux voir, ils aperçurent au bord de la nef une inscription en chaldéen qui disait une parole redoutable à quiconque eût voulu y entrer. La voici :

Toi qui veux monter a mon bord, qui que tu sois, prends bien soin d'être plein de foi, car je ne suis autre que la Foi. Donc, examine, avant d'entrer, si tu n'es point entaché, car je ne suis autre que la Foi et la Croyance. Pour peu que tu abandonnes la croyance, je t'abandonnerai et tu n'auras de moi ni soutien ni aide, mais je te priverai de tout, en quelque lieu que tu sois convaincu de mécréance.

Ils s'entre-regardèrent, et la demoiselle dit à Perceval : " Savez-vous qui je suis ? — Certes non, dit-il; jamais à mon escient je ne vous vis. — Sachez donc que je suis votre sœur, et la fille du roi Pelléhen. Je me fais connaître à vous pour que vous croyiez mieux ce que je vais vous dire. Je vous avertis premièrement, vous que j'aime plus que personne au monde, que si vous n'êtes parfaitement croyant en Jésus-Christ, vous ne devez point entrer en cette nef : vous y péririez aussitôt. Car cette nef est si haute chose que nul n'y peut demeurer sans péril de mort, s'il est entaché de vice. "

Perceval la regarda longuement et finit par reconnaître sa sœur. Il lui fit fête et ajouta : " Certes, ma

sœur, j'y entrerai. Et savez-vous pourquoi ? Parce
que, si je suis mécréant, je veux périr misérablement,
et si je suis plein de foi, comme un chevalier doit être,
je serai sauvé. — Entrez donc, dit-elle, et que Notre
Sire vous y soit garant et protecteur ! "

Cependant Galaad, qui était en avant d'eux, leva
la main, se signa, monta à bord, et se mit à regarder
de tous côtés. La demoiselle à son tour entra après
s'être signée. Et les autres les imitèrent sans tarder.
Lorsqu'ils eurent bien examiné la nef, ils déclarèrent
que sans doute, sur toutes les mers et les terres, il
n'en était point de si belle. Tandis qu'ils la parcou-
raient, ils découvrirent un drap magnifique étendu
en guise de courtine sur un lit d'une extraordinaire
splendeur.

Galaad souleva ce drap et vit là la plus belle couche
du monde; il y avait au chevet une riche couronne
d'or, et au pied du lit une épée étincelante, posée en
travers et tirée d'un bon demi-pied hors de son
fourreau.

Cette épée était d'un luxe très grand et très varié.
Le pommeau était fait d'une pierre qui avait en soi
toutes les couleurs que l'on peut trouver sur terre.
Et autre chose était d'un plus grand prix encore :
chacune des couleurs avait une vertu particulière.
Le conte précise en outre que la poignée était faite
des côtes de deux bêtes différentes : l'une était une
espèce de serpent qui vit en Calédonie plus qu'en
tout autre pays et qu'on appelle le serpent papaluste;
sa vertu est telle que si quelqu'un peut s'emparer d'une
de ses côtes ou d'un de ses os, il n'a pas à craindre les
plus fortes chaleurs. L'autre était une côte d'un poisson,
pas très grand, qui vit dans le fleuve Euphrate, nulle
part ailleurs, et que l'on appelle ortenax. Si on possède
une de ses côtes, il suffit de la toucher pour oublier
toute joie et tout deuil, sauf la raison pour laquelle

on touche l'os du poisson. Mais dès qu'on le lâche, on retrouve tous ses souvenirs accoutumés, comme un homme naturel. Telles étaient les vertus des deux côtes placées à la poignée de l'épée, sous un magnifique drap vermeil portant une inscription qui disait :

JE SUIS MERVEILLE A VOIR ET A CONNAÎTRE. CAR JAMAIS NUL NE ME PUT EMPOIGNER, SI GRANDE FÛT SA MAIN, ET NUL NE LE FERA, SAUF UN SEUL. ET CELUI-LA SURPASSERA TOUS CEUX QUI AVANT LUI AURONT ÉTÉ, ET QUI APRÈS LUI VIENDRONT.

Ils lurent cette inscription, car ils savaient assez de lettres, puis se regardèrent et dirent : " Par ma foi, on voit ici des merveilles. — Au nom de Dieu, fit Perceval, j'essaierai d'empoigner cette épée. " Il y mit la main, mais ne put étreindre la poignée, et dit : " Je crois bien que ces lettres disent vrai. " Bohort essaya à son tour et n'y fit rien qui vaille. Ils dirent alors à Galaad : " Sire, essayez de prendre cette épée. Nous savons bien que vous achèverez l'aventure à laquelle nous avons failli. " Galaad s'y refusa. " Car, dit-il, je vois choses plus étranges que je ne vis jamais. " Il regardait la lame de l'épée qui, comme vous l'avez ouï, était à demi tirée du fourreau : une nouvelle inscription, en lettres rouge sang, disait :

JAMAIS NUL NE SOIT ASSEZ HARDI POUR ME TIRER DU FOURREAU, S'IL NE DOIT MIEUX FAIRE QUE PERSONNE, ET PLUS VAILLAMMENT. QUICONQUE AUTREMENT ME TIRERA, QU'IL SACHE QU'IL NE MANQUERA PAS D'EN MOURIR OU D'EN ÊTRE MUTILÉ. CELA A DÉJA ÉTÉ VÉRIFIÉ PLUSIEURS FOIS.

Galaad dit alors : " Je voulais prendre cette épée, mais puisque la défense est si grande, je n'y mettrai pas la main. " Perceval et Bohort en dirent autant.

" Beaux seigneurs, fit la demoiselle, sachez que tirer cette épée est défendu à tous, sauf un seul, et je vais vous dire ce qui en advint il n'y a pas long-temps.

" C'est chose vraie que cette nef arriva au royaume de Logres en un temps où il y avait une guerre mortelle entre le roi Lambar, père de celui qu'on nomme le roi Méhaignié, et le roi Varlan, qui avait été sarrazin toute sa vie mais venait d'être fait chrétien, et tenu pour un des plus prud'hommes du monde. Un jour, les deux armées combattirent sur le rivage où avait abordé la nef; mis en déroute, ses hommes tués, le roi Varlan eut grand'peur de mourir. Il sauta sur la nef, y découvrit cette épée, la tira du fourreau, redes-cendit à terre et y trouva le roi Lambar, l'homme de la chrétienté qui avait le plus de foi et en qui Notre Sire avait la plus grande part. Le roi Varlan brandit l'épée et l'abattit sur le casque de Lambar, si rudement qu'il fendit jusqu'à terre l'homme et le cheval. Tel fut le premier coup de cette épée au royaume de Logres. Il en advint telle pestilence et telle calamité des deux royaumes, que plus jamais les terres ne récompen-sèrent les laboureurs de leurs travaux. Ni blé ni autre chose n'y poussa désormais, les arbres ne portèrent plus de fruits, on ne trouva plus de poissons dans les rivières. C'est pourquoi la terre des deux royaumes fut nommée la Terre Gaste, parce que ce douloureux coup l'avait gâtée.

" Quand le roi Varlan vit que l'épée était si tran-chante il voulut aller prendre aussi le fourreau; il entra dans la nef, mit l'épée au fourreau, mais à l'instant même il tomba mort au pied de ce lit. Ainsi s'avéra que nul ne tirerait cette épée qu'il n'en dût mourir ou être mutilé. Le corps du roi resta là jusqu'au jour où une pucelle l'en rejeta, car aucun homme ne fut

assez hardi pour entrer dans la nef, à cause de la défense qui en était faite par les lettres du bord.

— Par ma foi, dit Galaad, voilà une belle aventure et je crois bien qu'il en advint ainsi, car je ne doute
point que cette épée ne soit plus merveilleuse qu'aucune autre. " Il s'avança pour la tirer. " Ah ! Galaad,
dit la demoiselle, ayez encore patience jusqu'à ce que
vous ayez bien regardé toutes les merveilles qu'on y
voit. " Il laissa l'épée, et ils se mirent à examiner le
fourreau mais ils ne savaient pas en quoi il pouvait
être, sinon en cuir de serpent. Pourtant, il était vermeil
comme feuille de rose, et portait des lettres, les unes
d'or, les autres d'azur. Mais ce qui les émerveilla plus
encore, ce fut le baudrier qui ne semblait pas convenir
à une arme aussi précieuse : il était de vile et pauvre
matière, comme de l'étoupe de chanvre, et si faible
en apparence qu'on doutait qu'il pût porter l'épée
sans rompre au bout d'un instant. Les lettres du fourreau disaient :

CELUI QUI ME PORTERA SERA BEAUCOUP PLUS PREUX
ET PLUS SÛR QUE NUL AUTRE, S'IL ME PORTE AVEC
PURETÉ COMME IL LE DOIT, CAR JE N'ENTRERAI POINT
EN UN LIEU OU IL Y AIT ORDURE NI PÉCHÉ. ET QUI M'Y
METTRA, QU'IL SACHE BIEN QU'IL S'EN REPENTIRA
BIENTÔT. MAIS S'IL ME PORTE EN ÉTANT PUR, IL POURRA
ALLER PARTOUT SANS PÉRIL. CAR LE CORPS DE CELUI
QUI ME PORTERA A SON CÔTÉ NE POURRA ETRE HONNI
TANT QU'IL SERA CEINT DU BAUDRIER AUQUEL JE PEN-
DRAI. QUE NUL N'AIT LA TÉMÉRITÉ D'ÔTER CE BAUDRIER
QUE VOICI : C'EST CHOSE QUI N'EST OCTROYÉE A NUL
QUI SOIT PRÉSENTEMENT OU A VENIR. CE BAUDRIER
NE PEUT ÊTRE ÔTÉ QUE PAR MAIN DE FEMME, FILLE
DE ROI ET DE REINE. ELLE EN FERA TEL ÉCHANGE
QU'ELLE Y METTRA UN AUTRE BAUDRIER, FAIT DE CE
QU'ELLE PRÉFÈRE DES CHOSES QU'ELLE PORTE SUR ELLE

Il convient aussi que la demoiselle soit tous les jours de sa vie pucelle de volonté et de fait. S'il advient qu'elle enfreigne sa virginité, il est certain qu'elle mourra de la plus vile mort que nulle femme puisse mourir ; cette demoiselle appellera l'épée de son vrai nom, et moi du mien, et jamais auparavant personne ne saura nous appeler de nos vrais noms.

Lorsqu'ils eurent lu cette inscription, ils se mirent à rire, disant que c'étaient choses étranges à voir et à entendre. " Sire, fit Perceval, retournez cette épée, vous verrez ce qu'il y a de l'autre côté. " Galaad la retourna et ils virent qu'elle était rouge comme du sang sur l'autre face, avec des lettres qui disaient :

Celui qui me prisera le plus y trouvera plus a blamer dans le besoin qu'il ne pourrait croire ; et a celui auquel je devrais être le plus débonnaire, je serai le plus félonnesse. Et cela n'adviendra qu'une fois, car ainsi doit-il en advenir.

Ces lettres les étonnèrent plus encore. " Au nom de Dieu, fit Perceval à Galaad, je voulais vous exhorter à prendre cette épée. Mais puisque l'inscription dit qu'elle faillira dans le besoin et se montrera félonnesse lorsqu'elle devrait être débonnaire, je ne vous conseille pas d'y toucher ; elle pourrait vous honnir soudain, et ce serait grande misère. " Mais la demoiselle dit à Perceval : " Mon frère, ces deux choses sont déjà arrivées, je vous dirai quand et à quelles gens, en sorte que celui qui en sera digne ne devra plus craindre de saisir cette épée.

" Il advint jadis, bien quarante ans après la Passion de Jésus-Christ, que Nascien, le beau-frère du roi Mordrain, fut, par le commandement de Notre Sei-

gneur, transporté sur un nuage à plus de quatorze
journées de son pays, en une île proche du pays d'Occident, qu'on appelait l'Ile Tournoyante. Il y trouva,
à l'entrée d'une roche, cette nef où nous sommes, vit
comme nous le lit et l'épée qu'il convoita ardemment,
sans avoir la hardiesse de la tirer du fourreau. Mais
il était tombé en désir d'elle. Il demeura huit jours
sur la nef sans boire ni manger. Au neuvième jour, un
vent prodigieux l'emporta de l'Ile Tournoyante en
une autre île d'Occident, très loin de là. Lorsqu'il
fut à terre, il aperçut un géant, le plus grand du monde,
qui lui cria qu'il était un homme mort, et il crut sa
dernière heure venue en voyant ce mécréant lui courir
sus. Tout autour de lui, il ne vit rien pour se défendre;
alors il courut à l'épée, poussé par l'angoisse de mourir,
la tira du fourreau, et considérant la lame nue, il la
jugea merveilleuse. Il se mit donc à la brandir, mais
au premier geste, l'épée se brisa en deux. Il dit alors qu'il
lui fallait blâmer la chose qu'il avait le plus prisée au
monde, et avec raison, puisqu'elle lui avait fait défaut
dans le besoin.

" Il remit les morceaux de l'épée sur le lit, sortit
de la nef, alla combattre le géant, et le tua. Puis il
remonta sur la nef. Quand le vent frappa la voile,
il se mit à errer sur la mer à l'aventure jusqu'à ce
qu'il rencontrât une autre nef, appartenant au roi
Mordrain qui avait été assailli par ses ennemis à la
roche du Port Périlleux. Ils se firent l'un à l'autre
bel accueil, en gens qui s'aimaient de grand amour,
puis se racontèrent leurs aventures. Nascien dit :
" Sire, je ne sais ce que vous me raconterez des nou-
" velles du monde. Mais puisque vous ne me vîtes
" de longtemps, je vous dirai qu'il m'est arrivé ce
" qui n'était jamais arrivé à personne. " Et il lui narra
l'histoire de la belle épée, qui s'était brisée lorsqu'il
pensait tuer le géant. " Par ma foi, dit Mordrain, voilà

" choses étranges ! Et que fîtes-vous de l'épée ? — Sire,
" dit Nascien, je la remis où je l'avais prise. Vous
" pouvez venir la voir, si vous voulez, car elle est
" ici. " Le roi Mordrain passa sur la nef de Nascien,
s'approcha du lit et, quand il vit les morceaux de l'épée
brisée, il la loua comme la plus belle qu'il eût vue.
Et il ajouta que la rupture ne s'était point faite par
quelque défaut de l'épée, mais pour une raison cachée
ou par un péché de Nascien. Il remit ensemble les
morceaux et l'acier se ressouda aussi aisément qu'il
s'était brisé. Mordrain dit alors en souriant : " C'est
" merveille que les vertus de Jésus-Christ, qui soude
" et brise à volonté. " Il remit l'épée au fourreau et
la déposa où vous la voyez. Puis ils entendirent une
voix qui leur disait : " Sortez de cette nef et entrez
" dans l'autre; tant que vous serez ici, si vous êtes en
" état de péché ou si vous y tombez, vous n'en réchap-
" perez pas. " Ils obéirent, et tandis que Nascien
passait sur l'autre navire, il fut frappé à l'épaule d'un
coup d'épée si violent qu'il tomba à la renverse en
criant : " Ah ! Dieu ! je suis cruellement blessé ! "
Et une voix lui dit : " C'est pour le forfait que tu com-
" mis en tirant cette épée du fourreau sans en être
" digne. Une autre fois, tu te garderas d'aller contre
" la volonté de ton Créateur. "

" Ainsi se réalisa la parole inscrite ici : Celui qui
me prisera le plus y trouvera plus a blamer dans
le besoin. Car celui qui attacha le plus de prix à l'épée
fut Nascien, et elle lui faillit dans le besoin.

— Au nom de Dieu, fit Galaad, vous nous avez bien
expliqué cette chose. Dites-nous encore ce qui en
est de l'autre. — Volontiers, dit la demoiselle.

" C'est vérité que le roi Parlan, qu'on appelle le Roi
Méhaignié, tant qu'il en eut la force, glorifia la sainte
chrétienté, honora les pauvres gens plus que personne,
et mena si bonne vie qu'on ne trouvait pas son pareil.

Mais un jour, chassant dans un de ses bois qui allait
jusqu'à la mer, il perdit chiens, veneurs et chevaliers,
sauf un seul qui était son cousin germain. En se voyant
si profondément aventuré dans la forêt dont il ne connaissait pas les chemins, il ne sut que faire, et il erra
avec son compagnon jusqu'à ce qu'ils arrivassent
au rivage de la mer, par-devers Illande. Il y trouva
la nef où nous sommes maintenant, s'approcha et
lut l'inscription que vous avez vue; mais il ne s'en
émut guère, car il ne croyait pas être, devant Jésus-
Christ, en défaut de toutes les bontés que peut avoir
un chevalier terrien. Il monta donc tout seul, son
compagnon n'ayant pas eu la hardiesse de le suivre,
et tira l'épée du fourreau à demi, ainsi que vous l'avez
trouvée; car auparavant on ne voyait pas la lame. Et
il l'eût tirée tout entière, si une lance ne lui avait soudain percé les deux cuisses. Depuis lors il resta infirme
et ne guérira point jusqu'à ce que vous veniez à lui.
C'est à cause de cette vengeance qu'on dit que l'épée
fut félonnesse alors qu'elle eût dû lui être débonnaire, puisqu'il était le meilleur chevalier de son
temps.

— Vous nous en avez tant dit, firent-ils, que nous
voyons bien qu'il ne faut pas laisser de prendre l'épée
malgré les inscriptions. ''

Ils regardèrent alors le lit, et virent qu'il était de
bois, sans coussins. Par-devant, il y avait un morceau
de bois fiché tout droit au milieu des planches, et un
autre par-derrière, en face du premier, dont il était
séparé par la largeur du lit. De l'un à l'autre de ces
montants, on avait chevillé une petite pièce de bois
carrée. Celui de devant était blanc comme neige fraîche;
celui de derrière rouge comme gouttes de sang vermeil; et celui du dessus vert comme émeraude. Sachez
bien que c'étaient couleurs naturelles, sans peinture,
et qui n'avaient été mises ni par homme ni par femme

mortelle. Et comme bien des gens pourraient, en l'entendant raconter, croire que c'est mensonge, si on ne leur expliquait la chose, le conte se détourne un peu de sa voie et de sa matière pour parler des trois morceaux de bois de couleurs diverses.

L'Arbre de Vie

Or le conte du Saint-Graal dit ici comment, lorsque
Ève la pécheresse, la première femme, eut pris conseil
du diable, qui dès lors commença à duper l'humain
lignage, il l'exhorta au péché mortel pour lequel il
avait été lui-même jeté hors du paradis et trébuché
de la gloire des cieux; c'est le péché de convoitise.
Déloyalement il l'amena à cueillir le fruit mortel de
l'arbre et en même temps un rameau, comme il arrive
souvent qu'une branchette reste avec le fruit qu'on
cueille. Dès qu'elle l'eut apporté à Adam son époux
et qu'elle l'eut exhorté, il prit le fruit, le détacha du
rameau et le mangea, pour notre peine et la sienne,
à notre détriment et au sien. Puis il remit le rameau
dans la main de sa femme, ainsi qu'il arrive parfois
que l'on tienne quelque chose dans ses doigts et qu'on
croie n'y rien tenir. Aussitôt qu'ils eurent mangé du
fruit qu'il faut vraiment appeler mortel, puisque de
lui vint la mort à ces deux-là et ensuite aux autres,
ils changèrent toutes leurs qualités d'avant; ils virent
qu'ils étaient charnels et nus, eux qui jusque-là n'étaient
rien qu'esprit, bien qu'ils eussent un corps. Toutefois
le conte n'affirme point qu'ils fussent entièrement
spirituels, car une chose formée de matière aussi vile
que le limon ne saurait être d'une bien grande pureté.
Mais ils étaient autant dire spirituels en ceci qu'ils
étaient faits pour vivre toujours, pour peu qu'ils
s'abstinssent de pécher. Or, quand ils se regardèrent,
ils se virent nus, connurent leurs membres honteux,

et l'un de l'autre se sentirent vergogneux. Tel fut le premier effet de leur faute. Alors chacun couvrit de ses deux paumes les plus laides parties de son corps. Ève tenait en sa main le rameau qui lui était resté du fruit, et qu'elle n'avait pas lâché.

Lorsque Celui qui pénètre tous les pensers et connaît les cœurs sut qu'ils avaient ainsi péché, Il vint à eux et appela d'abord Adam. Il était juste qu'il fût jugé plus coupable que sa femme, car elle était de plus faible complexion, ayant été faite de la côte de l'homme; il eût donc fallu qu'elle lui obéît, et non lui à elle. C'est pourquoi Dieu appela Adam le premier. Mais quand Il lui eut dit sa terrible parole : " Tu mangeras ton pain à la sueur de ton front ", Il ne voulut pas que la femme en fût quitte et ne partageât pas le châtiment comme elle avait partagé le forfait. Il lui dit donc : " En douleur et en tristesse tu enfanteras. " Puis il les chassa tous deux du jardin que l'Écriture appelle le Jardin de Délices. Lorsqu'ils furent dehors, Ève tenait toujours le rameau à la main, sans le regarder; mais quand elle le regarda, elle le vit verdoyant comme celui qu'elle avait cueilli. Elle comprit ainsi que l'arbre où elle avait pris ce rameau était la cause de son malheur et de son déshéritement; et elle déclara, qu'en mémoire de la grande perte qu'elle avait faite, elle garderait le rameau tant qu'elle pourrait afin qu'il lui rappelât son infortune toutes les fois qu'elle le verrait.

Ève songea cependant qu'elle n'avait ni huche ni coffret où elle pût l'enfermer, car c'étaient choses qui n'existaient pas encore. Elle le planta donc en terre, et l'y fit tenir debout, pensant qu'ainsi elle pourrait le voir souvent. Et par la volonté du Créateur, à qui toutes choses obéissent, le rameau reprit racine et grandit.

Cette pousse apportée du paradis par la première pécheresse fut pleine de signifiance. Quand elle le

portait dans sa main, il signifiait une grande joie;
c'était comme si, elle qui était encore pucelle, elle eût
parlé à ses héritiers qui viendraient après elle, pour
leur dire : " Ne vous effrayez pas trop si nous sommes
chassés de notre héritage; nous ne l'avons pas perdu
pour toujours et voici un signe que viendra une saison
où nous y rentrerons. " Si l'on demande au livre pourquoi l'homme n'emporta pas le rameau du paradis
plutôt que la femme, puisque l'homme eſt plus haute
créature que la femme, le livre répond que c'eſt bien
à elle, non à lui, qu'il appartenait de porter ce rameau :
car cela signifiait que la vie fut perdue par une femme
et sera reſtaurée par une femme. C'était l'annonce
que l'héritage perdu en ce temps-là serait recouvré
par la Vierge Marie.

Le conte revient ensuite au rameau qui était reſté
fiché en terre, et dit qu'il crût et multiplia si bien qu'au
bout de peu de temps il fut un grand arbre. Lorsqu'il
fut haut et ombreux, il se trouva blanc comme neige
au tronc, aux branches et aux feuilles. C'était signe de
virginité; en effet, virginité eſt une vertu qui tient le
corps pur et l'âme blanche. Et celle qui l'avait planté
était encore vierge, puisque à l'heure où ils furent
chassés du paradis, Ève et Adam étaient nets de toute
vilenie de luxure. Sachez bien que virginité et pucelage
ne sont point même chose, mais qu'il y a grande différence de l'un à l'autre. Pucelage ne peut pas s'égaler à
virginité, je vous dirai pourquoi. C'eſt que pucelage
eſt une vertu que possèdent tous ceux et celles qui
n'ont pas eu attouchement de compagnie charnelle. Mais
virginité eſt chose bien plus haute et plus vertueuse :
nul ne la peut posséder, homme ni femme, s'il a eu
désir d'assemblement charnel. Or, Ève avait cette
virginité lorsqu'elle fut chassée du paradis et de ses
délices, et elle ne l'avait pas encore perdue à l'heure
où elle planta le rameau en terre. Mais ensuite Dieu

commanda à Adam de connaître sa femme, c'est-à-
dire de s'unir à elle charnellement, ainsi que nature
exige que l'homme s'unisse à son épouse, et l'épouse
à son seigneur. Alors Ève perdit sa virginité, et désormais ils furent liés par la chair.

Ainsi arriva-t-il que, longtemps après qu'Adam
l'eut connue comme vous l'avez ouï, ils s'assirent
tous deux sous cet arbre. Adam se mit à regarder
Ève en se lamentant de sa douleur et de son exil, et
tous deux se prirent à pleurer amèrement l'un pour
l'autre. Ève dit alors qu'il n'était pas surprenant qu'ils
se souvinssent ici de leur infortune, puisque l'arbre
la portait en soi et que nul ne pouvait s'asseoir à son
ombre qu'il n'en fût tout dolent, et avec raison, car
c'était l'Arbre de la Mort. Dès qu'elle eut parlé ainsi,
une voix leur dit : " Ah, pauvres de vous ! pourquoi
jugez-vous ainsi la mort et vous l'assignez-vous l'un
à l'autre ? Ne jugez plus de rien par désespoir, mais
réconfortez-vous l'un l'autre, car il y a plus de vie que
de mort. " Ainsi parla la voix et les deux malheureux
furent tout consolés; dès cet instant, ils le nommèrent
l'Arbre de Vie et, dans leur grande joie, en plantèrent
beaucoup d'autres, qui tous descendaient de celui-là.
Chaque fois qu'ils en ôtaient un rameau, ils le fichaient
en terre; aussitôt il y prenait racine et il gardait toujours la couleur du premier.

L'Arbre ne cessa de croître et embellir; Adam et
Ève s'asseyaient à son ombre avec plus de plaisir
qu'auparavant, si bien qu'un jour ils y vinrent, et la
véritable histoire dit que ce fut un vendredi. Au bout
d'un assez long temps, une voix leur commanda de
s'unir charnellement. Mais ils étaient l'un et l'autre
si pleins de vergogne que leurs yeux n'eussent pu
souffrir qu'ils s'entrevissent à faire si vilaine besogne;
et l'homme en était aussi honteux que la femme. Cependant, ils n'osaient enfreindre le commandement de

Notre Seigneur, car ils sentaient la dure vengeance
de leur première transgression. Ils commencèrent donc
à se regarder, tout pleins de honte. Notre Sire, qui
vit leur vergogne, en eut pitié. Et parce que sa volonté
était d'établir de ces deux créatures l'humain lignage
pour restaurer la dixième légion des anges, qui avaient
été précipités du ciel à cause de leur orgueil, il leur
envoya grand réconfort en jetant entre eux une obscurité profonde qui les empêcha de se voir. Tout ébahis
de ces soudaines ténèbres, ils s'appelaient et se cherchaient à tâtons; et parce qu'il convient que toutes
choses soient faites selon le commandement de Notre
Seigneur, il fallait que leurs corps s'assemblassent
charnellement, comme le vrai Père l'avait ordonné.
Ainsi firent-ils nouvelle semence par laquelle fut allégé
leur péché : en effet, c'est alors qu'Adam engendra
et qu'Ève conçut Abel le juste, qui le premier servit
son Créateur en lui rendant loyalement la dîme.

Abel le juste fut donc engendré sous l'Arbre de
Vie un vendredi, vous l'avez bien entendu. L'obscurité
se dissipa alors, et ils se virent comme auparavant.
Ils comprirent que Notre Seigneur l'avait fait pour
cacher leur vergogne, et ils en furent tout joyeux.
Mais il y eut encore une autre merveille : l'Arbre, qui
était blanc, devint vert comme l'herbe des prés, et
tous ceux qui germèrent ensuite de ses pousses furent
également verts de tronc, de feuillage et d'écorce.

L'arbre fut donc mué de blanc en vert; mais ceux
qui étaient descendus de lui auparavant ne changèrent
pas. Lui seul se couvrit de couleurs vertes, et se mit
à fleurir et porter fruit, ce qu'il n'avait jamais fait encore.
Ce changement de couleur, du blanc au vert, signifiait que celle qui l'avait planté avait perdu sa virginité;
la couleur verte qu'il prit signifiait que la semence qui
avait été semée à son ombre serait toujours verte en
notre Seigneur, c'est-à-dire en bonne pensée et amou-

reuse de son Créateur. La floraison signifiait que la créature engendrée sous cet arbre serait chaste et pure de corps; et les fruits, qu'elle serait vigoureuse en ses œuvres et modèle de religion et de bonté en tous actes terrestres.

L'arbre demeura longtemps vert, ainsi que tous ceux qui étaient issus de lui depuis l'assemblement des corps jusqu'au temps où Abel fut un adulte, aimant son Créateur et lui offrant les prémices des plus belles choses qu'il eût. Mais Caïn son frère agissait autrement : il prenait, pour les offrir à son Créateur, les choses les plus viles. Aussi Notre Sire accordait-il en retour de beaux présents à celui qui lui donnait de belles dîmes et lorsque Abel montait au tertre pour y brûler ses offrandes accoutumées selon l'ordre du Seigneur, la fumée s'en allait droit au ciel. Celle de son frère Caïn, au contraire, se répandait parmi les champs, et était laide, noire et puante tandis que celle d'Abel était blanche et de suave odeur. Lorsque Caïn vit son frère plus favorisé que lui dans ses sacrifices et mieux agréé de Notre Sire, il en conçut une haine qui passa toute mesure, et, pour se venger, ne vit d'autre moyen que de tuer Abel. Il porta longtemps cette haine en son cœur sans en rien laisser paraître à son frère, qui ne pensait pas à mal. Mais par une chaude journée, Abel, qui s'en était allé aux champs, assez loin du manoir de son père, gardait ses brebis auprès de l'Arbre. Accablé par l'ardeur du soleil, il s'étendit sous l'arbre et céda au sommeil. Son frère, qui depuis longtemps méditait sa trahison, l'avait épié et suivi; il s'approcha, pensant le tuer sans qu'il s'en aperçût. Mais Abel l'entendit venir; lorsqu'il le reconnut, il se leva pour le saluer, car il l'aimait de tout son cœur, et lui dit : " Soyez le bienvenu, mon frère ! " Caïn lui rendit son salut et le fit asseoir; mais il glissa dans sa main un couteau recourbé qu'il portait, et l'en frappa sous le sein.

Abel reçut ainsi la mort de la main déloyale de son frère au lieu même où il avait été conçu. Et de même qu'il avait été engendré un vendredi, comme le rapporte un témoignage véridique, de même il mourut un vendredi. La mort d'Abel, en ce temps où il n'y avait encore que trois hommes sur terre, annonçait la mort du vrai Crucifié, Abel signifiait la Victoire, et Caïn représentant Judas. Ainsi que Caïn salua son frère avant de le tuer, Judas devait saluer son Seigneur avant de le livrer à la mort. Ces deux morts s'accordent donc bien, sinon de hautesse, du moins de signifiance. Comme Caïn tua Abel un vendredi, ce fut au même jour que Judas tua son Seigneur, non de sa main, mais de sa langue. Et Caïn annonce Judas en plusieurs autres points : Judas n'a nulle raison de haïr Jésus-Christ. Il ne le hait point pour quelque mal qui serait en lui, mais pour n'y trouver que bien. C'est chose commune aux méchants que de nourrir haine et envie contre les bons. Si Judas, qui était toute déloyauté et traîtrise, eût trouvé en Jésus-Christ la même félonie qu'en soi, il ne l'en eût point détesté mais aimé, puisqu'il l'eût vu tel qu'il se sentait lui-même. De cette trahison de Caïn envers Abel, Notre Sire parle en son Psautier par la bouche du Roi David, qui semble adresser à Caïn une parole redoutable dont il ne pouvait connaître le sens : " Tu méditais félonie envers ton frère et dressais tes pièges contre le fils de ta mère. Tu le fis, et je me taisais, aussi as-tu pensé que j'étais semblable à toi, parce que je n'en parlais pas; mais je ne le suis point, et je te châtierai très rudement. "

Cette vengeance s'était exercée avant que David l'annonçât, lorsque Notre Sire vint à Caïn et lui dit : " Caïn, où est ton frère ? " Il répondit en homme qui se sentait coupable de trahison, puisqu'il avait déjà recouvert son frère des feuilles mêmes de l'Arbre, afin qu'on ne découvrît pas son corps. Il dit donc :

" Sire, je ne sais; suis-je donc le gardien de mon frère ? "
Et Notre Sire lui a dit : " Qu'as-tu fait ? La voix du sang
d'Abel, ton frère, se plaint à moi du lieu où tu le ré-
pandis sur terre. Parce que tu as commis ce crime, tu
seras maudit; et maudite sera la terre en toutes les
œuvres que tu feras, parce qu'elle a recueilli le sang
de ton frère que tu as versé par traîtrise. "

Notre Sire maudit ainsi la terre, mais ne maudit
pas l'Arbre sous lequel Abel avait été tué, ni les autres
arbres qui en étaient issus ou qui, par Sa volonté,
furent ensuite créés sur la terre. Et de cet Arbre advint
une grande merveille : dès qu'Abel fut mort, il perdit
sa couleur verte et devint tout vermeil, en ressemblance du sang versé. Et nul autre arbre ne put renaître
de ses pousses, mais toutes les boutures qu'on en faisait mouraient sans venir à bien. Quant à l'arbre lui-
même, il grandit si bien qu'il devint le plus bel arbre
qu'on eût jamais vu.

Il vécut longtemps ainsi, sans vieillir ni sécher, sauf
que depuis l'instant de la mort d'Abel, il ne porta plus
ni fleurs ni fruits; mais ses rejetons continuaient à
en donner selon leur nature d'arbres. Le temps passa,
le monde crût et multiplia. Tous les descendants
d'Ève et d'Adam tenaient l'arbre en grande révérence
et se racontaient d'âge en âge comment leur première
mère l'avait planté. Vieux et jeunes venaient s'y réconforter lorsqu'ils souffraient de quelque malaise, parce
qu'il était dénommé l'Arbre de Vie et leur faisait
souvenir de la Joie. Cependant ses rejetons, les blancs
comme les verts, croissaient et embellissaient pareillement; et personne n'était assez hardi pour en cueillir
ni branche ni feuille.

Mais de cet arbre advint encore une autre merveille.
Lorsque Notre Sire envoya le déluge pour faire périr
le monde qui était mauvais, les fruits de la terre, les
forêts et les gagnages l'expièrent durement, car rien

n'eut plus sa bonne saveur d'antan, mais tout se fit
amer; seuls les arbres issus de l'arbre de Vie ne donnèrent nul signe d'un changement de saveur, ou de fruit,
ou de couleur.

Cela dura jusqu'à ce que Salomon, fils du Roi Davɪd,
régnât après son père. Ce Salomon était si sage qu'il
fut pourvu de toutes les bonnes sciences que peut
connaître un cœur d'homme; il savait la forme des
pierres précieuses et les vertus des herbes, le cours
du firmament et la marche des étoiles mieux que personne hormis le Seigneur Dieu. Et pourtant son savoir
ne put rien contre la ruse de sa femme, qui le dupa
toutes les fois qu'elle voulut s'en donner la peine.
Il ne faut pas s'en étonner : car c'est vérité que lorsqu'une femme livre son cœur à la ruse, nulle sagesse
d'homme mortel n'échappe à son piège. Cela n'a pas
commencé à nous, mais à notre première mère.

Lorsque Salomon vit qu'il ne pourrait se défendre
des ruses de sa femme, il se demanda d'où cela venait
et en fut très irrité, mais n'osa rien faire davantage.
Aussi dit-il en son livre des Paraboles : " J'ai parcouru
le monde et cherché tant que le peut faire un mortel,
mais jamais, en tout mon peuple, je n'ai pu trouver
une femme qui fût bonne. " Salomon parla ainsi dans
le courroux qu'il conçut contre sa femme à qui il ne
put résister. Il essaya bien, de mainte façon, de la faire
changer d'intention, mais ce fut en vain. Il commença
alors à se demander en lui-même pourquoi la femme
était si encline à chagriner l'homme. Or voici qu'une
voix lui répondit : " Salomon, Salomon, si de la femme
la tristesse vint et vient encore aux hommes, ne t'en
mets point en peine. Car il y aura un jour une femme
de qui viendra aux hommes une joie cent fois plus
grande que cette tristesse présente. Et cette femme
sera de ton lignage. "

À l'ouïe de cette parole, Salomon se jugea fol d'avoir

blâmé sa femme. Il se mit à examiner les choses qui lui apparaissaient en sa veille et en son sommeil, pour tâcher d'y découvrir la vérité de son lignage, et il chercha si bien que le Saint-Esprit lui fit voir la venue de la glorieuse Vierge. Une voix lui révéla une part de ce qui adviendrait, et Salomon demanda si c'était là la fin de sa descendance : " Nenni, fit la voix; un homme vierge en sera la fin, qui sera meilleur chevalier que ton beau-frère Josué autant que la Vierge sera meilleure que ta femme. Je t'ai donné ainsi l'assurance que tu cherchais. "

Salomon fut tout joyeux à la pensée que les bornes de son lignage seraient en si haute bonté et chevalerie. Puis il se demanda comment il pourrait faire savoir à ce dernier de ses descendants que lui, Salomon, avait connu la vérité de sa venue. Il y réfléchit très longtemps sans imaginer comment il annoncerait cela à un homme qui devait apparaître dans un avenir si lointain. Sa femme s'aperçut bien qu'il songeait à quelque chose dont il ne venait pas à bout. Elle l'aimait assez, bien que mainte femme ait aimé davantage son époux. Mais, rusée comme elle l'était, elle ne voulut pas le questionner d'emblée, et préféra attendre que son heure fût venue. Un soir où elle le vit content et d'heureuse humeur, elle lui demanda s'il répondrait à une question qu'elle allait lui poser. Lui, qui ne se doutait pas qu'elle pensât à ces choses, l'accorda, et elle dit aussitôt : " Sire, cette semaine et celle d'avant et depuis longtemps, vous avez beaucoup réfléchi, sans jamais cesser d'être songeur. Je vois bien que vous n'arrivez pas à chef de votre méditation, aussi voudrais-je savoir de quoi il s'agit. Car il n'est rien au monde dont nous ne puissions venir à bout, avec le grand sens qui est en vous, et la subtilité qui est en moi. "

A ces mots Salomon se dit que si cœur mortel pouvait

résoudre cette question, ce serait celui de sa femme, car il la savait si habile que personne en ce monde ne l'était davantage. Il eut donc envie de lui en dire la vérité et le fit sans rien cacher. Elle réfléchit un peu et dit : " Comment donc ? Êtes-vous en peine de faire connaître à ce chevalier que vous avez été averti de sa venue ? — Oui, dit Salomon. Et je ne sais que faire car le temps à passer d'aujourd'hui jusqu'alors est si long que j'en suis tout ébahi. — Eh bien ! reprit-elle, puisque vous l'ignorez, je vous le dirai. Mais auparavant dites-moi combien de temps il doit s'écouler à votre avis. " Il répondit qu'il fallait bien compter deux mille ans et plus. " Voici donc, dit-elle, ce que vous ferez. Faites construire une nef du bois le meilleur et le plus durable qu'on puisse trouver, et qui ne pourrisse ni par l'eau ni pour une autre cause. " Il y consentit.

Le lendemain Salomon manda tous les charpentiers de ses terres et leur commanda de faire, en un bois qui ne pourrirait pas, la plus belle nef qu'on eût jamais vue. Lorsqu'ils eurent trouvé le bois et les poutres, et commencé leur travail, la femme de Salomon lui dit : " Sire, puisque le chevalier dont vous parlez doit surpasser en chevalerie tous ceux qui auront paru avant lui ou qui paraîtront après, ce serait lui faire grand honneur que de lui préparer une armure qui surpassera en qualité toutes les autres. " Salomon répondit qu'il ne savait où la prendre. " Je vous l'enseignerai, fit-elle. Au temple que vous avez bâti en l'honneur de votre Seigneur, repose l'épée du Roi David, votre père, et c'est la plus tranchante qu'ait jamais brandie main de chevalier. Prenez-la, ôtez-en la poignée et la garde, de façon que nous ayons la lame toute nue. Et, vous qui connaissez les vertus des pierres, la force des herbes et la vérité de toutes choses terrestres, mettez-y un pommeau de pierres précieuses si habilement assemblées qu'après vous nul regard mortel n'en puisse distinguer les joints. Puis faites une poignée plus merveilleuse et plus riche de vertus qu'aucune autre, et un fourreau digne de l'épée. Ensuite, j'y mettrai un baudrier, de ma façon. "

Il fit ce qu'elle lui conseillait, sauf que le pommeau fut d'une seule pierre, mais parée de toutes les couleurs connues.

Lorsque la nef fut terminée, la dame y fit installer un lit splendide, couvert de plusieurs courtepointes, au chevet duquel le roi déposa sa couronne. Il avait remis l'épée à sa femme pour y mettre le baudrier, et lui dit alors de l'apporter pour la poser au pied du lit. Mais quand elle le lui remit, il y vit un baudrier d'étoupe et se courrouça fort lorsqu'elle lui dit : " Sire, je n'ai rien trouvé qui fût digne de porter une aussi noble épée. — Mais que voulez-vous qu'on en fasse, dit-il ? — Laissez-la ainsi reprit-elle; il ne nous incombe pas d'y mettre le baudrier. Ce sera le rôle d'une pucelle, mais je ne sais quand elle viendra. "

Le roi laissa donc l'épée comme elle était. Puis ils firent couvrir la nef d'un drap de soie que ne devait faire pourrir ni l'eau ni rien d'autre. Mais la dame, regardant le lit, dit qu'il y manquait encore quelque chose.

Elle sortit du navire avec deux charpentiers et les mena à l'Arbre sous lequel Abel avait été tué. " Coupez-moi, leur dit-elle, un morceau de ce bois. — Ah ! Dame ! répondirent-ils, nous n'oserions. Ne savez-vous point que c'est l'arbre que notre première mère planta ? — Faites ce que je vous commande, dit-elle, sinon je vous ferai mettre à mort. " Ils y consentirent, préférant commettre un forfait plutôt que perdre la vie, et se mirent à frapper l'arbre de leurs cognées; mais leur épouvante fut grande lorsqu'ils virent jaillir des gouttes de sang vermeilles comme roses. Ils vou-

lurent abandonner leur tâche, mais la dame les con
traignit à poursuivre jusqu'à ce qu'ils eussent détaché
un morceau du tronc. Puis elle en fit prendre un autre
d'un des arbres qui étaient verts et un troisième de
ceux qui étaient blancs.

Avec ces trois pièces de bois de couleurs différentes,
ils revinrent à la nef, où elle leur dit : " Dressez l'un
de ces bois debout sur un côté du lit, le second en face,
et chevillez le troisième sur les deux autres. " Ainsi
fut fait et depuis lors, tant que dura la nef, aucun des
trois bois ne changea jamais de couleur.

Salomon cependant regarda le navire et dit à sa
femme : " Tu as fait merveilles ! Car tous les habitants
du monde pourraient se réunir ici, ils seraient incapables,
sans l'aide de Notre Seigneur, d'expliquer le sens de
cette nef ! Et toi-même, qui l'as faite, tu ignores ce
qu'elle signifie. Avec tout ce beau travail, le chevalier
ne saura point que j'ai connu sa venue, à moins que
Notre Sire ne le lui enseigne. — Laissez donc les choses
telles qu'elles sont, dit-elle, et le temps viendra où vous
en aurez d'autres nouvelles que vous ne pensez. "

Cette nuit-là, Salomon se coucha sous une tente
près du navire, avec quelques compagnons. Lorsqu'il
fut endormi, il crut voir un homme descendre du ciel
vers la nef avec une grande escorte d'anges, monter
à bord, arroser toute la nef de l'eau qu'un des anges lui
présentait dans un seau d'argent; puis il gravait des lettres sur la poignée de l'épée et d'autres au bord du navire. Enfin il se couchait sur le lit et dès cet instant Salomon
ne savait comment il avait disparu avec son escorte.

Le lendemain au point du jour, dès que Salomon
fut éveillé, il courut à la nef et y trouva une inscription qui disait :

TOI QUI VEUX MONTER A MON BORD, GARDE-TOI
D'ENTRER SI TU N'ES PLEIN DE FOI, CAR JE NE SUIS

AUTRE QUE LA FOI ET LA CROYANCE. POUR PEU QUE TU
ABANDONNES LA CROYANCE, JE T'ABANDONNERAI ET
TU N'AURAS DE MOI NI SOUTIEN NI AIDE, MAIS JE TE
DÉLAISSERAI, EN QUELQUE LIEU QUE TU SOIS CONVAINCU
DE MÉCRÉANCE.

Salomon fut si surpris qu'il n'osa entrer. Et la nef
partit sur la mer à si vive allure qu'il la perdit de vue
en un instant. Il s'assit sur le rivage et se mit à penser
à ces choses. Une voix descendit qui lui dit : " Salomon, le dernier chevalier de ton lignage reposera
sur ce lit que tu as fait, et saura nouvelles de toi. "
Salomon en fut tout joyeux. Il éveilla ceux de sa suite
pour leur conter l'aventure, et il fit savoir à tous que
sa femme avait mené à chef ce qu'il n'avait su comment
accomplir.

Pour la raison qui vous a été dite, le conte vous
a expliqué pourquoi la nef fut construite, et comment
il se fit que les trois morceaux de bois fussent de couleur
naturelle blanche, verte et vermeille, sans aucune peinture. Le conte s'en tait maintenant et parle d'autre
chose.

Or dit le conte que les trois compagnons regardèrent longtemps le lit et les trois bois de couleurs, s'émerveillant qu'ils fussent sans peinture. Puis ils levèrent le drap et découvrirent la couronne d'or, et sous la couronne une aumônière de très riche apparence. Perceval la prit, l'ouvrit et y trouva un écrit. Les autres dirent que, s'il plaisait à Dieu, ce bref leur ferait connaître l'origine de la nef et le nom de qui la construisit. Perceval se mit à lire et leur rapporta l'histoire du navire et des trois bois telle que le conte vous l'a narrée. Il n'y eut personne qui ne pleurât à l'écouter, car ce récit leur faisait souvenir d'une noble histoire et d'un haut lignage.

Perceval dit alors à Galaad : " Beau seigneur, il faut maintenant nous mettre en quête de la demoiselle qui changera ce baudrier, puisque auparavant nul ne pourra prendre l'épée. " Ils dirent qu'ils ne savaient où trouver cette pucelle, mais qu'ils se mettraient à sa recherche puisqu'il le fallait. Mais la sœur de Perceval leur dit : " Seigneur, ne vous troublez point; s'il plaît à Dieu, un baudrier aussi riche qu'il convient sera mis à cette épée avant notre départ. " Elle ouvrit un écrin qu'elle portait et en tira un baudrier fait d'or, de soie et de cheveux. Les cheveux étaient si brillants qu'à peine on les distinguait des fils d'or; des pierres précieuses y étaient incrustées, et il y avait deux boucles d'or, les plus belles du monde. " Beau seigneur, dit la demoiselle à Galaad, voici le baudrier qu'il convient d'y mettre. Sachez que je le fis de ce que je portais sur moi qui m'était le plus cher, c'est-à-dire de mes cheveux. Et ce n'est point merveille que je les aimasse tant, car le jour de la Pentecôte où vous devîntes chevalier, j'avais la plus belle chevelure qu'eût jamais femme en ce monde; mais dès que je me suis destinée à cette aventure, je me fis tondre et tressai de mes cheveux coupés ces cordons que vous voyez là.

— Au nom de Dieu, dit Bohort, soyez pour ceci la très bien venue. Vous nous tirez de grande peine. " Elle ôta de l'épée le baudrier d'étoupe et y mit l'autre aussi aisément que si de sa vie elle n'eût fait autre chose. Puis elle dit aux compagnons. " Savez-vous le nom de cette épée ? — Non, dirent-ils. Mais c'est à vous de nous le dire, selon les lettres. — Sachez donc qu'elle se nomme l'Épée-à-l'étrange-baudrier, et son fourreau Mémoire-du-sang, parce que quiconque verra une partie de ce fourreau, faite du bois de l'arbre de Vie, se souviendra du sang d'Abel. "

Ils dirent alors à Galaad : " Sire, nous vous prions au nom de Jésus-Christ, pour que toute chevalerie en soit glorifiée, ceignez l'Épée-à-l'étrange-baudrier, qui fut désirée au royaume de Logres plus que les Apôtres ne désiraient Notre Seigneur. " Ils pensaient bien que cette épée allait accomplir les merveilles du Saint-Graal et mettre fin à leurs périlleuses aventures. " Laissez-moi d'abord en faire l'épreuve, répondit Galaad. Car vous savez bien que nul n'aura cette épée qui ne la puisse empoigner. Si je n'y parviens pas, vous verrez qu'elle ne m'est pas destinée. " Il y mit la main, et il se trouva que ses doigts se recouvraient l'un l'autre. " Sire, dirent ses compagnons, elle est bien vôtre, et nul ne peut vous empêcher de la ceindre. " Il la tira du fourreau et la lame apparut si claire qu'on s'y pouvait mirer; puis il la remit et la demoiselle lui passa cette épée avec son baudrier en place de celle qu'il portait. Et elle lui dit : " Sire, désormais je puis mourir quand on voudra, car je m'estime la plus heureuse pucelle du monde, puisque j'ai fait chevalier le plus vaillant de tous les hommes. Il vous faut savoir, en effet, que vous n'étiez pas chevalier de plein droit, tant que vous n'aviez ceint l'épée qui fut apportée sur terre pour vous seul. — Demoiselle, dit Galaad, pour ce que vous avez fait, je serai toujours votre chevalier. Et je vous rends grâce de ce que vous m'en avez dit. — Nous pouvons maintenant partir d'ici, dit-elle, et aller à une autre aventure. "

Ils sortirent de la nef et allèrent au rocher. Perceval dit à Galaad : " Il ne se passera de jour que je ne remercie Notre Seigneur de m'avoir permis de voir s'accomplir la plus haute aventure que j'aie jamais vue. "

Ils remontèrent sur leur nef et le vent, frappant les voiles, les éloigna bientôt de la roche. Lorsque la nuit tomba, ils se demandèrent s'ils étaient auprès d'un rivage, mais nul ne le savait. Ils furent en mer toute la nuit, sans boire ni manger, car ils n'avaient point de provisions. Le lendemain ils arrivèrent à un castel qu'on appelait Carcelois et qui était dans la marche d'Écosse. Après avoir rendu grâce à Notre Seigneur de les avoir ramenés sains et saufs de l'aventure de l'épée, ils entrèrent au castel. Dès qu'ils en eurent passé la porte, la demoiselle leur dit : " Seigneur, mal nous est advenu : si l'on sait que nous sommes de la maison du Roi Arthur, on nous assaillira, parce que les gens d'ici ont notre roi en haine. — N'ayez crainte, dit Bohort. Celui qui nous sauva de la roche nous tirera bien d'ici. "

Tandis qu'ils parlaient ainsi, un valet vint à eux et leur demanda : " Seigneurs chevaliers, qui êtes-vous ? — De la maison du Roi Arthur, dirent-ils. — Alors, reprit-il, vous êtes les malvenus ! " Il s'en retourna vers le maître du donjon, et l'on ne tarda pas à entendre une sonnerie de cor. Une demoiselle s'approcha à son tour et leur demanda d'où ils venaient. Quand ils l'eurent dit, elle s'écria : " Ah ! pour Dieu ! messeigneurs, retournez-vous-en, si vous le pouvez. Car vous courez ici à votre perte et je vous conseille de partir avant que ceux de céans ne vous surprennent dans leurs murs. " Ils répondirent qu'ils ne s'en iraient point. " Voulez-vous donc mourir ? fit-elle. — N'ayez crainte, reprirent-ils. Celui qui nous a pris à son service nous conduira. "

Ils virent venir par la maîtresse rue une dizaine de chevaliers armés qui leur enjoignirent de se rendre s'ils ne voulaient point périr. Mais ils refusèrent. " Vous êtes perdus ! " dirent les chevaliers en lançant leurs chevaux. Mais eux, qui ne les redoutaient point, bien qu'ils fussent moins nombreux et à pied, tirèrent leurs épées. Perceval en jette un à terre et lui prend son cheval. Galaad en fait autant. Puis ils commencent à abattre les ennemis et donnent un cheval à Bohort. Les autres, se voyant si malmenés, prennent la fuite, poursuivis par leurs vainqueurs qui forcent l'entrée du donjon.

Parvenus dans la salle, ils y trouvent des chevaliers et des sergents en train de s'armer. Aussitôt les trois compagnons, qui étaient entrés là à cheval, leur courent sus, l'épée dégainée, et les abattent comme bêtes muettes. Les autres défendent leurs vies du mieux qu'ils peuvent; mais à la fin il leur faut bien prendre la fuite, car Galaad en tue tant qu'ils ne pensent pas que ce soit un mortel, mais plutôt l'Ennemi qui s'est précipité là pour les détruire. Enfin, voyant qu'il n'est point de sauvegarde, ceux qui le peuvent fuient par les portes, les autres par les fenêtres, et se brisent le col et les jambes et les bras.

Lorsque les trois compagnons voient le château délivré, ils regardent les corps de leurs adversaires et se jugent pécheurs pour cet ouvrage qu'ils ont fait de tuer tant de gens. " Certes, dit Bohort, je ne crois pas que Notre Sire les aimât pour qu'Il les ait laissé traiter de la sorte. Ils furent sans doute mécréants et renégats, si coupables envers Notre Seigneur qu'Il a voulu leur mort et nous a envoyés les détruire. — Vous n'en dites pas assez, répond Galaad. S'ils ont méfait envers Notre Seigneur, la vengeance n'en était pas à nous, mais à Celui qui attend que les pécheurs reconnaissent leurs fautes. Aussi vous dis-je que je ne me sentirai à mon aise que lorsque j'aurai vraies nouvelles de l'œuvre que nous venons de faire, s'il plaît à Notre Sire de m'en donner. "

Cependant, un prud'homme sortit d'une chambre; il était prêtre, vêtu d'une robe blanche, et portait *Corpus Domini* en un calice. Lorsqu'il aperçut tous les morts épars dans la salle, il en fut ébahi et recula, ne sachant que faire. Galaad, qui avait bien vu ce qu'il portait, et que le prêtre était pris de peur, ôta son heaume, fit signe à ses compagnons de demeurer où ils étaient, et s'approcha du prud'homme en disant : " Sire, pourquoi vous arrêtez-vous ? N'ayez pas peur de nous. — Qui êtes-vous ? " fit le prud'homme. Galaad répondit qu'ils étaient de la maison du Roi Arthur, et cette nouvelle rassura le prud'homme qui s'assit et demanda comment ces chevaliers avaient été tués. Galaad lui conta leur arrivée, et qu'ils avaient été assaillis mais que le combat avait tourné, ainsi qu'il le voyait, à la déconfiture des assaillants. Le prud'homme dit alors : " Sire, sachez que vous avez fait la meilleure action que firent jamais chevaliers. Quand vous vivriez autant que durera le monde, je ne crois pas que vous fassiez un autre exploit qui vaille celui-ci, et je sais que Notre Sire vous envoya pour l'accomplir. Il n'y avait pas sur terre hommes qui haïssent tant Notre Seigneur que les trois frères qui tenaient ce castel, et dans leur déloyauté ils étaient pires que les Sarrazins, ne faisant rien qui ne fût contre Dieu et sa

Sainte Église. — Sire, dit Galaad, je me repentais fort
de m'être laissé entraîner à les tuer, car je les croyais
chrétiens. — Ne vous en repentez pas, dit le prud'homme, mais soyez-en loué ! Notre Sire vous sait gré de
les avoir tués; ce n'étaient point chrétiens, mais les pires
gens du monde, et je vous dirai comment je le sais.

" Ce castel appartenait, il y a un an, au comte Hernoux, qui avait trois fils, bons chevaliers, et une fille,
la plus belle de ce pays. Les trois frères aimèrent leur
sœur de si fol amour et en furent si échauffés qu'ils la
dépucelèrent; puis, comme elle avait eu la témérité de
s'en plaindre à son père, ils la mirent à mort. Le comte,
voyant leur forfait, voulut les chasser, mais ils s'emparèrent de lui, le mirent en prison, et le blessèrent
cruellement. Ils l'eussent tué si un de ses frères ne
l'avait secouru. Ensuite, ils commirent tous les forfaits
du monde, tuant clercs et prêtres, moines et abbés,
et faisant abattre les deux chapelles de céans. Leurs
crimes furent si grands qu'il est surprenant qu'ils n'en
aient pas encore été châtiés.

" Ce matin, leur père qui était malade et, je crois
bien, à l'heure de mourir, me fit mander de l'aller voir
avec l'armure de Notre Seigneur. J'y allai bien volontiers, car le comte m'avait beaucoup aimé. Mais dès que
j'arrivai ici, ils me firent plus d'affronts que ne feraient
des Sarrazins s'ils m'avaient en leur pouvoir. Je le subis
de bon gré pour l'amour du Seigneur en haine de qui
ils me traitaient ainsi. Et lorsque, parvenu au cachot
du comte, je lui eus rapporté ces affronts, il me dit :
" Ne vous en mettez pas en peine; ma honte et la vôtre
" seront vengées par trois sergents de Jésus-Christ,
" à ce que le Haut Maître m'a fait savoir. " Cette parole
vous montre bien que Notre Sire ne se courroucera
pas de ce que vous avez fait, mais qu'Il vous a envoyés
pour cela. Et vous en verrez aujourd'hui un signe plus
manifeste encore. "

Galaad appela ses compagnons et leur dit les nouvelles qu'il venait d'entendre. " Messire Galaad, répondit Bohort, ne vous disais-je pas que Notre Sire nous avait envoyés pour tirer vengeance de leurs outrages ? Si cela ne plaisait à Notre Seigneur, nous n'aurions pu, à nous trois, abattre tant de gens. " Ils firent tirer le comte Hernoux de sa prison et, lorsqu'on l'eut transporté dans la grande salle, ils virent qu'il était à l'heure de sa mort. Toutefois, dès que le comte vit Galaad, il le reconnut, non pas qu'il l'eût jamais vu, mais parce que Notre Seigneur lui en donna le pouvoir. Le comte se mit à pleurer tendrement et à dire : " Sire, nous vous avons longuement attendu, et vous voici, grâce à Dieu ! Mais pour l'amour de Dieu, tenez-moi dans vos bras, afin que mon âme se réjouisse de voir mourir son corps sur le sein d'un prud'homme comme vous êtes. " Galaad le fit de grand cœur et lorsque le comte fut dans ses bras, il pencha la tête comme un homme qui va rendre l'âme et dit : " Beau Père des Cieux, je remets entre tes mains mon âme et mon esprit ! " Puis il retomba si bien que tous le crurent mort. Mais il se reprit à dire : " Galaad, le Haut Maître te mande que tu l'as si bien vengé aujourd'hui que la compagnie des cieux s'en réjouit. Il faut maintenant que tu ailles le plus tôt que tu pourras chez le Roi Méhaignié, afin que lui soit rendue la santé qu'il espère depuis si longtemps : car il la recouvrera par ta venue. Partez le plus tôt qu'il se pourra. "

Il se tut alors, et l'âme quitta son corps. Ceux du castel qui étaient encore en vie menèrent grand deuil quand ils virent mort ce comte qu'ils avaient tant aimé. On l'ensevelit avec tous les honneurs que l'on devait à un homme de si haute noblesse, puis on en fit connaître la nouvelle; et tous les moines des alentours vinrent chercher le corps pour l'enterrer dans un ermitage.

Le lendemain, les trois compagnons se remirent en route, avec la sœur de Perceval, et chevauchèrent jusqu'à la Forêt Gaste. Lorsqu'ils y furent entrés, ils aperçurent le Blanc Cerf, conduit par les quatre lions, tels que Perceval les avait vus jadis. " Galaad, fit Perceval, voici une merveille, car de ma vie je ne vis plus belle aventure. Je crois vraiment que ces lions gardent le Cerf, et je ne me sentirai à mon aise que quand j'en saurai la vérité. — Pour Dieu, fit Galaad, je voudrais bien la connaître aussi. Suivons-le donc jusqu'à ce que nous découvrions son gîte. Car je crois bien que cette aventure nous est envoyée par Dieu. "

Ils suivirent le Cerf jusqu'à une vallée où ils aperçurent, dans un petit taillis, un ermitage où habitait un vieux prud'homme. Le Cerf y entra, puis les quatre lions, et les compagnons mirent pied à terre devant l'ermitage. Dans la chapelle, le prud'homme, revêtu des armes de Notre Seigneur, allait commencer la messe du Saint-Esprit. Les compagnons pensèrent qu'ils arrivaient à point et s'en allèrent ouïr l'office que chanta le prud'homme. Lorsqu'il en fut au secret de la messe, les trois compagnons s'émerveillèrent plus encore; il leur parut, en effet, que le Cerf se changeait en homme et s'asseyait devant l'autel sur un siège magnifique, tandis que les lions étaient métamorphosés l'un en homme, l'autre en aigle, le troisième en lion et le quatrième en bœuf. Tous quatre avaient des ailes et auraient pu voler s'il avait plu à Notre Seigneur. Ils prirent le siège où était assis le Cerf, deux par les pieds, les deux autres par le dossier, et sortirent à travers une verrière qui était là, sans la briser ni l'endommager. Et lorsqu'ils furent hors de vue, une voix descendit qui dit aux compagnons : " C'est de cette manière que le Fils de Dieu entra en la bienheureuse Vierge Marie, sans que sa virginité en fût rompue. "

A ces mots, les compagnons se jetèrent la face contre

terre, car la voix avait produit si grand éclat de lumière
et de bruit qu'ils avaient cru que la chapelle s'écroulait.
Lorsqu'ils revinrent à eux, ils virent le prud'homme
quitter ses ornements, la messe finie. Ils s'approchèrent
de lui et lui demandèrent l'explication de ce qu'ils
avaient vu. " Qu'avez-vous donc vu ? dit-il. — Nous
avons vu un cerf devenir homme et quatre lions prendre
différentes formes. " Le prud'homme leur dit alors :
" Ah ! seigneurs, soyez les bienvenus ! A ce que vous
me dites, je vois que vous êtes parmi les vrais chevaliers
qui mèneront à bonne fin la Quête du Saint-Graal
après en avoir souffert les peines et les travaux. Vous
êtes ceux à qui Notre Sire a montré ses secrets et ses
mystères. Il vient de vous en révéler une partie : en
changeant le Cerf en homme céleste, et non point
mortel, il vous montra la métamorphose qu'il fit sur la
Croix, lorsque, revêtu d'un vêtement terrestre, c'est-à-
dire de chair mortelle, il vainquit la mort en mourant
et restaura la vie éternelle. Cela est bien signifié par le
Cerf; de même que cet animal se rajeunit en quittant
en partie son cuir et son poil, de même Notre Sire
revint de mort à vie lorsqu'il quitta le cuir terrestre,
c'est-à-dire la chair mortelle, qu'il avait revêtue aux
entrailles de la bienheureuse Vierge. Et parce qu'en la
Vierge il n'y eut jamais de péché terrestre, il apparaît
en forme de cerf blanc sans tache. Quant à ceux qui
l'accompagnaient, ce sont les quatre Évangélistes,
personnes bienheureuses qui mirent en écrit une partie
des œuvres de Jésus-Christ et les actes qu'il accomplit
tandis qu'il était un homme parmi nous. Or sachez que
nul chevalier ne put jamais le voir en vérité, mais que
le Haut Sire, en ce pays et en mainte terre, l'a révélé à
des prud'hommes et à des chevaliers en semblance
d'un cerf accompagné de quatre lions, afin qu'ils le
vissent et y prissent exemple. Mais sachez aussi que
désormais nul ne le verra plus sous cette apparence. "

En entendant ces paroles, ils pleurèrent de joie et rendirent grâce à Notre Seigneur de leur avoir révélé ce mystère. Ils demeurèrent toute la journée chez le prud'homme. Le lendemain, après la messe, quand ils furent au moment de partir, Perceval prit l'épée que Galaad avait quittée et dit qu'il la porterait désormais; quant à la sienne, il la laissa chez le prud'homme.

Après midi, ils approchèrent d'un castel de belle et forte apparence, mais n'y entrèrent pas, parce que leur chemin les menait ailleurs. Lorsqu'ils furent un peu éloignés de la maîtresse porte, un chevalier vint à eux et leur dit : " Seigneurs, cette demoiselle que vous emmenez est-elle pucelle ? — Par ma foi, dit Bohort, elle l'est, sachez-le bien. " Alors, le chevalier prit au mors le cheval de la demoiselle et dit : " Par la Sainte-Croix, vous ne m'échapperez pas tant que vous n'aurez satisfait à la coutume de ce castel. " Lorsque Perceval vit sa sœur arrêtée par ce chevalier, il en fut fort en peine et dit : " Sire, vous ne parlez pas sagement. Car, en quelque lieu que ce soit, une pucelle est franche de toute coutume, surtout lorsqu'elle est comme celle-ci fille de roi et de reine. " Cependant dix chevaliers armés sortirent du castel avec une demoiselle qui tenait à la main une écuelle d'argent. Ils dirent aux trois compagnons : " Beaux seigneurs, il convient que la demoiselle qui vous accompagne se soumette à la coutume d'ici. " Galaad demanda de quelle coutume ils parlaient. " Sire, dit un des chevaliers, toute pucelle qui passe par ici doit remplir cette écuelle du sang de son bras droit, et nulle ne poursuit sa route qui ne s'en soit acquittée. — Maudit soit, fit Galaad, celui qui établit cette coutume, car elle est mauvaise. Et, au nom de Dieu, vous êtes dans votre tort; tant que je serai en vie et que cette demoiselle m'écoutera, elle ne vous donnera pas ce que vous réclamez. — Pour Dieu, dit Perceval, je préférerais périr ! — Et moi de même, dit Bohort. — Par ma foi, reprit le chevalier, vous y périrez donc tous trois. Fussiez-vous les meilleurs chevaliers du monde, vous ne l'emporterez pas sur nous. "

Ils en vinrent aux mains, mais les trois compagnons abattirent les dix chevaliers avant d'avoir brisé leurs glaives. Puis, frappant de l'épée, ils les tuèrent comme des bêtes. Ils l'auraient donc emporté sans peine, si soixante chevaliers n'étaient accourus du castel pour les secourir, précédés d'un vieillard qui dit aux compagnons : " Beaux seigneurs, ayez pitié de vous-mêmes et ne vous faites point tuer; ce serait dommage, car vous êtes bons chevaliers. Aussi vous prions-nous de nous accorder ce que nous demandons. — Vous parlez en vain, dit Galaad, car nous ne vous l'accorderons pas. — Vous voulez donc mourir ? reprit le vieillard. — Nous n'en sommes point encore là, dit Galaad. Mais nous aimerions mieux mourir que de souffrir tel déshonneur. " La mêlée commença, grande et merveilleuse, et les compagnons étaient assaillis de toutes parts. Mais Galaad, qui avait l'Épée-à-l'étrange-baudrier, frappait de droite et de gauche, tuant tout ce qu'il atteignait, si bien qu'on l'eût pris pour quelque monstre plutôt que pour homme mortel. Et il avançait toujours, gagnant du terrain sur ses ennemis, sans jamais reculer d'un pas, tandis que de chaque côté ses compagnons le protégeaient de sorte qu'on ne pouvait l'assaillir que de face.

La bataille dura ainsi jusqu'après none, sans que les compagnons eussent peur un instant ou perdissent pied une seule fois. La nuit vint enfin, très obscure, qui les sépara, et ceux du castel convinrent qu'il fallait cesser le combat. Le prud'homme qui avait parlé naguère s'approcha à nouveau des trois compagnons et leur dit : " Seigneurs, par amour et courtoisie, nous vous prions d'accepter ce soir notre hospitalité. Nous vous promettons de vous remettre demain au point où vous êtes

maintenant. Savez-vous pourquoi je vous le dis ? C'est
que, dès que vous en connaîtrez la vérité, vous accor-
derez que la demoiselle fasse ce que nous demandons.
— Seigneurs, dit la demoiselle, acceptez l'hospitalité
qu'il vous offre. " Ils conclurent donc une trêve et
entrèrent au castel, et jamais on ne vit si grand accueil
que celui qui fut fait aux trois compagnons. Lorsqu'ils
eurent mangé, ils demandèrent ce qui en était de la
coutume du castel et pourquoi elle avait été établie.
L'un des chevaliers leur dit :

" Nous allons vous l'expliquer. C'est chose vraie
qu'il y a ici une demoiselle à qui nous appartenons,
ainsi que tous les gens du pays, et ce castel et plusieurs
autres. Il y a deux ans Notre Seigneur voulut qu'elle
tombât malade. Comme elle était depuis quelque temps
en langueur, nous examinâmes son mal, et vîmes que
c'était celui qu'on nomme la lèpre. Nous mandâmes
tous les médecins d'ici et d'ailleurs, mais aucun ne put
nous venir en aide. Enfin un savant homme nous dit
que, si nous pouvions avoir une pleine écuelle de sang
d'une pucelle, demeurée vierge de fait et d'intention,
qui fût fille de roi et de reine, et sœur de Perceval le
vierge, il faudrait en oindre la demoiselle qui guérirait
aussitôt. Nous résolûmes alors qu'aucune pucelle ne
passerait ici, que nous n'obtenions une écuelle de son
sang, et nous mîmes des gardes aux portes du castel
pour arrêter toutes les demoiselles. Ainsi fut établie
notre coutume. Vous en ferez ce qui vous plaira. "

La demoiselle appela les trois compagnons et leur
dit : " Seigneurs, vous voyez que cette demoiselle est
malade et que je puis la guérir si je veux, ou que sinon
elle n'en réchappera pas. Dites-moi ce que je dois faire.
— Au nom de Dieu, fit Galaad, vous êtes si jeune et
délicate que vous en mourrez. — Par ma foi, répondit-
elle, si je mourais pour cette guérison, ce serait un honneur pour moi et pour ma parenté. Et il faut que je le

fasse, autant pour ceux-ci que pour vous. Autrement,
vous reprendrez le combat demain, et il y aura pertes
plus grandes que ne serait ma mort. Je ferai donc ce
qu'ils désirent, afin que s'apaise votre querelle, et je
vous prie de me le permettre. " Ils y consentirent à
contrecœur.

La demoiselle appela donc ceux du castel et leur dit :
" Soyez joyeux. Vous ne vous battrez pas demain et je
vous promets de m'acquitter comme demoiselle doit
le faire. " Ils l'en remercièrent grandement et lui firent
fête, rendirent honneurs et services de toutes sortes
aux compagnons et leur préparèrent les plus beaux
lits du monde.

Le lendemain après la messe, la demoiselle demanda
qu'on lui amenât la lépreuse qu'elle devait guérir.
Lorsqu'elle parut, les compagnons furent tout surpris,
car son visage était si changé par la lèpre qu'ils se
demandaient comment elle pouvait vivre avec de pa-
reilles souffrances. Ils se levèrent et la firent asseoir
auprès d'eux. La pucelle commanda qu'on apportât
l'écuelle, tendit son bras et se fit frapper la veine d'une
petite lame tranchante comme un rasoir. Le sang jaillit.
Elle se signa, se recommanda à Notre Seigneur, et dit
à la dame : " Je risque la mort pour votre guérison.
Pour l'amour de Dieu, priez pour mon âme, car voici
ma fin venue. "

A ces mots, elle s'évanouit d'avoir perdu tant de
sang que l'écuelle était déjà pleine. Ses compagnons
la soutinrent et étanchèrent le sang. Après un long moment de pâmoison, elle put dire à Perceval : " Ah !
Perceval mon frère, je meurs pour la guérison de cette
demoiselle. Je vous prie de ne pas enterrer mon corps
dans ce pays, mais, dès que j'aurai péri, de me mettre
en une nacelle au port le plus proche d'ici et de me laisser aller selon qu'aventure me mènera. Et je vous dis
que vous n'arriverez pas en la cité de Sarraz, où vous

irez en quête du Saint-Graal, que vous ne m'y trouviez
au pied de la tour. Alors, pour mon honneur, faites-moi
enterrer au Palais Spirituel. Savez-vous pourquoi je
vous le demande ? Parce que Perceval y reposera, et
vous auprès de lui. "

Perceval lui accorda tout en pleurant : et elle dit
encore : " Partez demain, et que chacun suive sa voie
jusqu'à ce qu'aventure vous rassemble chez le Roi
Méhaignié. Ainsi le veut le Haut Maître, qui vous le
mande par moi. " Ils le promirent, et elle demanda à
recevoir son Sauveur. Ils firent venir un sage ermite
qui habitait près de là dans un bois. Il vint en hâte,
voyant que c'était chose urgente. La demoiselle tendit
les mains à son Sauveur et le reçut en grande dévotion. Puis elle quitta ce monde, laissant ses compagnons si dolents qu'ils ne pensaient pas s'en consoler
jamais.

Ce jour même, la dame guérit. Car dès qu'on l'eut
lavée du sang de la sainte pucelle, elle fut nettoyée de
sa lèpre, et sa chair, qui était toute noire et horrible à
voir, redevint d'une grande beauté. Les trois compagnons et ceux du castel en furent tout joyeux. Ils ensevelirent le corps de la demoiselle selon ses désirs, lui
ôtèrent les entrailles et tout ce qu'ils devaient ôter, puis
l'embaumèrent aussi magnifiquement que si c'eût été
le corps de l'empereur. Ils firent construire une nef,
qu'ils couvrirent d'un riche drap de soie, y mirent un
beau lit, où ils couchèrent le corps, et poussèrent le
bateau sur la mer. Bohort cependant dit à Perceval
qu'il regrettait qu'on n'eût pas mis un écrit avec le
corps, pour qu'on sût qui était la demoiselle et comment elle était morte. Mais Perceval répondit : " J'ai
mis à son chevet un bref qui explique sa parenté, et
sa mort, et les aventures qu'elle nous a aidés à achever.
Si on la trouve en terre étrangère, on saura bien qui elle
est. " Galaad dit qu'il avait bien fait, puisque ceux qui

la trouveraient lui rendraient de grands honneurs en apprenant la vérité d'elle et de sa vie.

Tant qu'ils purent voir la nef, ceux du castel demeurèrent sur le rivage, et la plupart d'entre eux pleuraient tendrement, pour la grande générosité de cette demoiselle qui s'était vouée à la mort afin de guérir une dame étrangère. Jamais, disaient-ils, pucelle n'avait fait si belle action. Lorsque la nef fut hors de vue, ils rentrèrent au castel, mais les trois compagnons dirent qu'ils n'y retourneraient point, pour l'amour de la demoiselle qu'ils y avaient perdue. Ils restèrent donc aux portes et demandèrent qu'on leur apportât leurs armes.

Lorsqu'ils furent montés en selle et prêts à partir, ils virent le temps s'obscurcir et les nuages se charger de pluie. Ils se retirèrent vers une chapelle qui était auprès de leur chemin, mirent leurs chevaux sous l'appentis, et entrèrent. Le temps empira, il commença à tonner, à faire des éclairs, et la foudre tomba sur le castel, aussi serrée que pluie d'averse. La tempête dura toute la journée, si terrible qu'elle abattit bien la moitié des murs du castel, et ils en furent épouvantés, car ils ne croyaient pas qu'en un an l'orage pût faire autant de ravages qu'il venait d'en faire.

Après vêpres, lorsque le ciel se fut éclairci, les trois compagnons virent un chevalier grièvement blessé qui s'enfuyait dans leur direction, en répétant sans cesse : " Hé ! Dieu ! Secourez-moi ! Car j'en ai grand besoin. " Il était poursuivi par un autre chevalier et un nain qui lui criaient : " Vous êtes mort et vous n'échapperez pas. " Et le premier, levant les bras au ciel, disait : " Beau Sire Dieu, secourez-moi ! ne me laissez pas périr en ce grand trouble où je suis. "

Les trois compagnons prirent pitié de ce chevalier qui en appelait à Notre Seigneur, et Galaad dit qu'il irait à son secours. " Non, sire, fit Bohort, c'est moi qui irai. Il n'est pas besoin de vous pour combattre un seul chevalier. " Galaad l'accorda. Bohort monta en selle et dit à ses compagnons : " Beaux seigneurs, si je ne reviens pas, ne renoncez pas à votre Quête, mais dès le matin remettez-vous en chemin, chacun pour soi, et allez jusqu'à ce que Notre Sire nous rassemble tous trois dans la maison du Roi Méhaignié. " Ils lui dirent d'aller sous la garde de Notre Seigneur, et qu'eux se sépareraient au matin. Et Bohort partit à la suite du chevalier qu'il voulait secourir.

Mais le conte cesse de parler de lui et revient aux deux compagnons qui étaient restés dans la chapelle.

Galaad et Perceval

Or dit le conte, que toute la nuit Galaad et Perceval demeurèrent dans la chapelle à prier Notre Seigneur de protéger Bohort en quelque lieu qu'il allât. Au matin, quand le jour fut beau et clair, et la tempête calmée, ils montèrent à cheval et s'approchèrent du castel pour savoir ce qui était arrivé à ses habitants. Lorsqu'ils furent à la porte, ils virent que tout était brûlé, et les murs abattus. Leur surprise fut plus grande encore quand ils entrèrent et ne virent homme ni femme qui ne fût mort. Ils errèrent partout, plaignant le grand dommage et la perte des gens. Au maître donjon, les murs étaient renversés, les chevaliers gisaient çà et là, tels que Notre Sire les avait foudroyés pour la mauvaise vie qu'ils avaient menée. En voyant cela les compagnons dirent que c'était vengeance du ciel et que cela ne fût point arrivé sinon pour apaiser le courroux du Créateur. Tandis qu'ils parlaient ainsi, une voix se fit entendre, qui leur dit : " C'est la vengeance du sang des bonnes pucelles, qui fut répandu ici pour la guérison terrestre d'une déloyale pécheresse. " A ces mots les compagnons se dirent que la vengeance de Notre Seigneur est grande et que bien fol est qui va contre sa volonté.

Après avoir erré longtemps dans le castel, contemplant ce grand massacre, ils trouvèrent auprès d'une chapelle un cimetière tout plein d'arbrisseaux feuillus, d'herbe verte, et de belles tombes; il y en avait bien soixante. Et ce lieu était si agréable qu'on n'y voyait

nulle trace de tempête. Aussi n'y en avait-il pas eu ici,
parce que les corps qui y gisaient étaient ceux des pucelles mortes pour l'amour de la dame. Les compagnons
entrèrent à cheval dans le cimetière et, s'approchant des
tombes, virent sur chacune d'elles le nom de celle qui
était enterrée là. En les lisant, ils comptèrent qu'il y
avait douze demoiselles filles de roi et issues de haut
lignage. A cette vue, ils dirent que c'était une bien
méchante coutume qu'on avait maintenue en ce castel
et que le pays avait tolérée trop longtemps, puisque
tant de nobles races avaient été offensées ou détruites
par la mort de leurs filles.

Ils restèrent là jusqu'à l'heure de prime, puis s'en
allèrent vers une forêt. Avant d'y entrer, Perceval dit
à Galaad : " C'est aujourd'hui que nous devons nous
séparer pour suivre chacun notre route. Je vous recommande à Notre Seigneur. Puisse-t-il nous octroyer de
nous revoir prochainement, car jamais je n'ai trouvé
personne dont la compagnie me fût aussi douce et
bonne que la vôtre, et cette séparation me pèse plus que
vous ne pensez. Mais il le faut, puisque Notre Seigneur
le veut. " Il quitta son heaume; Galaad fit de même;
et ils échangèrent un baiser, parce qu'ils s'entr'aimaient
de grand amour : on le vit bien à leur mort, car l'un
ne survécut que bien peu à l'autre.

Ils se quittèrent donc à l'entrée d'une forêt que
ceux du pays appelaient Aube, et chacun suivit sa voie.

Mais le conte cesse de parler d'eux et s'en retourne
à Lancelot, car il s'en est tu longtemps.

Or dit le conte que, parvenu à la rivière Marcoise, Lancelot se vit enclos de trois choses qui ne le réconfortaient guère. D'une part c'était la forêt, vaste et sans chemins; de l'autre deux rochers escarpés; et du troisième côté la profonde rivière. Il résolut donc d'attendre là, sans bouger, la grâce de Notre Seigneur, et demeura ainsi jusqu'à la nuit. Quand elle se fut mêlée au jour, il ôta ses armes, se coucha auprès d'elles, et fit les prières qu'il savait, demandant à Notre Sire de ne point l'oublier et de lui envoyer les secours dont avaient besoin son corps et son âme. Puis il s'endormit, le cœur plus préoccupé de Notre Seigneur que des choses terrestres. Dans son sommeil il entendit une voix qui disait : " Lancelot, lève-toi, prends tes armes, et entre en la première nef que tu trouveras. " A ces mots, il tressaillit, ouvrit les yeux et vit alentour si grande clarté qu'il crut le matin venu; mais cette lumière ne tarda pas à s'évanouir. Il leva la main pour se signer et se recommanda à Notre Sire, puis il s'arma. Son épée ceinte il regarda vers le rivage et y vit un bateau sans voile ni aviron; il s'y rendit et, dès qu'il fut monté, il crut sentir tous les parfums du monde et pensa voir là toutes les bonnes choses qu'on puisse manger. Il en fut cent fois mieux à son aise et, pensant tenir enfin tout ce qu'il avait désiré en sa vie, en rendit grâces à Notre Seigneur. Agenouillé dans le bateau, il dit :

" Doux père Jésus-Christ, tout ceci ne peut venir que de toi. Mon cœur est en telle joie que je ne sais plus si je suis sur terre ou au paradis terrestre. " Il s'appuya au bord et s'endormit dans sa belle joie.

Toute la nuit il dormit d'un sommeil si heureux qu'il lui semblait n'être plus le même homme. Au matin, quand il s'éveilla, il vit au milieu de la nef un lit magnifique et, dans le lit, une pucelle morte dont le visage était découvert. Aussitôt il se dressa, fit le signe de la croix et remercia Notre Seigneur de lui avoir donné cette compagnie. Puis il s'approcha, désirant savoir qui elle était, et de quel lignage. Sous la tête de la morte, il finit par découvrir un bref qu'il déplia et qui disait : " Cette demoiselle fut la sœur de Perceval le Gallois; elle resta vierge d'intention et de fait. C'est elle qui changea le baudrier de l'Épée-à-l'étrange-baudrier que porte aujourd'hui Galaad, fils de Lancelot du Lac. " Puis le bref narrait la vie et la mort de la pucelle, et comment les trois compagnons, après l'avoir ensevelie, la mirent en cette nef par ordre de la voix divine. Lorsqu'il en sut la vérité, Lancelot fut tout joyeux de connaître que Bohort et Galaad étaient réunis. Il revint au bord du bateau et pria Notre Seigneur qu'il lui octroyât de retrouver son fils Galaad avant la fin de la Quête, de lui parler et de lui faire fête.

Tandis que Lancelot était en prière, il vit la nef aborder à un roc antique auprès duquel il y avait une petite chapelle; un vieillard tout chenu se tenait sur le seuil. Lancelot le salua du plus loin qu'il put; le prud'homme lui rendit son salut d'une voix plus vigoureuse que Lancelot ne s'y attendait, puis il se leva, s'approcha du bateau et, s'asseyant sur une motte de terre, demanda à Lancelot quelle aventure l'amenait ici. Il lui dit la vérité et comment la fortune l'avait fait aborder à ce rivage qu'il ne croyait pas connaître. Quand le prud'homme apprit que c'était Lancelot du Lac, il fut tout surpris de le voir sur le navire et lui demanda qui était sa compagne. " Sire, dit Lancelot, venez voir, je

vous prie. " Le prud'homme monta à bord, vit la demoiselle et le bref qu'il lut de part en part, et lorsqu'il découvrit qu'on y parlait de l'Épée-à-l'étrange-baudrier, il dit :
" Ah ! Lancelot, je ne croyais pas vivre assez longtemps
pour apprendre le nom de cette épée. Quant à toi, tu
peux bien dire que tu es malchanceux, puisque tu n'as
pas été de ces prud'hommes, réputés jadis moins vaillants que toi, qui ont achevé cette aventure. Aujour-
d'hui il est manifeste qu'ils sont vrais chevaliers de
Dieu plus que tu ne le fus jamais. Mais, quelles que
soient tes fautes passées, je crois que si désormais tu
voulais te garder de commettre aucun péché mortel
et d'aller contre ton Créateur, tu pourrais encore obtenir
pitié et miséricorde de Celui en qui habite toute compassion et qui t'a déjà rappelé en la voie de vérité ! Cependant, raconte-moi comment tu es entré dans cette
nef. " Lancelot le lui dit et le prud'homme reprit
en pleurant : " Lancelot, sache que Notre Sire t'a
témoigné sa grande bonté en te donnant la compagnie
de cette noble et sainte pucelle. Désormais, sois attentif
à rester chaste en pensée et en action, afin que ta chasteté
s'accorde à sa virginité. Ainsi, tu pourras demeurer
auprès d'elle. " Lancelot promit de bon cœur qu'il
ne ferait plus aucun acte qui lui paraisse être une faute
envers son Créateur. " Va donc, dit le prud'homme,
ne tarde plus et s'il plaît à Dieu, tu parviendras bientôt
en la maison où tu désires tant parvenir. — Et vous,
sire, dit Lancelot, resterez-vous ici ? — Oui, dit-il, il
convient que j'y reste. "

Cependant le vent frappa la nef et l'éloigna du rocher.
Ils se recommandèrent mutuellement à Dieu, et le
prud'homme retourna à sa chapelle, mais avant de
quitter la rive, il cria : " Ah ! Lancelot, sergent de
Jésus-Christ, pour l'amour de Dieu ne m'oublie pas,
mais prie Galaad, le vrai chevalier, que tu rejoindras
bientôt, de demander à Notre Seigneur qu'en sa douce

pitié il ait compassion de moi ! " Et Lancelot fut tout
joyeux d'apprendre que Galaad serait prochainement
son compagnon. Il se prosterna au bord de la nef et
pria Notre Sire de le conduire en un lieu où il puisse
faire quelque chose pour son service.

Lancelot fut ainsi plus d'un mois sans descendre
de son bateau. Si quelqu'un demande de quoi il vécut
pendant ce temps puisqu'il n'avait trouvé aucune
provision sur la nef, le conte répond que le Haut Sire,
dont la manne nourrit le peuple d'Israël au désert et qui
fit jaillir l'eau du rocher pour apaiser sa soif, soutint
Lancelot chaque matin : en effet, dès qu'il avait fait
oraison et demandé à Notre Maître de lui envoyer son
pain comme un père doit faire à son fils, il se trouvait
rassasié et si rempli de la grâce du Saint-Esprit qu'il
lui semblait avoir goûté de toutes les bonnes choses
du monde.

Il y avait longtemps qu'il naviguait ainsi lorsqu'en
pleine nuit il arriva à l'orée d'une forêt. Tendant l'oreille,
il entendit un chevalier qui venait à grand bruit à travers les bois, et le vit mettre pied à terre en face de la
nef, desseller son cheval et le laisser aller en liberté.
Puis il se signa et monta à bord, armé comme il
était.

Lancelot, à sa vue, ne courut pas prendre ses armes,
car il pensa aussitôt qu'il voyait s'accomplir la promesse
du prud'homme et que c'était Galaad qui venait lui
faire compagnie pour quelque temps. Celui-ci lui dit :
" Sire, je vous souhaite heureuse fortune. Mais, s'il
se peut, dites-moi qui vous êtes, car j'ai grand désir
de le savoir. " Lancelot se nomma. " Ah ! sire, reprit le
chevalier, vous êtes vraiment le bienvenu. Je désirais
vous voir et vous avoir pour compagnon plus que tout
autre. Et c'est justice, puisque vous êtes mon origine. "
Il quitta son heaume à ces mots, et Lancelot lui dit :
" Ah ! Galaad, est-ce vous ? — Oui, sire, c'est moi en

vérité. " Ils s'embrassèrent et se firent le plus bel accueil
du monde.

Puis chacun conta ses aventures depuis le départ de
la cour, et ils parlèrent jusqu'à ce que le soleil du lendemain se levât. Quand le jour fut beau et clair ils se
virent et se reconnurent, et leur joie fut merveilleuse.
Cependant Galaad, apercevant la demoiselle qui gisait
dans la nef, la reconnut et demanda à Lancelot s'il
savait qui elle était. " Oui, dit-il, je le sais bien. Le bref
qui est à son chevet en révèle toute la vérité. Mais pour
l'amour de Dieu, dites-moi si vous avez mené à chef
l'aventure de l'Épée-à-l'étrange-baudrier. — Oui, sire,
dit Galaad. Et si vous n'avez jamais vu l'Épée, la
voici. " Lancelot la regarda et pensa que c'était bien
elle; il la prit par la poignée et se mit à baiser le pommeau, la lame et le fourreau. Puis il demanda à Galaad
comment il l'avait trouvée. Galaad lui raconta l'histoire
de la nef que fit faire jadis la femme de Salomon, et les
trois morceaux de bois, et l'arbre planté par Ève, notre
première mère, et les trois couleurs blanche, verte et
vermeille. Lancelot convint que jamais chevalier n'avait
connu si haute aventure.

Lancelot et Galaad demeurèrent bien six mois
dans la nef, tous deux attentifs à bien servir leur Créateur dans leur cœur. Plus d'une fois ils abordèrent à
des îles étranges, loin de toutes gens, où n'habitaient
que bêtes sauvages; ils y trouvèrent de merveilleuses
aventures qu'ils menèrent à chef tant par leur prouesse
que par la grâce du Saint-Esprit qui les assistait en tous
lieux. Mais le conte du Saint-Graal n'en fait pas mention,
parce qu'il faudrait trop s'attarder si l'on voulait narrer
tout ce qui leur advint.

Après Pâques, au temps nouveau où toutes choses
se parent de verdure, où les oiseaux chantent dans les
bois leurs chants divers pour le commencement de la
douce saison, et où tout s'emplit de joie plus qu'en nul

autre temps, ils parvinrent un beau jour, à l'heure de
midi, à l'orée d'une forêt, devant une croix. Un chevalier à l'armure blanche, monté très richement et menant
à sa droite un cheval blanc, sortit du bois. Dès qu'il vit
la nef, il s'en approcha, salua les deux chevaliers au
nom du Haut Maître et dit à Galaad : " Sire, vous avez
été assez longtemps en la compagnie de votre père.
Quittez la nef, montez sur ce beau cheval blanc, et
allez où vous mènera la fortune, pour achever les
aventures de Logres. "

A ces mots Galaad courut à son père, le baisa tendrement, et lui dit tout en pleurs : " Beau doux sire,
je ne sais si je vous reverrai jamais. Je vous recommande au Vrai Corps de Jésus-Christ. Qu'Il vous
garde à son service ! " Tous deux se mirent à pleurer;
lorsque Galaad fut sorti de la nef et monté à cheval une
voix leur dit : " Que chacun de vous pense à bien faire,
car vous ne vous reverrez pas avant le grand jour
d'épouvante où Notre Sire récompensera chacun selon
ses services; ce sera le jour du Jugement. " A l'ouïe
de ces paroles, Lancelot tout en larmes dit à Galaad :
" Mon fils, puisque nous nous séparons à jamais, prie
pour moi le Haut Maître de ne pas me permettre de
quitter son service, et de me protéger de telle manière
que je demeure son sergent terrestre et spirituel. "
Galaad répondit : " Sire, nulle prière n'y sera meilleure
que la vôtre. Aussi bien, souvenez-vous de vous-même. "
Puis ils se séparèrent. Galaad entra dans la forêt, et un
grand vent, frappant la nef, eut bientôt éloigné Lancelot
du rivage.

Ainsi Lancelot demeura seul sur la nef, avec le corps
de la demoiselle. Il erra bien un mois sur la mer, dor-
mant peu, veillant beaucoup et priant Notre Seigneur
parmi ses larmes de le mener en un lieu où il pût voir
quelque chose des mystères du Saint-Graal.

Un soir, vers minuit, il arriva devant un castel qui

était de riche et belle apparence; derrière le château,
une porte, qui donnait sur l'eau, restait ouverte nuit et
jour. Il n'y avait pas de sentinelle de ce côté, car deux
lions gardaient l'entrée et l'on ne pouvait arriver à la
porte qu'en passant entre eux deux. A l'heure où la nef
arriva là, la lune était si claire qu'on voyait de loin. Une
voix se fit entendre qui disait : " Lancelot, sors de la
nef et entre au castel où tu trouveras une grande partie
de ce que tu as tant désiré voir. " Lancelot courut à
ses armes et prit tout ce qu'il avait apporté sur le bateau,
puis il sortit et s'approcha de la porte; mais, voyant les
deux lions, il pensa qu'il ne passerait pas sans combattre.
Il mit donc la main à l'épée, prêt à se défendre. Aussitôt
il vit venir d'en haut une main tout enflammée qui le
frappa rudement au bras et fit voler son épée. Une voix
lui dit : " Ah ! homme de pauvre foi et de médiocre
croyance, pourquoi te fies-tu en ton bras plutôt qu'en
ton Créateur ? Misérable, crois-tu donc que Celui qui
t'a pris à Son service ne soit pas plus puissant que tes
armes ? "

Lancelot fut si surpris de ces paroles et du coup
qu'il avait reçu, qu'il tomba à terre, tout étourdi et ne
sachant plus si c'était le jour ou la nuit. Mais au bout
d'un instant il se releva et dit : " Ah ! doux père Jésus-
Christ, je vous remercie et vous adore de ce que vous
daignez me reprendre de mes fautes. Et je vois bien
que vous me tenez pour votre serviteur, puisque vous
me montrez les signes de ma mécréance ! "

Lancelot reprit son épée, la mit au fourreau et dit
que de ce jour il ne la dégainerait plus, mais s'en remet-
trait à la grâce de Notre Seigneur. " S'il Lui plaît
que je périsse, ce sera pour le salut de mon âme. Et
s'il Lui plaît que j'en réchappe, ce me sera un grand
honneur. " Il se signa au front, se recommanda à Dieu,
et s'approcha des lions, qui le regardèrent venir sans
bouger ni faire mine de s'en prendre à lui. Il passa

entre eux et remonta ensuite la maîtresse rue jusqu'au
grand donjon du castel. Tout le monde était couché,
car il était bien minuit. Lancelot gravit les degrés et
entra tout armé dans la grand'salle, où il ne vit ni
homme ni femme, à sa grande surprise car il pensait
qu'une si belle demeure ne restait jamais vide de
toutes gens. Il passa outre, se disant qu'il irait jusqu'à
ce qu'il trouvât quelqu'un qui lui dît en quel pays
il était. Il parvint ainsi à une chambre dont la porte
était bien close, et il y mit la main mais sans pouvoir
l'ouvrir malgré tous ses efforts. Prêtant l'oreille, il
entendit alors une voix qui chantait, si douce qu'elle
paraissait plutôt d'un esprit que d'une créature mortelle.
Et elle disait : " Gloire et louange et honneur soient
à toi, Père des cieux ! " Ces paroles attendrirent le
cœur de Lancelot, qui s'agenouilla devant la porte, et
se dit que le Saint-Graal devait se trouver dans cette
chambre. Tout en larmes, il dit : " Beau doux père
Jésus-Christ, si jamais je fis chose qui t'ait plu, beau
Sire, par ta pitié ne refuse pas de me montrer quelque
chose de ce que je souhaite voir. "

Dès qu'il eut parlé ainsi, Lancelot vit s'ouvrir la
porte de la chambre, et une clarté en sortit, aussi
grande que si le soleil y eût fait sa résidence. La maison en fut illuminée comme si on y eût allumé tous les
cierges du monde. A cette vue, Lancelot sentit une
telle joie et un tel désir de voir d'où venait la lumière
qu'il en oublia tout le reste. Il s'approcha de la porte
et allait entrer dans la chambre quand une voix lui
dit : " Fuis, Lancelot, n'entre pas, tu ne dois point
le faire. Et si tu enfreins cette défense, tu t'en repenti-
ras. " Lancelot, à ces paroles, recula, tout dolent, en
homme qui eût bien voulu entrer mais qui se l'interdisait après avoir entendu la défense qui lui en était
faite.

Il regarda à l'intérieur de la chambre, et vit sur

une table d'argent le Saint-Graal couvert d'une étoffe de soie vermeille. Et tout autour il y avait des anges qui administraient le Saint-Vase, les uns tenant des encensoirs d'argent et des cierges allumés, les autres portant des croix et des ornements d'autel; et aucun d'eux n'était sans remplir quelque office. Devant le Saint-Vase, un vieillard était assis en habit de prêtre et semblait faire le sacrement de la messe. Lorsqu'il en fut à l'élévation du *Corpus Domini*, Lancelot crut voir qu'au-dessus des doigts levés du prud'homme il y avait trois hommes, et deux d'entre eux remettaient le plus jeune aux mains du prêtre; celui-ci le soutenait et faisait mine de le montrer au peuple.

Lancelot fut tout surpris, car le prêtre lui parut si chargé du poids de cette Personne qu'il portait, qu'il en devait tomber à terre. A cette vue, il voulut courir à son secours, parce qu'aucun de ceux qui entouraient le prêtre ne semblait songer à le soutenir. Dans sa grande faim d'y aller, il oublia la défense qu'on lui avait faite de mettre le pied dans la chambre. D'un pas assuré, il s'approcha de la porte en disant : " Ah ! doux père Jésus-Christ, que je ne sois ni puni ni condamné, si je veux aider ce prud'homme qui en a besoin ! " Il entra et alla à la table d'argent. Mais tandis qu'il s'avançait, il sentit un souffle, aussi chaud que s'il eût été mêlé de feu, le frapper à la face si rudement qu'il crut en avoir le visage brûlé. Il ne put faire un pas de plus, comme privé de la faculté de se mouvoir, de voir, d'entendre, et incapable de remuer un seul de ses membres. Plusieurs mains le saisirent de toutes parts, l'emportèrent, le jetèrent hors de la chambre et le laissèrent là.

Le lendemain, à l'aube, quand ceux du castel se levèrent et trouvèrent Lancelot couché devant la porte de la chambre, ils se demandèrent avec surprise ce qui pouvait s'être passé. Ils l'invitèrent à se lever,

mais lui ne semblait pas les entendre et demeurait
sans bouger, si bien qu'ils le crurent mort et se mirent
à le désarmer aussitôt pour voir s'il vivait encore.
Ils virent bien qu'il était en vie, mais, privé du pouvoir
de parler, il était comme une motte de terre. Ils l'emportèrent alors et le couchèrent dans une chambre,
sur un lit somptueux à l'écart des gens pour que le
bruit ne le fît point souffrir. Et ils veillèrent sur lui
toute la journée du mieux qu'ils purent, lui adressant
souvent la parole dans l'espoir d'obtenir une réponse.
Lui cependant restait muet comme s'il n'eût parlé
de sa vie. On écouta son pouls et le battement des
veines sans comprendre pourquoi ce chevalier,
qui était vivant, demeurait incapable de dire un
mot ; certains dirent alors que cela ne se pouvait
que par une vengeance ou une manifestation de Notre
Seigneur.

Ils demeurèrent ainsi auprès de lui ce jour-là et
le troisième et le quatrième. Les uns prétendaient
qu'il était mort, les autres le niaient. " Au nom de Dieu,
fit un vieillard qui se trouvait là et connaissait la phy-
sique, je vous dis en vérité qu'il n'est pas mort, mais
aussi plein de vie que les plus vigoureux d'entre nous.
C'est pourquoi je vous engage à le bien soigner jusqu'à
ce que Notre Sire lui rende la santé qu'il avait naguère.
Nous saurons alors de sa bouche qui il est et de quel
pays. Pour moi, si jamais j'ai su quelque chose, je
pense qu'il a été l'un des bons chevaliers du monde,
et qu'il le sera encore s'il plaît à Notre Seigneur. Il ne
me semble pas qu'il soit en danger de mort, mais je
ne dis pas qu'au point où il en est il ne puisse languir
assez longtemps. " Le prud'homme parla ainsi, en
homme de grande sagesse, et tout ce qu'il dit se trouva
vrai. En effet ils le veillèrent de la sorte vingt-quatre
jours et vingt-quatre nuits, sans qu'il bût ou mangeât,
sans qu'une parole sortît de ses lèvres ou qu'il remuât

pied ni main, ou fît rien qui démontrât qu'il vivait.
Cependant, tous et toutes le plaignaient fort, disant :
" Dieu ! Quel dommage que Dieu ait mis en cette
torture un chevalier qui semblait si beau et si vaillant ! "
Et ils pleuraient en répétant ces plaintes, mais ils
avaient beau s'interroger, ils ne connurent point que
c'était Lancelot, bien que maint chevalier de céans
l'eût rencontré souvent.

Lancelot demeura ainsi gisant vingt-quatre jours,
si bien que ceux du castel n'attendaient plus que sa
mort. Mais le vingt-quatrième jour environ midi
il ouvrit les yeux et lorsqu'il vit ces gens il se prit à se
lamenter : " Ah Dieu ! pourquoi m'avez-vous éveillé
si tôt ? J'étais plus heureux que je ne serai jamais
maintenant ! Ah ! doux père Jésus-Christ, qui pourrait
donc être assez fortuné ou assez sage pour voir ouvertement les grandes merveilles de vos mystères et se
trouver là où mes regards pécheurs et mes yeux souillés
de toute l'ordure du monde furent aveuglés ? " A
l'ouïe de ces paroles, ceux qui entouraient Lancelot
furent tout joyeux et lui demandèrent ce qu'il avait
vu. " J'ai vu, dit-il, de si grandes et heureuses merveilles
que ma langue ne saurait vous les redire, ni mon
cœur même ne saurait concevoir combien c'est chose
grande. Car ce n'était pas chose terrestre, mais spirituelle.
Et n'eussent été mes péchés et mon infortune, j'en
aurais vu davantage encore ; mais à cause de la déloyauté
que Dieu découvrit en moi, je perdis le pouvoir des
yeux et du corps. "

Puis Lancelot dit à ceux qui étaient là : " Beaux
seigneurs, je me demande comment je suis ici. Il ne
me souvient pas d'y avoir été mis, et je ne sais de quelle
manière j'y pus venir. " Ils lui racontèrent ce qu'ils
avaient vu, et que durant vingt-quatre jours ils n'avaient
su s'il était mort ou vif. Lancelot se mit alors à réflé-
chir, se demandant quelle signification pouvait avoir

cet état où il était resté si longtemps. Il y pensa tant
qu'il se dit enfin qu'il était demeuré vingt-quatre ans
au service de l'Ennemi; en guise de pénitence, Notre
Seigneur l'avait privé durant vingt-quatre jours du
pouvoir de ses membres. Puis, levant les yeux, il aperçut
la haire qu'il avait portée pendant près de six mois
et dont il était dessaisi maintenant. Et il en eut grande
peine, à la pensée qu'il avait ainsi enfreint son vœu.
On lui demanda comment il se sentait; il se dit guéri,
grâce à Dieu. "Mais, ajouta-t-il, dites-moi pour l'amour
de Dieu en quel lieu je suis." Ils répondirent que
c'était le château de Corbenyc.

Une demoiselle parut alors, qui apportait à Lancelot
une robe de lin neuve et fraîche; il ne voulut pas la
revêtir, mais prit sa haire. Ceux qui l'entouraient lui
dirent : " Sire chevalier, vous pouvez bien laisser la
haire, car votre quête est achevée; vous feriez vainement de nouveaux efforts pour chercher le Saint-Graal.
Sachez bien que vous n'en verrez pas davantage que
ce que vous vîtes. Que Dieu nous amène maintenant
ceux qui en verront plus." Lancelot ne se laissa pas
convaincre, mais vêtit la haire, et la robe de lin par-
dessus, puis une robe écarlate qu'on lui apporta. Lorsqu'il fut habillé, tous les habitants du castel vinrent
le voir et s'émerveillèrent de ce que Dieu avait fait
de lui. Ils le reconnurent bientôt et lui dirent : " Ah !
messire Lancelot, est-ce vous ? " Il dit oui et ce fut
grande joie pour eux. La nouvelle se répandit si bien
que le roi Pellés l'apprit; un chevalier lui dit : " Sire,
je puis vous dire d'étranges choses. — Quoi donc ?
fit le roi. — Ce chevalier qui était couché ici comme
mort s'est relevé sain et sauf. Sachez que c'est messire
Lancelot du Lac." Le roi, tout heureux, voulut le
voir. Lancelot, en l'apercevant, se leva pour lui souhaiter la bienvenue et lui faire bon accueil. Et le roi
lui dit nouvelles de sa fille qui était morte, celle qui

donna le jour à Galaad. Lancelot en fut fort affligé parce qu'elle était de si haut lignage.

Lancelot demeura quatre jours au castel, pour le grand plaisir du roi qui désirait depuis longtemps sa compagnie. Mais le cinquième jour, au dîner, le Saint-Graal avait déjà couvert les tables d'une abondance de mets telle qu'on n'en avait jamais vu. Tandis qu'ils mangeaient, il arriva une étrange aventure. Ils virent les portes de la salle se fermer sans que nul y mît la main, et un chevalier tout armé, monté sur un grand cheval, parut à la maîtresse porte, criant : " Ouvrez ! Ouvrez ! " Mais ceux du castel refusèrent. Cependant, il cria tant et les importuna si bien que le roi lui-même, quittant la table, vint à une fenêtre, du côté où l'on entendait le chevalier. Et, le voyant qui attendait à la porte, il lui dit : " Sire chevalier, vous n'entrerez point; tant que le Saint-Graal sera ici, nul n'y pénétrera qui soit monté comme vous l'êtes. Allez-vous-en en votre pays, car vous n'êtes certes pas des compagnons de la Quête, mais de ceux qui ont quitté le service de Jésus-Christ pour celui de l'Ennemi. "

A ces mots, le chevalier sentit une grande angoisse et un tel chagrin qu'il ne sut que faire. Il s'éloigna, mais le roi le rappela : " Sire chevalier, puisque vous êtes venu jusqu'ici, je vous prie de me dire qui vous êtes. — Sire, répondit-il, je suis du royaume de Logres, mon nom est Hestor des Mares, et je suis frère de monseigneur Lancelot du Lac. — Au nom de Dieu, dit le roi, je vous connais bien, et je suis plus affligé que je n'étais, car maintenant je suis en peine pour l'amour de votre frère qui est ici. "

A la nouvelle que son frère, l'homme au monde qu'il craignait le plus pour le grand amour qu'il lui portait, se trouvait là, Hestor dit : " Ah ! Dieu ! ma honte redouble et s'accroît encore ! Jamais je n'aurai la hardiesse de paraître devant mon frère puisque j'ai

failli là où les vrais chevaliers ne failliront point. Il
nous a donc bien dit la vérité, à monseigneur Gauvain
et à moi, ce prud'homme qui nous expliqua nos songes ! ''

Et Hestor, sortant de la cour, s'en alla par les rues
du castel de toute la vitesse de son cheval. Lorsqu'ils
le virent ainsi prendre la fuite, ceux du castel se mirent
à crier, maudissant l'heure où il était né, le déclarant
mauvais chevalier et mécréant; il en eut si grand deuil
qu'il eût voulu mourir. Ainsi s'enfuit-il du castel et
se jeta au plus épais des bois. Le roi Pellés revint à
Lancelot et lui dit ces nouvelles de son frère. Son chagrin fut si vif qu'il ne put le cacher aux assistants qui
voyaient les larmes inonder son visage. Aussi le roi se
repentait-il d'avoir parlé; il ne l'eût point fait s'il
avait pensé que Lancelot dût en avoir tant de peine.

Le repas fini, Lancelot demanda ses armes et dit au
roi qu'il voulait s'en aller au royaume de Logres où
il n'était pas retourné depuis plus d'un an. '' Sire, dit
le roi, pardonnez-moi de vous avoir donné ces nouvelles
de votre frère. '' Lancelot y consentit de bon gré.
On lui apporta ses armes, et quand il fut apprêté, le
roi lui fit amener dans la cour un cheval fort et rapide.
Lancelot monta, prit congé de tous, et chevaucha
à grandes journées à travers les terres étrangères.

Un soir il prit son gîte dans une blanche abbaye
où les frères lui firent grand honneur parce qu'il était
chevalier errant. Au matin, après la messe, comme il
sortait du moutier, il aperçut à sa droite un splendide
tombeau qui semblait tout récent. Il s'approcha pour
voir ce que c'était et comprit qu'un monument aussi
beau couvrait le corps d'un grand prince. A la hâte,
il lut cette inscription : CI-GÎT LE ROI BAUDEMAGUS DE
GORRE, QUE TUA GAUVAIN, NEVEU DU ROI ARTHUR.
Il en fut tout attristé, car il aimait de grand amour
le roi Baudemagus. Si son meurtrier eût été un autre
que messire Gauvain, il n'eût pas échappé à la ven-

geance de Lancelot qui, pleurant tendrement, dit que c'était une perte douloureuse pour ceux de la maison du Roi Arthur et pour maint autre prud'homme.

Lancelot demeura à l'abbaye ce jour-là. Le lendemain, il monta à cheval, recommanda les frères à Dieu, et reprit sa route. Errant selon que le menait l'aventure, il parvint aux tombes où étaient dressées les épées, et après les avoir contemplées il repartit et arriva à la cour du Roi Arthur, où tous lui firent bel accueil dès qu'ils l'aperçurent; ils avaient grand désir de le revoir, ainsi que les autres compagnons dont bien peu étaient de retour. Et ceux qui étaient revenus n'avaient rien accompli dans la Quête, d'où leur venait une grande honte.

Mais le conte cesse de parler d'eux et revient à Galaad, fils de Lancelot du Lac.

L'accomplissement

Or dit le conte que Galaad, lorsqu'il eut quitté Lancelot, chevaucha longtemps selon que le menait aventure, tantôt avançant, tantôt revenant en arrière, jusqu'à ce qu'il parvînt à une abbaye où se trouvait le Roi Mordrain. Quand il entendit parler de ce roi qui attendait le Bon Chevalier, il résolut de l'aller voir, et le lendemain, après la messe, il s'y rendit. Dès qu'il s'approcha, le roi, qui depuis longtemps, par la volonté de Notre Seigneur, avait perdu la vue et l'usage de ses membres, vit clair. Il se dressa sur son séant et dit à Galaad : " Galaad, sergent de Dieu, vrai chevalier de qui j'ai tant attendu la venue, embrasse-moi et laisse-moi reposer sur ton sein afin que je puisse mourir entre tes bras; car tu es vierge et plus pur que tout autre chevalier, autant que la fleur de lys, signe de virginité, est plus blanche qu'aucune autre fleur. Tu es un lys de virginité, tu es une droite rose, une fleur de bonne vertu et couleur de feu, car le feu du Saint-Esprit est si bien allumé en toi que ma chair, qui était vieille et morte, est déjà toute renouvelée. "

A ces mots, Galaad s'assit auprès du roi et le prit dans ses bras comme il en avait exprimé le désir. Le roi se pencha sur lui, l'enlaça et dit : " Doux père Jésus-Christ, mon désir est accompli. Maintenant je te supplie de venir me chercher, puisque je ne pourrais mourir en un lieu plus agréable que celui-ci, où il n'y a pour moi que roses et lys et la grande joie que j'ai tant espérée. " Dès qu'il eut fait cette prière, il fut évident que Notre Seigneur l'avait entendu; en effet, il rendit aussitôt son âme à Celui qu'il avait servi si longtemps et mourut entre les bras de Galaad. A cette nouvelle ceux de l'abbaye accoururent; ils virent que les plaies dont le corps du roi était navré depuis tant d'années étaient toutes guéries et le tinrent pour un grand miracle. On rendit à ce corps les honneurs dus à un roi et on l'enterra dans l'abbaye.

Galaad y demeura deux jours, puis chevaucha jusqu'à la Forêt Périlleuse, où il trouva la fontaine qui bouillait à gros bouillons dont le conte a déjà parlé. Dès qu'il y eut mis la main, toute ardeur quitta les eaux, parce qu'il n'y avait jamais eu en lui aucune flamme de luxure. Ceux du pays furent bien émerveillés à la nouvelle que l'eau était refroidie. Et dès lors la fontaine perdit son nom pour s'appeler Fontaine de Galaad.

Après avoir mené à chef cette aventure, Galaad entra au pays de Gorre et parvint à l'abbaye où Lancelot avait vu la tombe de Galaad, roi de Hoselice, fils de Joseph d'Arimathie, et celle de Siméon. A son arrivée, Galaad se pencha sur le caveau, qui était sous la chapelle et, voyant cette tombe tout ardente, il demanda aux frères ce que c'était. " Sire, répondirent-ils, c'est une aventure qui ne peut être accomplie que par celui qui surpassera en bonté et en chevalerie tous les compagnons de la Table Ronde. — Je voudrais, fit Galaad, que vous me meniez à la porte par où on y entre. " Ils l'y menèrent aussitôt. Galaad descendit les degrés, et la flamme qui brûlait depuis si longtemps s'éteignit soudain à l'approche de celui qui n'avait point en lui d'ardeur mauvaise. Il ouvrit le tombeau et y vit le corps de Siméon; aussitôt une voix lui dit : " Galaad, Galaad, remerciez Notre Seigneur qui vous a accordé une telle grâce : par la bonne vie que vous avez menée, vous avez obtenu le pouvoir de retirer les âmes de la peine terrestre et de les mettre dans la joie du paradis. Je suis Siméon, votre ancêtre, et je suis resté trois cent cinquante-quatre ans dans ces flammes que vous vîtes, pour expier un péché que je commis jadis envers Joseph d'Arimathie. Et j'eusse été perdu et damné, si la grâce du Saint-Esprit, qui agit en vous davantage que la chevalerie terrienne, ne m'avait pris en pitié, à cause de votre grande humilité. Elle m'a retiré, Dieu merci, de la douleur terrestre et mis en la joie des cieux par le seul mérite de votre venue. " Ceux de l'abbaye, qui étaient descendus au caveau dès que la flamme fut éteinte, entendirent ces paroles et tinrent cet événement pour un grand miracle. Galaad prit le corps, le retira de la tombe où il avait été longtemps, et le porta au moutier. Les frères l'ensevelirent, comme on doit faire d'un chevalier, car il l'avait été, lui rendirent les honneurs convenables et l'enterrèrent au pied du maître-autel. Puis ils demandèrent à Galaad qui il était, et il leur en dit la vérité.

Le lendemain, après la messe, Galaad recommanda les frères à Dieu et se remit en route. Il chevaucha ainsi cinq années entières avant de parvenir à la demeure du Roi Méhaignié. Durant ces cinq années, Perceval lui tint compagnie en quelque lieu qu'il allât, et dans ce temps-là ils achevèrent si bien les aventures du royaume de Logres que depuis lors on n'y en voit plus guère, si ce n'est par quelque miraculeuse manifestation de Notre Seigneur. Jamais, quel que fût le nombre de leurs adversaires, les deux compagnons ne purent être ni vaincus ni effrayés.

Un jour, au sortir d'une grande et merveilleuse forêt, ils rencontrèrent Bohort qui chevauchait tout seul. Ne demandez pas s'ils furent joyeux de le retrouver après avoir été si longtemps séparés de lui. Ils se firent grand accueil, se souhaitant les uns aux autres bel honneur et heureuse aventure. Puis, à leur demande, Bohort raconta son histoire et leur dit que depuis cinq

ans il n'avait pas couché quatre fois en un lit, ou dans
une maison où il y eût des gens, mais toujours en forêts
inconnues et montagnes lointaines, où il fût mort cent
fois, si la grâce du Saint-Esprit ne l'eût réconforté
et nourri chaque fois qu'il allait à la messe. " Et avez-
vous trouvé ce que nous cherchions ? dit Perceval. —
Non point, répondit Bohort, mais je crois que nous ne
nous séparerons plus sans avoir achevé cette Quête.
— Dieu nous l'octroie ! dit Galaad. Pour moi je ne
sache rien qui me puisse réjouir davantage que votre
venue, que j'ai tant désirée. "

Ainsi l'aventure rassembla les trois compagnons
qu'elle avait séparés. Ils chevauchèrent longtemps et
parvinrent un jour au château de Corbenyc. Quand
le roi les reconnut, leur joie à tous fut grande, car ils
savaient bien que leur venue marquerait la fin des aventures du castel, qui avaient tant duré. La nouvelle s'en
répandit et tout le monde accourut. A la vue de son
neveu Galaad, le roi Pellés se mit à pleurer, et les autres
aussi qui l'avaient connu dans sa petite enfance.

Quand ils furent désarmés, Elyézer, fils du roi
Pellés, leur apporta l'Épée brisée, dont le conte a déjà
parlé, celle dont Joseph fut frappé à la cuisse. Lorsqu'il
l'eut tirée du fourreau et leur eut conté comment elle
avait été brisée, Bohort y mit la main pour voir s'il
pourrait en rejoindre les morceaux; mais ce fut en vain.
Il la tendit alors à Perceval et lui dit : " Sire, essayez
d'achever cette aventure. — Volontiers ", dit Perceval,
qui prit l'épée et en joignit les deux morceaux, mais
sans pouvoir les faire tenir ensemble. Il dit à Galaad :
" Sire, nous avons échoué. Essayez à votre tour; si
vous y manquez, je ne crois pas que nul mortel y
réussisse. " Galaad ajusta les deux morceaux et aussitôt
ils se ressoudèrent si bien que personne n'eût pu
reconnaître la cassure ou même supposer que l'épée
eût jamais été brisée.

A cette vue, les compagnons dirent que Dieu leur montrait un beau commencement, et que sans doute ils achèveraient aisément les autres aventures. Ceux du castel témoignèrent de leur joie et donnèrent l'épée à Bohort, disant qu'elle ne pouvait être mieux employée puisqu'il était si bon chevalier.

A l'heure de vêpres, le temps changea et s'obscurcit; un grand vent se leva et entra dans la salle, si chaud que plusieurs crurent en être brûlés et que d'autres se pâmèrent de frayeur. Une voix dit " : Que ceux qui ne doivent pas s'asseoir à la table de Jésus-Christ s'en aillent, car voici le temps où les vrais chevaliers vont être nourris de céleste nourriture. "

A ces mots, tous sortirent de la salle sans plus attendre, sauf le Roi Pellés, qui était prud'homme de très sainte vie, Elyézer, son fils, et une pucelle, nièce du roi, la plus religieuse qu'il y eût alors en tous pays. Avec eux demeurèrent les trois compagnons, pour voir quelle manifestation leur réservait Notre Seigneur. Au bout d'un instant, ils virent entrer par la porte neuf chevaliers armés qui quittèrent leurs heaumes et leurs armures puis, s'inclinant devant Galaad, lui dirent : " Sire, nous sommes venus en grande hâte pour nous asseoir avec vous à la table où nous sera partagé le haut manger. " Galaad leur répondit qu'ils arrivaient à temps, puisque lui-même et ses compagnons étaient là depuis peu. Tous s'assirent dans la salle, et Galaad leur demanda d'où ils venaient. Trois d'entre eux répondirent qu'ils étaient de Gaule, trois d'Irlande, et les trois autres de Danemark.

Tandis qu'ils parlaient, ils virent sortir d'une chambre un lit de bois, porté par quatre demoiselles, où gisait un prud'homme qui semblait tout meurtri et avait sur la tête une couronne d'or. Elles le déposèrent au milieu de la salle et se retirèrent. Le prud'homme leva la tête et dit à Galaad : " Sire, soyez le bienvenu !

J'ai beaucoup désiré votre venue, en telle souffrance qu'un autre ne l'eût pas supportée longtemps. Mais, s'il plaît à Dieu, voici venu le temps où ma peine sera soulagée, et où je quitterai ce monde ainsi qu'il m'a été promis. "

Cependant ils entendirent une voix qui disait : " Que ceux qui n'ont pas été compagnons de la Quête du Saint-Graal sortent d'ici; ils n'ont pas droit d'y demeurer plus longtemps. " Aussitôt le Roi Pellés, son fils Elyézer et la pucelle quittèrent la salle. Il n'y resta que ceux qui se reconnaissaient pour les compagnons de la Quête. A ce moment, ils crurent voir descendre du ciel un homme vêtu comme un évêque, la crosse à la main et la mitre sur la tête. Quatre anges qui le portaient sur un siège splendide le déposèrent auprès de la table où était le Saint-Graal. L'homme qui ressemblait à un évêque avait au front des lettres qui disaient : " Voici Josèphe, premier évêque que Notre Sire consacra à la cité de Sarraz, au Palais spirituel. " Les chevaliers lisaient bien ces lettres, mais se demandaient avec surprise ce qu'elles pouvaient signifier, puisque ce Joseph dont elles parlaient était mort depuis plus de trois cents ans. Il se mit à leur parler : " Ah ! chevaliers de Notre Seigneur, sergents de Jésus-Christ, ne vous étonnez pas de me voir devant vous comme je suis auprès de ce Saint-Vase : de même que je le servis quand j'étais créature terrienne, de même je le sers maintenant en esprit. "

Puis il s'approcha de la table d'argent et se prosterna, coudes et genoux à terre, devant l'autel. Il y était depuis un long moment lorsqu'il entendit la porte de la chambre s'ouvrir avec fracas. Il regarda de ce côté, et tout le monde en fit autant, pour voir paraître les anges qui avaient apporté Josèphe; deux d'entre eux portaient des cierges, le troisième une toile de soie vermeille, et le quatrième une lance qui saignait si abondamment que les gouttes tombaient à flots dans une boîte qu'il tenait de l'autre main. Les deux premiers mirent les cierges sur la table; le troisième déposa la soie auprès du Saint-Vase; le quatrième tint la lance toute droite au-dessus du Saint-Vase, de telle façon que le sang qui ruisselait le long de la hampe y tombait. Lorsque ce fut fait, Josèphe se redressa, releva un peu la lance au-dessus du Saint-Vase et le couvrit de la toile.

Puis Josèphe fit comme s'il entrait au sacrement de la messe. Au bout d'un moment, il prit dans le Saint-Vase une hostie faite en semblance de pain et, lorsqu'il l'éleva, une figure d'enfant descendit du ciel, qui avait le visage rouge et embrasé comme du feu; elle entra dans l'hostie et tous ceux qui étaient dans la salle virent nettement que le pain prenait forme d'homme charnel. Josèphe le tint un moment levé, puis le remit dans le Saint-Vase.

Lorsque Josèphe eut fait tout ce qui incombe au prêtre pour l'office de la messe, il vint à Galaad, le baisa et lui dit de baiser à son tour ses frères. Galaad le fit. Puis Josèphe dit : " Sergents de Jésus-Christ, qui avez pris peine et travaux pour voir une partie des merveilles du Saint-Graal, asseyez-vous à cette table; vous y serez nourris, de la main même de votre Sauveur, de la meilleure nourriture dont chevalier ait jamais goûté. Et vous pourrez dire que votre peine n'est pas perdue, puisque vous en aurez la plus haute récompense du monde. " Ayant ainsi parlé, Josèphe disparut sans qu'on pût savoir ce qu'il était devenu. Ils s'assirent alors à la table, non sans grande frayeur, et le visage tout inondé de tendres pleurs.

Ils virent alors sortir du Saint-Vase un homme tout nu, dont les pieds et les mains et le corps saignaient, et qui leur dit : " Mes chevaliers, mes sergents, mes loyaux fils, vous qui dans cette vie mortelle êtes devenus créatures spirituelles, et qui m'avez tant cherché que

je ne puis plus me cacher à vos yeux, il convient que
vous voyiez une part de mes mystères et de mes secrets,
puisque vos exploits vous ont menés jusqu'à ma table
où aucun chevalier ne s'est assis depuis le temps de
Joseph d'Arimathie. Pour le reste, ils en ont eu la
part qui revient aux bons serviteurs, c'est-à-dire que
les chevaliers de céans et maint autre ont été nourris
de la grâce du Saint-Vase; mais ils ne l'ont pas eue
aussi directement que vous l'aurez maintenant. Rece-
vez donc la haute nourriture que vous désiriez depuis
si longtemps et pour laquelle vous avez subi tant de
labeurs. ''

Il prit le Saint-Vase et s'approcha de Galaad. Celui-ci
s'agenouilla et reçut joyeusement son Sauveur, les
mains jointes. Les autres, tour à tour, firent de même,
et chacun fut certain qu'on lui avait mis dans la bouche
l'hostie entière. Lorsqu'ils eurent tous reçu la haute
nourriture, si merveilleusement douce qu'ils pensaient
avoir en leur corps toutes les suavités du monde,
Celui qui les avait nourris ainsi dit à Galaad : '' Fils,
toi qui es aussi pur que peut l'être un homme terrestre,
sais-tu ce que je tiens entre mes mains ? — Non point,
fit Galaad, à moins que vous ne me le disiez. — C'est,
dit-il, le plat dans lequel Jésus-Christ mangea l'agneau
avec ses disciples le jour de Pâques. C'est le plat qui a servi
à tous ceux que j'ai jugés mes bons serviteurs. C'est le
plat que jamais un mécréant ne vit qu'il n'en fût accablé.
Et parce que ce plat fut *au gré* de toutes bonnes gens, on
l'appelle le Saint-*Graal*. Tu as donc vu ce que tu as
convoité et voulu voir. Mais tu ne l'as pas encore vu
aussi manifestement que tu le verras un jour. Sais-tu
où ce sera ? Dans la cité de Sarraz, au Palais Spirituel.
Il te faut donc y aller et accompagner ce Saint-Vase
qui partira cette nuit du royaume de Logres où on
ne le reverra jamais et où n'adviendra plus aucune
aventure. Sais-tu pourquoi il s'en va d'ici ? Parce qu'il

n'y est pas servi et honoré comme il convient par ceux de cette terre. Ils ont choisi une vie mauvaise et séculière, bien qu'ils aient été nourris de la grâce de ce Saint-Vase. Et puisqu'ils l'ont si mal récompensé, je les dépouille de l'honneur que je leur avais accordé.

" Ainsi tu t'en iras demain matin jusqu'à la mer, et tu trouveras au rivage la nef où tu pris l'Épée-à-l'étrange baudrier. Afin que tu ne sois pas seul, je veux que tu emmènes Perceval et Bohort. Toutefois, comme je désire que tu ne quittes pas ce pays sans avoir guéri le roi Méhaignié, je t'ordonne de prendre du sang de cette lance et de lui en oindre les jambes : c'est la seule chose qui le puisse guérir. — Ah ! Sire, fit Galaad, pourquoi ne permettez-vous pas que tous viennent avec moi ? — Parce que je ne le veux pas et parce que ceci doit être à la ressemblance de mes Apôtres. De même qu'ils mangèrent avec moi le jour de la Cène, de même vous mangez aujourd'hui avec moi à la table du Saint-Graal. Et vous êtes douze tout comme il y eut douze apôtres. Pour moi, je suis le treizième, qui doit être votre maître et votre pasteur. Ainsi que je les séparai les uns des autres et les envoyai à travers le monde entier pour prêcher la vraie loi, ainsi je vous sépare, les uns de-ci, les autres de-là. Et vous mourrez tous en ce service, à l'exception d'un seul d'entre vous. " Puis il leur donna sa bénédiction et disparut sans qu'ils pussent savoir ce qu'il était devenu, sinon qu'ils le virent monter vers le ciel.

Galaad s'approcha de la lance qui était couchée sur la table, toucha au sang, puis alla en oindre les plaies que le Roi Méhaignié portait aux jambes. Aussitôt le roi s'habilla et quitta son lit sain et sauf, rendant grâces à Notre Seigneur de l'avoir soudainement guéri. Il vécut longtemps encore, mais loin du monde, retiré dans un monastère de moines blancs. Et Notre Sire fit par amour de lui maint beau miracle, que le conte ne rapporte pas ici parce qu'il n'en est pas besoin.

Vers minuit, lorsqu'ils eurent longuement prié Notre-Seigneur de les guider partout où ils iraient en vue du salut de leurs âmes, une voix leur dit : " Mes fils, non point mes fillâtres, mes amis, non point mes adversaires, sortez d'ici et allez, selon que l'aventure vous mènera, là où vous penserez que ce sera pour le mieux. " D'une seule voix ils répondirent : " Père des cieux, sois béni, puisque tu nous tiens pour tes fils et tes amis ! Nous voyons bien maintenant que nous n'avons pas perdu notre peine. "

Ils sortirent de la salle, descendirent dans la cour, y trouvèrent armes et chevaux, s'arrêtèrent et montèrent en selle. En quittant le castel, ils se demandèrent les uns aux autres d'où ils venaient, afin de se connaître. Ils apprirent ainsi que parmi les trois qui venaient de Gaule se trouvait Claudin, fils du roi Claudas, et que les autres, s'ils étaient de divers pays, étaient tous gentilshommes de haut lignage. Au moment de se séparer, ils se baisèrent comme des frères, et tous dirent à Galaad en pleurant tendrement : " Sire, sachez que jamais nous n'eûmes joie aussi grande qu'en apprenant que nous vous ferions compagnie, ni tel deuil qu'en vous quittant aussi tôt. Mais nous voyons bien que cette séparation plaît à Notre Seigneur, et qu'il convient donc de nous quitter sans plainte. — Beaux seigneurs, je voudrais conserver votre compagnie comme vous désirez la mienne. Mais vous voyez bien que cela ne doit pas être. Je vous recommande à Dieu et vous prie, si vous allez à la cour du Roi Arthur, de saluer pour moi Lancelot mon père et tous ceux de la Table Ronde. " Ils promirent que, s'ils allaient de ce côté, ils ne l'oublieraient pas.

On se sépara, Galaad et ses deux compagnons chevauchèrent si bien qu'en moins de quatre jours ils furent au bord de la mer. Et ils auraient pu y arriver plus tôt, mais ne sachant pas très bien le chemin, ils n'avaient pas pris par le plus court.

Ils trouvèrent sur la rive la nef de l'Épée-à-l'étrange-baudrier et lurent l'inscription qui disait que nul n'y entrerait qui ne crût fermement en Jésus-Christ. Mais lorsqu'ils regardèrent à l'intérieur de la nef, ils aperçurent sur le lit la table d'argent qu'ils avaient laissée chez le roi Méhaignié. Le Saint-Graal s'y trouvait, couvert d'une étoffe de soie vermeille. Les trois compagnons se montraient l'un à l'autre cette aventure et se jugeaient heureux d'avoir pour leur voyage la compagnie de ce qu'ils aimaient le mieux au monde. Ils se signèrent, se recommandèrent à Notre Seigneur et montèrent à bord. Dès qu'ils y furent, le vent, qui jusque-là était calme, frappa les voiles si violemment que la nef quitta le rivage et s'en alla en haute mer, à une allure sans cesse plus vive à mesure que le vent se faisait plus puissant.

Ils errèrent longtemps ainsi sur les flots sans savoir où Dieu les menait. A son coucher et à son lever, Galaad priait Notre Seigneur de le retirer de ce monde à l'heure qui lui plairait. Il répéta cette prière matin et soir, tant et si bien qu'un jour la voix divine lui dit : " Ne te trouble pas, Galaad, car Notre Sire t'accordera ce que tu demandes; à l'heure où tu requerras la mort de ton corps, elle te sera octroyée, et tu recevras la vie de l'âme et la joie éternelle. " Perceval entendit la prière que faisait Galaad, et en fut tout surpris. Au nom du compagnonnage et de la foi qui les liait entre eux, il lui demanda pourquoi il faisait cette requête. " Je vous le dirai volontiers, fit Galaad. L'autre jour, quand nous vîmes une partie des merveilles du Saint-Graal que Notre Sire nous montra par compassion, je contemplais les choses secrètes qui ne sont pas dévoilées à chacun mais aux seuls ministres de Jésus-Christ; et, tandis que je voyais ce que nul cœur

d'homme terrien ne saurait penser ni langue décrire,
mon cœur fut pénétré d'une telle joie et suavité que,
si j'étais mort à cet instant, je sais bien que jamais
mortel n'aurait connu un trépas plus heureux. Il y
avait devant moi si grande compagnie d'anges et si
prodigieuse abondance de choses spirituelles, que je
me crus transporté de la vie terrestre à la vie céleste,
dans la joie des glorieux martyrs et des amis de Notre
Seigneur. Si je fais cette requête que vous avez entendue,
c'est que je pense être encore en mesure, et peut-être
mieux qu'alors, de connaître cette joie. J'espère donc
quitter ce monde, par la volonté de Notre Seigneur, en
contemplant les merveilles du Saint-Graal. "

Galaad annonçait ainsi à Perceval la venue de sa
mort, comme la lui avait enseignée la réponse de la
voix divine. Et comme je vous l'ai dit, ceux du royaume
de Logres avaient perdu par leurs péchés le Saint-
Graal qui si souvent les avait nourris et rassasiés. De
même que Notre Sire l'avait envoyé, pour leur vertu, à
Galaad, à Joseph et à leurs descendants, de même
il en avait dépouillé les mauvais héritiers lorsqu'il
trouva en eux le mal et le néant. Ceci montre manifestement que les méchants perdirent par leur faute
ce que les prud'hommes obtinrent par leur prouesse.

Les compagnons étaient depuis longtemps en mer
lorsqu'un jour ils dirent à Galaad : " Sire, vous ne
vous êtes jamais couché sur ce lit qui, à ce que dit
l'inscription, fut appareillé pour vous. Il faut le faire,
puisque le bref dit que vous y reposerez. " Il y consentit, se coucha, et dormit longtemps. Et quand il s'éveilla,
il vit devant lui la cité de Sarraz, cependant qu'une voix
leur disait : " Sortez de la nef, chevaliers de Jésus-Christ,
prenez à vous trois la table d'argent et portez-la dans
cette cité, mais ne la posez pas avant d'être au Palais
Spirituel, où Notre Sire consacra Josèphe premier
évêque. "

Comme ils allaient soulever la table, ils virent venir sur les flots la nef où jadis ils avaient mis la sœur de Perceval. Et l'un dit à l'autre : " Au nom de Dieu, cette demoiselle a bien tenu sa promesse de nous rejoindre ici. " Ils prirent alors la table d'argent, Bohort et Perceval par-devant, Galaad par-derrière et, quittant le bord, se mirent en marche dans la direction de la cité. Mais quand ils arrivèrent à la porte, Galaad se sentit tout las sous le faix de la table qui était pesante. Et, sous la porte, il aperçut un homme avec des béquilles, qui attendait l'aumône que les passants lui donnaient souvent pour l'amour de Jésus-Christ. Galaad l'appela : " Prud'homme, viens et aide-nous à porter cette table jusqu'au palais. — Ah ! sire, répondit-il, que dites-vous là ? Il y a bien dix ans que je ne puis marcher sans être soutenu par autrui. — Ne t'en soucie point, reprit Galaad, mais lève-toi et sois sans crainte. Car tu es guéri. " A ces mots de Galaad, l'homme essaya de se lever, et il se trouva aussi vigoureux que s'il n'eût été infirme de sa vie. Il courut donc à la table, la prit d'un côté, en face de Galaad, et en entrant dans la cité, il dit à tous ceux qu'ils rencontraient le miracle que Dieu venait de faire pour lui.

Lorsqu'ils arrivèrent à la salle, ils y virent les sièges que Notre Sire avait apprêtés jadis pour Josèphe. Et tous ceux de la cité accoururent pour voir l'infirme qui venait d'être guéri. Les trois compagnons, cependant, ayant fait ce qui leur était commandé, retournèrent au rivage et montèrent sur la nef où gisait la sœur de Perceval. Ils l'emportèrent avec son lit, la transportèrent au palais et l'enterrèrent avec les honneurs que l'on doit à une fille de roi.

Quand le roi de la cité, qui se nommait Escorant, vit les trois compagnons, il leur demanda qui ils étaient et ce qu'ils avaient apporté sur la table d'argent. Ils lui en dirent la vérité, et les merveilles du Graal,

et le pouvoir que Dieu y avait mis. Mais le roi, qui
était issu de la race maudite des païens, se montra
déloyal et cruel. Il refusa de les croire, leur dit qu'ils
étaient des imposteurs, et, une fois qu'ils furent désarmés, les fit mettre en prison par ses gens. Il les y garda
un an sans les laisser sortir, mais dès l'instant où ils
furent emprisonnés Notre Sire, qui ne les avait pas
oubliés, leur envoya le Saint-Graal pour leur tenir
compagnie, et ils furent nourris de sa grâce tous les
jours tant qu'ils demeurèrent enfermés.

Au bout de l'an, il se trouva qu'un jour Galaad
se plaignit à Notre Seigneur, disant : " Sire, il me semble
que je suis resté assez longtemps en ce monde. Si
vous y consentez, retirez-m'en prochainement. " Or
ce jour-là, le roi Escorant était couché, atteint d'une
maladie mortelle. Il les manda auprès de lui et leur cria
merci pour les avoir à tort si mal traités. Ils lui par-
donnèrent, et il mourut aussitôt après.

Lorsqu'il fut enterré, ceux de la cité se trouvèrent
dans un grand embarras, car ils ne savaient qui ils
eussent pu faire roi. Ils se consultèrent longuement,
mais une voix se fit entendre qui leur dit : " Prenez
le plus jeune des trois compagnons; il vous protégera
et vous donnera de bons avis tant qu'il vivra parmi
vous. " Ils obéirent à l'ordre de la voix, allèrent chercher Galaad et en firent leur seigneur, qu'il le voulût
ou non, lui mettant la couronne sur la tête. Il en fut
très affligé mais vit bien qu'il y fallait consentir, car
sinon ils l'eussent mis à mort.

Quand Galaad fut le maître du pays, il fit mettre
sur la table d'argent une arche d'or et de pierres précieuses, dont il couvrit le Saint-Vase. Et tous les matins,
dès qu'il était levé, il venait avec ses deux compagnons
faire prières et oraisons devant le Saint-Graal.

Au bout d'un an, au jour anniversaire du couron-
nement de Galaad, il se leva de bon matin avec ses

compagnons. Et, venus au Palais Spirituel, ils regardèrent le Saint-Vase. Ils virent alors un bel homme vêtu comme un évêque qui battait sa coulpe, à genoux devant la table; il était entouré d'une foule d'anges, comme s'il eût été Jésus-Christ lui-même. Après être resté longtemps agenouillé, il se leva et commença la messe de la glorieuse Mère de Dieu. Lorsqu'il en fut au secret de la messe et ôta la patène de dessus le Saint-Vase, il appela Galaad et lui dit : " Viens, sergent de Jésus-Christ, et tu verras ce que tu as tant désiré voir. " Galaad s'avança et regarda dans le vase. Aussitôt qu'il y eut jeté les yeux, il se mit à trembler, car sa chair mortelle apercevait les choses spirituelles. Il tendit les mains au ciel et dit : " Sire, je t'adore et te remercie d'avoir accompli mon désir, car je vois à découvert ce que langue ne saurait décrire ni cœur penser. Je contemple ici l'origine des grandes hardiesses et la raison des prouesses. Je vois ici les merveilles de toutes merveilles ! Puisqu'il en est ainsi, beau doux Sire, et que vous m'avez octroyé de voir l'objet de tous mes désirs, je vous supplie de me faire passer, en cet état et en cette joie où je suis présentement, de la vie terrienne à la vie du ciel. "

Dès que Galaad eut prononcé cette requête, le prud'homme qui se tenait devant l'autel en ornements épiscopaux prit *Corpus Domini* sur la table et le tendit à Galaad qui le reçut en grande humilité et dévotion. Puis le prud'homme lui dit : " Sais-tu qui je suis ? — Non, sire, à moins que vous ne me le disiez. — Sache donc que je suis Josèphe, fils de Joseph d'Arimathie, et que Notre Sire m'a envoyé pour te faire compagnie. Sais-tu pourquoi il m'a envoyé plutôt qu'un autre ? Parce que tu m'as ressemblé en deux choses : tu as vu comme moi, les merveilles du Saint-Graal, et tu es resté vierge comme je le suis. Et c'est justice qu'un homme vierge fasse compagnie à l'autre. "

A l'ouïe de ces paroles, Galaad vint embrasser Perceval, puis Bohort, et dit : " Bohort, saluez de ma part monseigneur Lancelot, mon père, dès que vous le reverrez. " Il revint à la table, et se prosterna, coudes et genoux à terre; mais il n'y était pas depuis longtemps qu'il tomba la face sur les dalles, car déjà son âme était sortie du corps. Et les anges l'emportèrent, faisant grande joie et bénissant Notre Seigneur.

Dès que Galaad fut mort, il advint une grande merveille : ses deux compagnons virent distinctement une main qui descendait du ciel, sans qu'on aperçût le corps auquel elle appartenait. Elle alla droit au Saint-Vase, le prit, saisit aussi la lance, et les emporta au ciel, en sorte que depuis lors nul homme ne pût être si hardi qu'il prétendît avoir vu le Saint-Graal.

Quand Perceval et Bohort virent que Galaad était mort, ils en furent tout dolents, et, s'ils n'eussent été prud'hommes de si bonne foi, ils se seraient trouvés en péril de tomber en désespérance pour le grand amour qu'ils avaient de lui. Le peuple de ce pays en mena grand deuil. On fit sa fosse à l'endroit même où il était mort; et dès qu'il fut enterré, Perceval se rendit à un ermitage aux portes de la cité, où il prit habit de religion. Bohort l'y suivit, mais ne quitta pas l'habit du siècle, parce qu'il désirait encore retourner à la cour du Roi Arthur. Perceval vécut un an et trois jours dans l'ermitage, puis il trépassa. Et Bohort le fit enterrer au Palais Spirituel auprès de sa sœur et de Galaad.

Lorsque Bohort se vit demeuré seul en ces terres aussi lointaines que la contrée de Babylone, il quitta Sarraz tout armé et monta à bord d'une nef. Sa navigation fut si heureuse qu'au bout de peu de temps il arriva au Royaume de Logres. Et il chevaucha à grandes journées jusqu'à Camaalot, où était le Roi Arthur. Jamais personne n'y avait reçu si bel accueil, car il y avait si longtemps qu'il avait quitté le pays qu'on le croyait perdu à jamais.

Quand ils eurent mangé, le Roi fit venir les clercs qui mettaient par écrit les aventures des chevaliers de céans. Et lorsque Bohort eut narré les aventures du Saint-Graal telles qu'il les avait vues, elles furent mises en écrit et conservées dans la bibliothèque de Salebières, d'où MAÎTRE GAUTIER MAP les tira; il en fit son livre du Saint-Graal pour l'amour du Roi Henri, son seigneur, qui fit translater l'histoire du latin en français. Ici se tait le conte, qui n'en dit pas davantage des *Aventures du Saint-Graal*.

Bibliographie

1. Éditions des textes

H. O. Sommer, éd., *The Vulgate Version of the Arthurian Romance*, 7 vol., Washington, 1909-1913.

A. Pauphilet, éd., *La Queste del Saint-Graal*, Paris, 2ᵉ éd., 1949.

Jean Frappier, éd., *La Mort le Roi Artu, Roman du XIIIᵉ siècle*, Lille-Genève, 1954.

2. La matière de Bretagne

Gaston Paris, « Études sur les romans de la Table Ronde », *Romania* X, 1881, XII, 1883.

F. Lot, *Étude sur le Lancelot en prose*, Paris, 1918 (réimprimé avec un supplément, 1959).

J. D. Bruce, *The Evolution of Arthurian Romances from the Beginning down to the Year 1300*, 2ᵉ éd., Göttingen, 1923 (réimp., 1958).

Edmond Faral, *La Légende arthurienne*, Paris, 1929.

Gustave Cohen, *Chrétien de Troyes et son œuvre*, Paris, 1931 (rééd., 1948).

Jean Frappier, *Étude sur la Mort le Roi Artu*, Paris, 1936 (2ᵉ éd. augmentée, 1961).

Paul Zumthor, *Merlin le Prophète*, Lausanne, 1943.

R. S. Loomis, *Arthurian Tradition and Chrétien de Troyes*, New York, 1949.

J. S. P. Tatlock, *Legendary History of Britain*, Berkeley et Los Angeles, 1950.

Jean Frappier, *Chrétien de Troyes*, Paris, 1957 (nouv. éd. augmentée, 1971).

R. S. Loomis, *Arthurian Literature in the Middle Ages, a Collaborative History*, Oxford, 1959.

Eugène Vinaver, *The Rise of Romance*, Oxford, 1971.

3. La légende du Graal

A. Nutt, *Studies on the Legend of the Holy Grail*, Londres, 1888.

Jessie Weston, *From Ritual to Romance*, Cambridge, 1920.

Myriam Lot-Borodine, *Trois Essais sur le roman du Lancelot du Lac et la Quête du Saint-Graal*, Paris, 1921.

A. Pauphilet, *Étude sur la Queste del Saint-Graal attribuée à Gautier Map*, Paris, 1921.

R. S. Loomis, *Celtic Myth and Arthurian Romances*, New York, 1927.

Étienne Gilson, « La Mystique de la Grâce dans la " Quête du Saint-Graal " », in *Les Idées et les Lettres*, Paris, 1932.

K. Burdach, *Der Graal*, Stuttgart, 1938 (rééd., Darmstadt, 1974).

A. Brown, *The Origin of the Grail Legend*, Cambridge, Mass., 1943.

Lumière du Graal, numéro spécial des *Cahiers du Sud*, Paris, 1951.

Jean Marx, *La Légende arthurienne et le Graal*, Paris, 1952.

Jean Frappier, *Perceval ou le Conte du Graal*, Paris, 1953.

R. S. Loomis, *The Grail, from Celtic Myth to Christian Symbol*, Cardiff et New York, 1963.

Les Romans du Graal dans la littérature des XIIᵉ et XIIIᵉ siècles, Paris, 1956.

Jean Marx, *Nouvelles Recherches sur le cycle arthurien. Origines et développements de la légende du Graal*, Paris, 1965.

F. Bogdanow, *The Romance of the Grail*, Manchester et New York, 1966.

L. Charnet, *Des vaus d'Avalon à la Queste du Graal*, Paris, 1967.

Table

IMP. BUSSIÈRE À SAINT-AMAND (3-85)
D.L. 2ᵉ TRIM. 1982. Nᵒ 6217-2 (570)

Collection Points

SÉRIE SAGESSES

dirigée par Jean-Pie Lapierre